JN094165

大人になったあなたをまもる

18歳からの法律知識

第二東京弁護士会　五月会
若手サポート研究会
［編著］

清文社

推薦のことば

　弁護士会では、市民がトラブルに巻き込まれたときに、いつでも、どこでも弁護士による法的サービスが受けられる、「利用しやすい司法の実現」を目指してさまざまな活動を行ってきました。
　この「利用しやすい司法の実現」には、司法のアクセスという点だけでなく、みなさんにとって身近な法律問題について、解決方法や気をつけたほうがいいことなどを伝えていくことも非常に重要だと考えています。

　ところで、120年ぶりに民法が大改正され令和2年4月1日から施行されましたが、この改正で、成年年齢が20歳から18歳に引き下げられました。成年年齢引下げによってこれまで未成年であった18歳、19歳の方が成人として扱われることになり、選挙権を行使できるようになったり、親権者等の同意なく契約ができるようになったりしました。他方で、インターネットや投資話などを通じて法的トラブルに巻き込まれることも増加しています。

　このような状況において、このたび第二東京弁護士会の有力な会派の一つである五月会の若手会員を中心にして、『18歳からの法律知識』が出版されることになりました。
　本書は、18・19歳の方が生活する中で直面する可能性の高い法律問題を想定して、その解決に向けてどうするべきかをわかりやすい言葉で解説した格好の法律解説書です。高校を卒業して就職したり、大学生で一人暮らしを始めたりなど、一人の大人として社会との接点を持つようになった人が、思わぬトラブルに遭遇したときや何らかの法的な知識を知りたいと思ったときに、とっさに手に取っていただける一冊となっています。
　初めての一人暮らしで心配な方、お子さんやお孫さんが一人で大丈夫だろうかと心配な親御さんや祖父母のみなさまの不安を解消する「常備薬」として、一家に一冊、本書を備えおいていただくことをお勧めします。

令和5年7月

第二東京弁護士会 会長

弁護士　小川　恵司

まえがき

「18歳、おめでとう。成人、おめでとう」

でも、どうしてめでたいのでしょうか。
何かがもらえるというわけでもありません。
未成年だった昨日より、突然強く賢くなったわけでもありません。

「人」は、選択する生き物です。自分の意思で自分の道を、たくさんの可能性の中から選択できます。だから「人」はすばらしく、そのような人の力を「自由」と呼びます。
　成人したということは、社会があなたを、そのようなすばらしい自由を享受できる「人」に成ったと認めたということです。だからめでたいのです。

　一方、自由を得て選択した「人」は、その選択について責任をとらなければなりません。困りごとに遭遇したら、努力して解決しなければなりませんし、他人に迷惑をかけたら、償わなければなりません。
　成人したということは、社会があなたを、それらを乗り越える力をも備えた「人」に成ったと認めたということなのです。

　法律の情報は、インターネットにあふれています。この本より詳しい情報もあるでしょう。でも、正しい検索ワードを選んで自分に必要な情報に辿り着くこと、辿り着いた情報が正確かどうか見極めることは、なかなか難しいものです。また、誰かに相談するにしても、そもそも誰に聞いたらいいかわからないでしょうし、心理的なハードルも高いでしょう。

　この本は、弁護士が書きました。みなさんに年の近い若手の弁護士たちが、みなさんのことを守れるよう、一生懸命考えながら書きました。専門家です。みなさんの味方です。間違いありません。
　「これは法律の問題だろうか？」と思ったら、まずはこの本を開いてみてください。インターネットで検索するには、誰かに相談するには、どのような切り口で考えたらいいのか、少し頭の中が整理されて、次の一歩へ進めるはずです。

　これは、自由と責任の世界にエントリーするためのガイドブック。
　この本を部屋の片隅において……
　さあ、成人として自由を謳歌し、自分の道を踏み出しましょう！
　きっとすばらしい人生が待っています。

編著者一同より

CONTENTS

第1章 ▶ 人権と国の仕組み

第 **2** 章　家族に関する法律知識

第3章 取引に関する法律知識

1 キャッチセールス等

2 投資関連

3 マルチ商法・ネズミ講・カルト宗教

4 特殊詐欺・架空請求被害

5 旅行関連

6 インターネット取引

7 カード取引

8 賃貸借契約

第4章 事故に関する法律知識

1 交通事故

第5章 インターネットに関する法律知識

第 **6** 章 > # 仕事に関する 法律知識

第 **7** 章 > 民事裁判に関する
法律知識

第 **8** 章 刑事事件に関する法律知識

第 1 章

人権と
国の仕組み

Q 1-1

憲法って何？

そもそも憲法とは何ですか。立憲主義という考えは憲法とどのような関係があるのですか。

A

❖ 憲法とは何か

憲法とは、国の政治のやり方や個人の権利について定めるルールです。多くの国々がそれぞれの憲法を持っており、日本も「日本国憲法」という憲法を有しています。

憲法を制定して、それに従って国の政治を行わなければならないという考え方を「立憲主義」といいます。

❖ 立憲主義という考え方

法律をどのように作るか、国の代表がどのように選ばれるかといったような国の政治のやり方について明文のルールを定め、これに従って政治を行わなければならないという考え方自体は、古く中世の時代からありました。

これに対し現在一般的に用いられるのは、「近代立憲主義」といわれるもう少し狭い意味のものです。これは、17世紀から18世紀にかけて欧米諸国で起こった市民革命をきっかけとして成立したもので、個人の権利・自由を確保するために国家権力を制限するという思想のことをいいます。

近代立憲主義の思想は、「すべて権利の保障が確保されず、権力分立が定められていない国家は憲法を有しない」と定めるフランス人権宣言16条に端的に表現されているといわれます。ここに書かれた、①権利（人権）の保障、②権力分立の2点に加え、③法の支配、④国民主権の4点が近代立憲主義の基本原理とされます。

● 近代立憲主義の基本原理
① 権利（人権）の保障
② 権力分立
③ 法の支配
④ 国民主権

❖ 近代立憲主義と日本国憲法

現在多くの国が定めている憲法は、近代立憲主義の思想を基礎としているとされます。日本国憲法もその例外ではありません。

1点目の権利（人権）の保障については、日本国憲法は第3章において詳細な人権条項を有しています。

2点目の権力分立について、日本国憲法は、国の作用を立法権・行政権・司法権の3つに分け、それぞれ国会・内閣・裁判所という異なる機関に配分するという、三権分立という仕組みを採用しています（なお、三権分立は権力分立と同じ意味ではなく、あくまでもその方法の一つに過ぎません）。

3点目の法の支配とは、人の支配に対置される考え方で、国家機関の行動を法で拘束することで権力の恣意的な行使を防ぐことを意味します。日本国憲法には直接に定めた条文はありませんが、立法権について定める憲法41条や、司法権の独立について定める憲法76条などの規定が法の支配の考え方を当然の前提としています。

4点目の国民主権とは、国のあり方を最終的に決定する力が国民にあることを指します。日本国憲法は、前文の冒頭で国民主権をはっきりと宣言しています。

このように、日本国憲法は4点の基本原理をすべて備えており、近代立憲主義の歴史の直系に属する憲法であるということができます。

Q 1-2

基本的人権って何？

「人権侵害だ！」とか、「人権を守る」という言葉を聞くことがありますが、ここにいう「人権」とは具体的にどのようなものなのでしょうか。

A

🍀 基本的人権とは

　基本的人権（人権）は、人が生まれながらにして有している権利で、誰であってもこれを侵すことができないものとされています。日本国憲法（憲法）は、その基本原理として、国民主権、平和主義に加え、この基本的人権の尊重を掲げています。また、基本的人権は、侵すことのできない永久の権利として、現在および将来の国民に与えられることが憲法に規定されています。

　基本的人権は、自由権、参政権、社会権等に分類される個別の人権を総称した言葉でもあります。

🍀 自由権

　自由権は、国家から行動や思想を拘束されることなく、国民が自分の自由な意思で行動し、物事を決定することを保障する権利です。たとえば、自分が信じる宗教を信仰すること、自分の思いを他者に伝えるために道や広場で演説をしたり、ソーシャルメディアネットワークを使って投稿したりすること、自分の行きたい国に行き、住みたい場所に住んで生活をすることなどが自由権に含まれます。

　ただし、自由権という名前ではありますが、無制限に何をしてもよいというわけではありません。自由を追求することで他者の人権を侵害する場合や、より大きな社会全体の利益を実現するために制限を受ける場合があります。

🍀 参政権

　参政権は、国民が主権者として国政に参加する権利をいいます。たとえば、選挙に行って投票すること、自分が選挙に立候補することなどが含まれます。また、憲法改正の国民投票や、公務員となる権利なども参政権に含めることがあります。

🍀 社会権

　社会権は、失業した人や経済的に裕福でない人であっても、人間らしい生活が送れるように、国に対して一定の保障を求める権利です。たとえば、健康で文化的な最低限度の生活を保障するよう求める権利、義務教育を受ける権利、勤労の権利、労働者が団結して交渉をし、行動する権利などが含まれます。気をつけなければいけないのは、憲法の規定からただちに一定の保障を国に求めることができるものではないということです。具体的に、誰に、どのような保障を、どれくらいの期間行うか等の内容は、個別の法律によって実現されます。

🍀 新しい人権

　現行の憲法は昭和21（1946）年に作られましたが、現代においては、当時想定していなかった新しい問題が発生し、それに伴いさまざまな価値観が新しい権利として社会に浸透してきています。たとえば、私的な生活や個人の情報を公開されないというプライバシーの権利、結婚するかどうかや、どのような死を選ぶか（尊厳死等）など自分の生き方を自分で決定する権利（自己決定権）などが挙げられます。法律は生きていて、社会の変化に伴い、少しずつ変わっていくものです。今後も新しい権利が社会に生まれてくるでしょう。

- ●**基本的人権は、侵すことのできない永久の権利として憲法に規定がある**

- ●**基本的人権には、自由権、参政権、社会権などさまざまな権利が含まれる**

Q 1-3

人権って無制限？

私たちには人権があるといっても、人権といえば無制限に何でも許されるのでしょうか。それとも、人権も制約される場合があるのでしょうか。

A

公共の福祉とは

そもそも人権は、個人である人間一人ひとりに保障されているものです。個人は、他人との関係、言い換えれば、社会との関係を無視しては生きられません。そのため、個人に保障された人権も、社会との関係で制約されることがあるのは当然のことです。すなわち、人権は無制限に許されるわけではないのです。

人権を制限する根拠のことを、「公共の福祉」と表現します。憲法では、この公共の福祉によって人権が制約され得るということが書かれています。

制約はどの程度許される？

たとえば、憲法21条により「表現の自由」が個人に保障されており、人は皆、自分の思想を好きなやり方で自由に表現することができます。しかし、たとえば多くの人が行き交う駅の構内でマイクなどの機材を使い大音量で自分の主張をすると、他の人の通行を妨げたり不快な思いにさせたりしかねません。このように、個人の人権と公共の福祉が衝突する場面では、人権を制約する必要が生じます。

個人の人権が公共の福祉による制約を受けることがあるといっても、どのような場面でどの程度の制約を受け得るのでしょうか。何か基準はあるのでしょうか。

この点については、明確なルールが存在するわけではなく、色々な考え方があります。

たとえば、「思想の自由や学問の自由といった、

自由権と呼ばれる人権については、個人の人格の根源をなす重要な権利であるから、公共の福祉による制約は必要最低限度といえる場合にとどめるべきであり、他方で、生存権や勤労の権利といった、社会権と呼ばれる人権については、人が社会で人らしく生きるために国の関わりを要する性質を持つ権利であるから、公共の福祉による制約は必要な限度で認められる」という説があり、他の学説や判例に影響を及ぼしました。

その後、議論の発展を経て、「ある人権の制約が許されるか否かは、その人権を制約することによってもたらされる（公共の）利益とそれを制約しない場合に維持される（個人の）利益とを比較して、前者の価値が高いと判断される場合にはそれによって人権を制限することができる」という説が誕生し、有力な見解となりました。

現在広く支持されているのは、「二重の基準論」という考え方です。

二重の基準論

「二重の基準論」とは、人権を、思想・良心の自由や表現の自由と行った精神活動に関するもの（精神的自由）と、職業選択の自由や居住移転の自由といった経済活動に関するもの（経済的自由）とに分類し、前者の精神的自由は人間にとって不可欠かつ非常に重要であることから、これを制約するためには厳しい基準をクリアしなければならないとするのに対し、後者の経済的自由への制約は、精神的自由に対する制約よりも緩やかな基準で認めてよいとする考え方です。

まとめ

このように、人権に対する制約がどの程度許されるか、はたまたその基準をどう考えるかについては諸説あり、絶対的なルールはありません。個人が人間らしく生きるために保障された人権の重要性と、人間が生きるためには社会との接触は避けられないから一人の人権だけを押し通すわけにはいかないという当然のせめぎ合いの中で、さまざまな議論が繰り広げられてきたのです。

Q 1-4

人権は誰のもの？

アルバイト先に外国人の同僚がいます。授業で「人権」について学びましたが、外国人の場合、何か違いがあるのでしょうか。また、アルバイト代をもらったら、その明細には勤務先の会社名が書いてありました。会社にも人権はあるのでしょうか。

A

❀ 人権が保障されるのは「国民」

日本の憲法は、「国民」に人権が保障される（人権の享有主体性）と定めています。この「国民」（日本国民）と認められるための要件は、法律（国籍法）で定められており、日本の国籍を持っていれば日本国民として認められます。

したがって、日本の国籍があれば、日本人として、日本の憲法で人権を保障されていることになります。

❀ 外国人の人権享有主体性

外国人は、日本の国籍を持っていない以上、人権を保障されないことになりそうです。

しかし、第二次世界大戦後、国際的には人権は人間であるというだけで当然に保障されると考えられるようになり、日本においても、人権は国籍に関係なく人間であるだけで保障されると考えられています。また、人権には国家の存立に関係なく保障される性質があると考えられていることからも、外国人にも人権が保障されるのが原則です。最高裁判所も、「人権の保障は、権利の性質上日本国民のみをその対象としていると解されるものを除き、わが国に在留する外国人に対しても等しく及ぶ」と判断しています。

しかし、現代社会は国家の存在を前提としているため、一定の権利については例外的に保障されないものがありますし、保障の程度が日本人と同等ではない場合があります。たとえば、日本に入国する権利は外国人には保障されていませんし、日本の政治に参加する権利である参政権は外国人に当然には保障されていないと考えられています。

❀ 法人の人権享有主体性

会社は、法律上「法人」と扱われます。法人とは、法律によってさまざまな権利義務を持つことができる団体のことをいいます。そうすると、外国人の場合とは異なり、会社は人間ではないため、人間の権利である人権は保障されないと考えることもできます。

しかし、実際の社会をみると、会社以外にも学校や病院など私たち人間と同じように経済活動や社会的活動をしている法人がたくさんあります。このような法人も人間と同じように、社会を構成する一つの存在であるため、国家との関係では人権を保障する必要が出てきます。

そこで、法人にも、人権の性質に応じて可能な限り人権の保障が及ぶと考えられています。

最高裁判所も「憲法第三章に定める国民の権利および義務の各条項は、性質上可能なかぎり、内国の法人にも適用されるものと解すべき」と判断しています。

● **原　則**
→人間であれば国籍に関係なく人権が保障される

● **外国人**
→人権の性質上、日本人のみを対象としているもの以外、保障される

● **法　人**
→人権の性質上可能な限り、保障される

いじめって人権侵害？

学校でいじめの現場を目撃したことがあります。いじめを行うことは憲法で保障されている人権を侵害する行為のように思えるのですが、いじめは憲法に反する行為なのでしょうか。

A

❖ そもそも憲法とは？

憲法は、国民の権利・自由を守るために、国が国民に対してやってはいけないこと、またはやるべきことを定めたものです。国民が何か守らなければならないことが書かれていて、それに違反すると処罰されるようなものではなく、「国家権力を制限して、国民の権利・自由を守るためのルール」が定められています。つまり、原則的には、憲法は一般の私人の間を規律するものではないのです。

したがって、感覚的には人権侵害だと思えるかもしれませんが、国家権力ではない一般の人々が、憲法に反するような行動をしたからといって、必ずしも憲法の問題になるというわけではありません。

憲法は、国民の権利・自由を守るため、国の行為（国家権力）を制限するもの

➡ 一般の私人間の問題に直接適用されるわけではない

➡ いじめが必ずしも憲法問題となるわけではない

❖ いじめは人権侵害？

憲法13条には「すべての国民は個人として尊重される」権利が人権の一つとして規定されています（人権については**Q1-2**参照）。いじめは、相手の人格を否定する行為ですから、この権利を侵害す

る行為です。

しかし、人権侵害といえる行為をしたからといって、先に述べたとおり、憲法が直接適用され、いじめをした人が「憲法違反」で処罰されるかといえば、そういうわけではありません。

❖ 憲法が考慮される場合はある

では、一般の私人の間では、憲法は一切影響がなく、いじめという人権侵害も許されてしまうものなのでしょうか。

一般の私人間の問題に対し、憲法が直接適用されるわけではないとしても、法律上何の問題もないことにはなりません。

いじめに関していえば、相手に対し嫌な思いをさせるだけでなく、相手をケガさせたり、相手の持ち物を壊したりしたときには、不法行為（民法709条）に該当して被害者に対して損害賠償責任を負ったり、傷害罪（刑法204条）や器物損壊罪（同法261条）といった犯罪が成立する可能性があります。

このように、一般の私人間で生じる問題については、憲法が直接適用されるのではなく主として民法や刑法といった通常の法律の適用が問題となります。

さらには、民法や刑法といったそれぞれの法律に違反するか否かの判断がされる際に、憲法の考え方を及ぼして検討がなされることがあります。個人の尊厳や法の下の平等といった憲法の掲げる価値は、民法や刑法といった通常の法律を解釈するにあたっても最大限に尊重され、民法や刑法に反しているかが判断される中で、これらの憲法の掲げる価値が間接的に考慮されます。そのため、一般の私人の間で起きたいじめなどの問題についても、まったく憲法の問題とならないというわけではないのです。

Q 1-6

女性専用車両は男女差別？

私は、法学部の学生です。憲法の授業で差別について学びました。その授業を受けて、女性専用車両は男性に対する差別ではないかと思うようになりました。女性専用車両は、男女差別ではないのでしょうか。

A

❧ 差別ってどういうこと？

差別とは、個人の特性によるのではなく、ある社会的カテゴリーに属しているという理由で、合理的に考えて状況に無関係な事柄に基づいて、異なった（不利益な）取扱いをすることと考えられます。

それを踏まえて考えてみると、女性専用車両というのは、一見すると、男性という社会的カテゴリーに属しているという理由で女性と異なった取扱いをされているようにも思われます。

❧ 憲法14条１項で禁止される「差別」とは

憲法14条１項は、すべて国民は法の下に平等であり、人種、信条、性別、社会的身分や門地（家柄）によって、政治的、経済的、社会的に差別されないと規定しています。判例上、憲法14条１項に記載された人種や信条などの事由はあくまでも例示であって、同項に列挙されていない事由（たとえば年齢や健康状態）に基づく差別についても同項が適用されるとされています。

では、憲法14条１項により禁止される「差別」とは何を指すのでしょうか。もし、人と人との間で法律上異なる扱いをすることが差別にあたるとすれば、財産や収入の違いに応じて人によって納めるべき税金の額を異なるものとすることも差別にあたることとなってしまいますが、そのような結論は不当でしょう。

このように、憲法14条１項は、人と人との間の

さまざまな違いを一切無視してあらゆる人を同じように扱うことを求めるものではありません。そうではなく、人と人との間の種々の実質的な違いを前提としつつ、条件が同じである限り等しい取扱いをしなければならない、というのが同項の定める原則です。

したがって、憲法14条１項は合理的な理由に基づく区別を禁ずるものではなく、同項で禁止される「差別」とは、そのような合理的な理由を欠く、不合理な区別のことを指すものとされています。

❧ 女性専用車両は男女差別？

	日 時	対象者
東京	平日 始発〜9時30分	女性 小学生以下 体の不自由な人とその介護者
大阪	毎日 始発〜終電	女性 小学生以下 体の不自由な人とその介護者

※鉄道会社の一例

鉄道会社に対し、女性専用車両が憲法違反であるとして損害賠償等を求めた事案において、裁判所は、女性専用車両を設置した目的（「痴漢などの車内犯罪の防止」）は正当であり、また、平日の一部の車両にのみ設置するもので、男性乗客の鉄道利用を困難にするものではないこと等を理由に、差別だという男性側の請求を認めませんでした。

この裁判所の判断からすると、設例のような女性専用車両は、男女差別にあたらない可能性が高いでしょう。

思想・良心の自由って何？

ニュースで時々耳にする「思想・良心の自由」とはどんな自由でしょうか。私にどう関わってくるのでしょうか。

A

❧ 思想・良心とは

「思想」「良心」は、それぞれ別の意味を持つのではなく、合わせて一つの意味と考えられています。

「思想及び良心」とは、世界観・人生観・主義・主張などの一人ひとりの人を作り上げている内心の考えをいいます。

❧ 思想・良心の自由とは

● **憲法19条**
思想及び良心の自由は、これを侵してはならない。

憲法にこのように定められており、この文言を縮めて「思想・良心の自由」と呼ばれています。

憲法は、国と国民（＝私たち）のルール、つまり「国は私たちに対して○○してはならない！」という決まりごとを定めており、思想・良心の自由もそのルールの一つです。

私たちが内心でどのような世界観・人生観・主義・主張を持っていたとしても、考えるだけならばどんなことでも自由に考えられる、ということです。

今の私たちからすれば、「内心なんて何を考えていてもバレないし自由で当然では？」と思うかもしれません。しかし、戦前の日本ではある考えを持っている人は「反国家的だ！」として弾圧されることが少なくありませんでした。

ですから、あえて憲法に明記することで、「思想・良心の自由」は絶対に守られなければならないこ

とを示しているのです。

❧ 「思想・良心の自由を侵してはならない」の意味

「思想・良心の自由を侵してはならない」には2つの意味があります。

1つ目として、私たちがどんな国家観、世界観、人生観等を持っていたとしても、内心で考えているだけなら完全に自由です。よって、国は内心の考えに基づいてその人に不利益を与えたり、または、ある思想を持つことを強制したり禁じたりすることはできない、という意味があります。

2つ目として、私たちがどんな思想を持っているかについて、「国がそれを教えろ！　明らかにしろ！」と強制することは許されない、という意味があります。つまり、私たちは内心で何を考えているかを国に言わなくてよいということです。

❧ どういうときに問題になる？

市立小学校の音楽の先生が、入学式で「君が代」を斉唱するときに、校長先生からピアノ伴奏を命じられました。これに対して音楽の先生が、軍国主義と深い関係にあった「君が代」に敬意を示すような斉唱の伴奏はしたくないと断ったところ、戒告処分を受けました。

ピアノ伴奏の強制を通じて、軍国主義やそれと深い関係にある「君が代」に反対する音楽の先生の内心の考えは否定された（＝先生の思想・良心の自由が侵害された）のではないか、と問題になりました。

これに対して最高裁判所は、ピアノ伴奏の強制は音楽の先生の考えを否定することには結びつかず、思想・良心の自由は侵害されていない、と判断しました。

※市立学校の校長先生は公務員ですので、その行動は国の行動とみなせるため、憲法の問題になりました。

Q 1-8

誹謗中傷も表現の自由？

「表現の自由」という権利があると聞きました。でも、人の名誉を傷つけたり、プライバシーを侵害するような誹謗中傷の表現も、「表現の自由」といえるのですか。

A

❁ 表現の自由とは

表現の自由とは、国家から制約を受けずに、人の内心を外部に発表できる権利のことをいいます（憲法21条1項に規定されています）。

表現の自由には、2つの重要な意義があります。1つ目は、人が人として成長するために必要な権利であるという意義です。人は、自分の考えを他の人に知ってもらい、議論することで成長することができますから、表現の自由は不可欠のものといえます。2つ目は、民主主義の前提となる重要な権利という意義です。民主主義は、国民が自由に自分の考えを発信することではじめて成り立つものですから、この意味においても、表現の自由はとても大切な権利なのです。

誹謗中傷といえども、人が心の中で考えていることをインターネット等で発表するものであることからすると、表現の自由に含まれるといえそうです。

しかし、表現の自由も無制限に守られるわけではありません。その表現が誹謗中傷として違法であるかは、具体的な事情に応じて判断されることになります。

❁ 表現が誹謗中傷として犯罪になる場合

刑法には、名誉毀損（きそん）という犯罪が規定されています（刑法230条1項）。この犯罪は、ある事実を、多くの人が知り得る状態で（たとえばテレビ等で）公表し、人の名誉を傷つける行為を罰するものです。

ところで、皆さんのなかには、テレビ等で政治家の不祥事に関するニュースを見たことがある方もいるのではないのでしょうか。先ほどの説明からすると、このようなニュースを報道することは、名誉毀損罪にあたるようにも思えます。

しかし、そのような不祥事を起こした人が政治家になってほしくないと考える人も当然いるでしょう。このような報道を犯罪だとしてしまうと、どのような人を選挙で選ぶのか考える判断材料を奪うことになります。このことは、表現の自由の意味のうち、2つ目の意義を失わせる結果となります。そこで、刑法は、政治家のような公人に関する事項であって、その不祥事を起こしたという事実が真実であったときは、名誉毀損罪が成立しないとしました（刑法230条の2第1項）。

● 公人に関する事実は、内容が真実である場合は、名誉毀損罪が成立しない

❁ 誹謗中傷を理由とする損害賠償請求

誹謗中傷は、犯罪が成立する可能性があるのみならず、民事上、不法行為に基づく損害賠償請求（民法709条）をすることも可能です。つまり、誹謗中傷によって精神的に傷ついたとして、その損害を受けた分のお金を請求することができます。もっとも、先ほどの説明と同様、政治家の不祥事等の場合には損害賠償請求ができない可能性があります。

❁ まとめ

憲法では、表現の自由という権利はとても大切な権利とされています。そのため、この権利を制限できる場合は限られています。

もっとも、表現の自由があるからといって、すべての表現を無制限に発表できるというわけではありません。表現の自由が制限される場合は、こちらで紹介した例以外にもさまざまなものがあります。とても難しいですが、面白い内容ですから、興味のある方はぜひ調べてみましょう。

ブラック校則は憲法違反？

校則で髪型や服装をむやみやたらと厳しく取り締まることは、憲法に違反しないのですか。

A

◇ ブラック校則とは

「ブラック校則」には正式な定義があるわけではありませんが、理不尽に児童生徒の自由や人権を制限する非合理的な校則を指す言葉として使われています。

● ブラック校則の例

- 髪型に関するもの
  黒染めの義務化、縮毛矯正・パーマの禁止など
- 服装に関するもの
  下着の色の指定、冬場のコート・マフラーの禁止など
- 行動に関するもの
  男女での登下校禁止、運動部への入部強制など

◇ 守られるべき自己決定権

● 憲法13条

すべて国民は、個人として尊重される。生命、自由及び幸福追求に対する国民の権利については、公共の福祉に反しない限り、立法その他の国政の上で、最大の尊重を必要とする。

憲法13条（後段）が保障する「幸福追求権」には、髪型・服装、身なりなど多岐にわたる私的事項を決める自由である「自己決定権」も含まれるとされています。

公立学校・私立学校を問わず、学校が校則によってこの自己決定権を制約する場合には、制約をかける必要性と合理性（目的達成のために相当

な手段であること）が求められ、必要性・合理性が認められない校則は違法となり得ます。

◇ 校則の有効性が争われた裁判例

府立高校に通っていた元生徒が在学中に黒染めを強要されたなどとして府に損害賠償を求めた事件において、裁判所は、「高校には教育目的を達成するために生徒を規律する広範な裁量がある」としたうえで、「校則による頭髪規制は社会通念に照らして合理的なものであり、裁量に反した違法なものではない」と判断しました（大阪高等裁判所令和3年10月28日判決）。

しかし、この裁判は報道でも大きく取り上げられ、団体が立ち上がるなど全国のブラック校則をなくすための動きを活発にするきっかけとなりました。

◇ 校則の見直しに向けた国の動き等

ブラック校則への批判も踏まえ、文部科学省は学校運営関係者に対し、校則の内容や必要性について児童生徒・保護者の間に共通理解を持つことの重要性やそのために校則を事前に周知すべきこと、校則の内容は児童生徒・保護者・地域の状況や社会常識・時代の進展などを踏まえて絶えず積極的に見直すべきことなどを要請しました。

実際に、校則の内容をHPへの掲載や事前説明会の実施などによって事前周知をするなど、校則の実態調査をしたうえで内容の見直しを行った学校・自治体も存在しています。

長らく校則は根拠も明確でないままに運用されてきましたが、どのような校則であれば受け入れられるのか、児童生徒・保護者の意見を反映させる仕組みが必要です。

見直しを求める昨今の動きは望ましいですが、今も校則の必要性をめぐる問題は各地で生じています。弁護士会も、校則による人権侵害の有無を調査したり、校則の改善を要求したりする活動を行っています。校則で困ったときには弁護士に相談することもご検討ください。

Q 1-10

働くのは、国民の義務？

憲法では、働くことが国民の義務とされているそうですが、そもそも、「義務」というのは、どこまでのことが求められているのでしょうか。働くことが強制されるのでしょうか。また、働くことは、なぜ義務と定められているのでしょうか。

A

❖ 憲法27条が定める内容

● 憲法27条1項
すべて国民は、勤労の権利を有し、義務を負ふ。

この条文は、強制労働という意味での勤労の義務を定めたものではありません。あくまで、「勤労の義務を果たさない人に対しては、生活保護などの生存権や労働基本権が制限され得る」という限度の義務を指しているのです。

そして、「勤労の義務」の裏側には、「働く権利」があります。

以下、詳しく説明します。

❖ 労働を強制するものではない

そもそも明治憲法（明治22〔1889〕年制定）下においては、天皇という君主が絶対的な権力を有しており、国民の自由や権利（人権）が広く制限されていました。この反省から、現行の憲法には、個人の尊厳や幸福追求権が保障されることが定められています（憲法13条）。

したがって、憲法27条1項は、個人の自由意思に反する強制労働を定めたものではない、とされています。

なお、日本では、国家が国民の権利や自由を制限し、義務を設定するためには、国民（主権者）の代表である議員が集まる国会（立法府）の議決がなければ成立せず、改正もできない「法律」で

定める必要があるとされています。したがって、そのような法律がない（できない）限り、国民が労働を強制されることはありません。なお、憲法は国会の通常の立法手続により成立する「法律」ではないため、憲法27条1項に基づいて直接に国民に対して労働の義務が課されるものではありません。

❖ 働くことは「義務」であり「権利」

勤労の義務が強制労働を意味しないとすると、憲法はどのようなことを定めているのでしょうか。

それは、「働くことを放棄した者は、生存権（憲法25条）や労働基本権（憲法28条）から発生する権利が制限され得る」ということを意味しています。

たとえば、労働基本権は、働くことではじめて発生する権利です。したがって、働くことを放棄した者には、労働基本権が発生することはあり得ません。

また、生活保護の制度は、憲法が保障する生存権を具体化したものといわれています。生活保護は、働きたくても働けない人が享受できる権利です。働くことができるのに働こうとしない者には、当然にはその権利は与えられません。

このように、働く義務が定められているのは、その裏側として労働基本権や生存権などの権利、言い換えれば、働く権利を保障するためなのです。

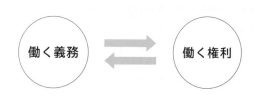

働く義務　働く権利

Q 1-11
国民主権と民主主義って同じもの？

私は今年18歳になり、自治体の選挙のお知らせが届くようになりました。中学・高校で「国民主権」という言葉を習いましたが、テレビやネットでは「民主主義」という言葉のほうがよく聞く気がします。この2つの言葉の意味はどう違うのでしょうか。

A

❖ 国民主権とは

国民主権とは、「国の政治のあり方を終局的に決定する力（主権）が一般国民にあるという原理」と定義されます（『法律学小辞典［第4版補訂版］』有斐閣）。より具体的には、国民自身が国家権力を行使すること（権力性の契機）と国民自身により国家の権力行使を正当づけられること（正当性の契機）を意味します。

❖ 国民主権の「主権」の内容

「主権」は、以下のように3つの意味を持つ言葉です。

> ❶ 国家権力そのもの（国家の統治権）
> ❷ 国家権力としての最高独立性
> ❸ 国政についての最高の決定権

まず、国家権力は、立法権、行政権および司法権の3つに大別されますが、上記❶は、それらを合わせた統治権を示す言葉です。

❷は、権力として、外国などの対外的な権力主体から支配されず、独立を保つことをいいます。

❸は、国の政治のあり方を最終的に決定する力または権威を意味します。すなわち、国の中で国家のあり方を決めていけるのは君主でなく、国民であることを示しています。

このように、主権の意味は3つのレベルに分類

することができるため、国民主権という言葉を使う際にどの意味で使われているかを考えてみるとよいでしょう。

❖ 民主主義とは

民主主義とは、「①権力は人民に由来し、②権力を人民が行使するという考えとその政治形態」（『広辞苑［第6版］』岩波書店、①・②は筆者挿入）をいいます。

①は、国を治める権力がそもそも人民にあることを示します。逆に、国家権力が君主の権威に由来する場合は民主主義とはいえないこととなります。

②は、人民が権力を行使し、国のあり方を決めていくことを示します。人民は、本来は国の中で法律が適用されるなどして統治される側ですが、人民自身が統治されると同時に、自ら統治を行うことが民主主義の特徴といえます。

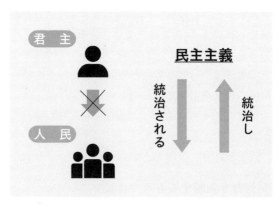

なお、民主主義には直接民主制と間接民主制の2つの形態がありますが、日本では、基本的には、人民の直接の多数決で国や自治体の方向性を決めるのではなく、人民の代表者を選び、代表者に権力を行使させる間接民主制が採用されています。

❖ まとめ

以上のように、国民主権と民主主義は、意味内容が重複する部分もありますが、その具体的な議論の中身は異なります。

Q 1-12

選挙に行かないと憲法違反？

明日、衆議院選挙があります。期日前投票の期間は終わってしまったし、明日の選挙当日はサークルの活動で忙しいので、投票に行けなさそうです。選挙で投票する権利が憲法に定められていると聞いたことがありますが、逆に選挙に行かないと憲法違反になってしまうのでしょうか。

A

❀ そもそも選挙権とは？

憲法15条は、成人に達した人が、選挙において投票できる権利を保障しています。

15条が保障する選挙権が、投票する権利があることを意味するのか、政府機関を創り出す公務を担っていることを意味するのか、その両方を意味するのかは、学説でも意見が分かれています。

● 選挙権の性質
　① 権利説
　　選挙権＝選挙において投票する権利
　② 公務説
　　選挙権＝選挙によって政府機関を創り出す公務
　③ 二元説
　　選挙権＝選挙において投票する権利であると同時に、選挙によって政府機関を創り出す公務

❀ 選挙の原則とは

選挙には5つの大原則があります。

まず、普通選挙の原則です。成人している人であれば、持っている財産の多さや男女に関係なく選挙権があります。

2つ目は、平等選挙の原則です。選挙権がある人は、誰でも平等な権利を持ち、収入や地位によって投票できる票数が変わることはありません。

3つ目は、秘密選挙の原則です。選挙は、誰が誰に投票したか、誰がどの政党に投票したかが、第三者に知られないように行われます。

4つ目は、自由選挙の原則です。選挙におけるさまざまな場面で、自由が保障されています。

最後に、直接選挙の原則です。選挙権を持っている人は、誰かを間に挟むことなく、自分が投票したい人や政党を選んで、直接その人や政党に投票することができます。

● 選挙の5大原則
　① 普通選挙の原則……成人なら誰でも
　② 平等選挙の原則……1票の価値は平等
　③ 秘密選挙の原則……第三者に知られない
　④ 自由選挙の原則……自由が原則
　⑤ 直接選挙の原則……直接選ぶ

❀ 棄権の自由は認められる？

上記のとおり、選挙の大原則の一つとして、自由選挙の原則があります。自由選挙の原則は、強制的に決められた人に投票させられない自由や、投票に行かず棄権をする自由を含むと考えられています。

したがって、設例のように選挙に行かないことは、憲法違反となることはありません。

❀ 選挙に行く義務がある国

上記のとおり、現在の日本では選挙に行かないことは憲法違反にはあたらず、もちろん罰則もありません。しかし、世界では選挙に行かないと罰則を科される国もあります。

シンガポールでは、選挙に行かないと選挙人名簿から抹消され、選挙権がなくなってしまいます。また、ベルギーやスイスの一部の州、オーストラリアでは、選挙に行かないと罰金を科されます。

さらに、キプロスやフィジーでは、選挙に行かないと投獄されてしまいます。

Q 1-13

衆議院と参議院の違いは？

国会に衆議院と参議院の2つの議院があるのはなぜですか。衆議院と参議院にはどのような違いがありますか。

A

❖ 二院制

日本の議会は、衆議院と参議院という2つの議院から成り立っています。このように、法律を作る機関（立法機関）である議会が2つの議院から構成されていて、両方の議院で可決したときにはじめて法律が成立するという仕組みを「二院制」（または「両院制」）といいます。世界的にも二院制を採用する国は珍しくなく、令和4年6月時点で192か国中79か国が二院制を採用しているとされています。

二院制が採用される理由は国によってさまざまです。主な理由としては、アメリカのように、各州の利益を均等に代表させるため、全国民を代表する議員からなる議院（下院）とは別に、各州を代表する議員からなる議院（上院）を設けているものや、イギリスのように、社会の中に貴族のような特殊な身分があり、それぞれの身分を代表する機関として2つの議院（庶民院と貴族院）が設けられているものがあります。

❖ 衆議院と参議院の違い

日本の国会議員は、衆議院議員であっても参議院議員であっても、全国民を代表するものとされており、特定の地域や特定の階級を代表するような国会議員はいません。そのため、二院制を採用する国々と比べると、日本の衆議院と参議院とは、非常に似かよったものであるといえます。

とはいっても、衆議院と参議院には違いもあります。主な違いは次のとおりです。

	衆議院	参議院
定数	465人	248人
任期	4年 ※衆議院解散の場合には、その期間満了前に終了	6年 ※3年ごとに半数改選
選挙権	満18歳以上	満18歳以上
被選挙権	満25歳以上	満30歳以上
解散	あり	なし

❖ 衆議院の優越

二院制のもとで何か物事を決めるためには、両議院で可決されることが必要です。一方の議院で可決されただけでは物事を決めることはできず、この意味では衆議院と参議院とは対等です。

しかしながら、法律案の議決については、衆議院に大きな権能が認められています。すなわち、ある法律案が衆議院で可決し、参議院で否決された場合に、衆議院が出席議員の3分の2以上の多数で再び可決すれば、法律を成立させることができます。

法律案の議決以外にも、予算・条約・内閣総理大臣の指名については、衆議院の議決が参議院よりも優先されているほか、内閣不信任の決議をする権限や、予算を先に審議する権限は衆議院のみに認められています。

このように、衆議院が参議院より強力な権限を認められていることを指して、「衆議院の優越」といいます。衆議院は、参議院よりも議院の任期が短く、解散も認められていることから、より国民の意思を反映しやすいと考えられ、このような権限が認められています。

Q 1-14

首相はどうやって選ばれる？

ニュースで首相が会見している様子を目にしますが、首相はどのようにして決められるのでしょうか。

A

首相とは

日本では、国会（立法権）・内閣（行政権）・裁判所（司法権）の3つの独立した機関が、互いに監視しあって権力が暴走しないようなシステム（「三権分立」といいます）をとっています。

首相は、このうち内閣を統率するトップのことを指し、憲法上の正式名称は「内閣総理大臣」で、単に「総理大臣」「総理」と呼ばれることもあります。

首相の権限には、衆議院を解散させる権限、他の国務大臣の任命や罷免をする権限、内閣を代表して国会に議案を提出する権限、内閣を代表して行政各部を指揮監督する権限、自衛隊の最高指揮監督権などがあります。

首相になるためには、①国会議員であること（憲法67条1項）、②文民であること（憲法66条2項）が必要です。文民とは、自衛官ではない人のことをいいます。

国会議員になるには

国会議員になるためには、衆議院または参議院選挙に立候補して、当選しなければなりません。国会議員になるには特別な資格はいりません。日本国民であり、衆議院選挙であれば満25歳以上、参議院選挙であれば満30歳以上という年齢の条件を満たしていれば、誰でも立候補することができます。ただし、犯罪行為を行って禁錮以上の刑に処せられ、刑が執行中の人や、選挙に関する犯罪で禁錮以上の刑に処せられて執行猶予中の人などは立候補できません。

選挙に立候補するときには、一時的にお金を法務局に預ける必要があります。このお金を供託金といい、選挙で一定の得票数を得られなかった場合には、没収されます。

内閣総理大臣指名選挙とは

国会議員は、国会で行われる内閣総理大臣指名選挙で指名されたあと、天皇から任命されることで首相になることができます。

内閣総理大臣指名選挙は、ほかにも「首相指名選挙」「首班指名選挙」と呼ばれることがあります。

内閣総理大臣指名選挙では、衆議院と参議院の両方がそれぞれ独立して首相を指名します。各院1名の過半数の票を得た議員をその院の指名者とします。票が割れた場合は、上位2名による決選投票で指名者を決めます。

両院の指名者が一致していれば、その人物を内閣総理大臣に指名します。

一致していなければ、両院協議会を開きます。両院協議会とは、両議院から10名ずつ選ばれた協議委員で組織される会議のことです。両院協議会で両院の意見が一致するか、もしくは出席した協議委員の3分の2以上の多数で指名者を決定する議決がされたときは、その人物を内閣総理大臣に指名します。

両院協議会でも指名する国会議員が決まらなかった場合は、衆議院の優越（**Q1-13**参照）により、衆議院が指名した国会議員を内閣総理大臣に指名します。

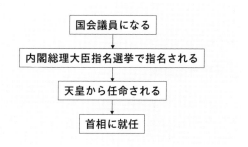

Q 1-15

裁判所の仕事は？

よく、テレビで裁判所の判決を扱っているニュースを目にします。しかし、裁判所がどんな役割を果たしているのか、よくわかりません。裁判所はどのような仕事をしているのでしょうか。また、裁判官にはどんな人がなるのでしょうか。

A

❖ 裁判所の仕事

　裁判所は、法律に基づいて争いごとを解決するのが仕事です。裁判所が扱う主な事件は、民事事件と刑事事件です。民事事件は、貸したお金を返してほしいなどの個人間の紛争や、契約をめぐる企業間の紛争などに関する事件です。刑事事件は、窃盗や詐欺などの犯罪の犯人だと疑われている人の有罪・無罪や刑罰の内容に関する事件をいいます。

　そのほかに、離婚や相続など家庭の揉めごとに関する家事事件、非行少年への措置を決める少年事件などもあり、裁判所はさまざまな事件を扱っているのがわかります。

　裁判所は、これらの事件について、当事者双方の意見を聞き、証拠を確認してどちらの言い分が正しいのかを判断します。この判断が「判決」と呼ばれるものです。判決を行わなくても、お互いが譲歩できそうなときには合意による和解ができるようアドバイスをして、事件を解決することもあります。

❖ 裁判所の種類

　裁判所には、最高裁判所と下級裁判所という2種類の裁判所があります。

　最高裁判所は、日本で一つしかない最上級、最終の裁判所です。法律が合憲か違憲かについて最終的に判断を下すので、「憲法の番人」とも呼ばれています。

　下級裁判所には、高等裁判所、地方裁判所、家庭裁判所、簡易裁判所の4種類があります。日本の裁判は三審制（3回まで裁判を受けることができる仕組み）をとっており、高等裁判所と地方裁判所は、それぞれ主に第二審と第一審を担当する裁判所です。

　高等裁判所は全国に8つ、地方裁判所は全国に50か所（支部も合わせると203か所）あり、かなり身近な存在であることがわかります。

　家庭裁判所は、家事事件や少年事件を専門とする裁判所です。これらの事件は法令を適用するだけでなく、背景にある人間関係や環境などさまざまな要素を考慮しなければならないため、通常の裁判所ではなく家庭裁判所が取り扱うことになっています。

　簡易裁判所は、額の少ない民事事件や比較的罪の軽い刑事事件を取り扱っています。迅速に事件を解決できるのが簡易裁判所の特徴です。

❖ 裁判官ってどんな人がなるの？

　裁判官は、事件に関わる当事者の人生を左右する重大な責任を負っています。いったいどんな人が裁判官になるのでしょうか。

　裁判官になるためには、司法試験に合格して1年の司法修習を行ったあと、判事補として経験を積んだうえで裁判官に任命されることが必要です。また、最高裁判所の裁判官は、在任中10年ごとに国民審査に付され、その審査において過半数の票で罷免されます（ただし、これまで国民審査で罷免された裁判官はいません）。法律の知識や裁判にまつわる経験を多く積んだ優秀な人が裁判官になっていることがわかります。裁判官というと堅いイメージがあるかもしれませんが、とても魅力的な個性を持った裁判官も多くみられます。

　裁判所の審理の大部分が公開されているため、ぜひ裁判所に行って裁判を傍聴してみてはいかがでしょうか。

Q 1-16

憲法は変わるもの？

憲法はずっと変わらないものなのでしょうか。憲法を変えるにはどのような手続が必要になるのでしょうか。

A

🍀 日本国憲法は変わったことがない

日本国憲法は、昭和21（1946）年11月3日に公布され、昭和22（1947）年5月3日に施行されています。11月3日は文化の日、5月3日は憲法記念日として祝日になっています。

日本国憲法が施行されてから70年以上経過していますが、現在に至るまで日本国憲法は改正（改憲）されたことがありません。

🍀 外国では改憲されているところもある

アメリカでは戦後6回憲法が改正（修正）されています。主な改正内容としては、大統領の3選禁止、選挙権年齢の引下げなどがあります。

アメリカ以外でも、フランス、ドイツ、イタリアなど憲法が改正されている国は多くあります。アジアにおいても、中国や韓国などで何度も憲法改正がされています。

🍀 憲法を変えるハードルは高い

法律は、主権者である国民の選挙で選ばれた議員の集まる国会において、基本的に過半数による多数決によって改正することができます。しかし、国の最高法規である憲法は、その時々の多数派によって安易に改正されないよう、法律を改正する場合より改正に高いハードルが定められています。

まずは、国会での賛成を得る必要があります。衆議院100人以上、参議院50人以上の賛成を得て憲法改正案の原案を発議します。その後、衆議院と参議院のそれぞれの憲法審査会で審査を行い、衆議院、参議院の本会議において採決されます。

そして、衆議院と参議院でそれぞれ総議員の3分の2以上の賛成で可決された場合、国会が憲法改正の発議を行い、国民に提案をします。

その後、国民投票を実施し、賛成票が投票総数の過半数となった場合に、国民の承認があったものとして憲法が改正されます。国民投票の方法は法律で決められており、憲法の改正案ごとに投票をすることになっています。改正案が複数あるときは、改正案ごとに賛成、反対と記載された投票用紙に〇を付ける方法で投票します。国民投票をすることができるのは、国民投票の期日時点で18歳以上の日本国民となっています。

このように、憲法改正の手続は通常の法律を作るよりも手続が複雑で、さらにより多くの議員の賛成が必要となっていることが、日本国憲法が今まで変わったことがない要因の一つとも考えられています。

● 憲法改正に必要なこと

- 衆議院、参議院のそれぞれで3分の2以上の賛成
- 国民投票での過半数の賛成

🍀 憲法は変わることもある

社会が変わっていくことによって憲法も変わっていく必要がある場合には、外国のように改憲されることがあります。日本で憲法改正がされないのは、日本国憲法を変える必要がないからなのか、憲法を変えるほど国民の議論が活発に行われていないからなのか、憲法改正のハードルが高いからなのか、さまざまな意見があります。

近年、憲法改正の議論が立ち上がっているので、いろいろな情報を集めて、憲法を改正すべきなのか、それとも改正しないべきなのかを考えてみるのもよいと思います。

自衛隊って憲法違反？

自衛隊は憲法違反だと聞いたことがあるのですが本当なのでしょうか。また、「集団的自衛権」という言葉を耳にするのですが、どのような意味なのでしょうか。

A

憲法9条が定める内容

第二次世界大戦の悲惨な体験を踏まえ、日本国憲法は平和主義を基本理念とすることとし、戦争の放棄を謳った第9条を定めました。

> ### ●憲法9条
> 1　日本国民は、正義と秩序を基調とする国際平和を誠実に希求し、国権の発動たる戦争と、武力による威嚇又は武力の行使は、国際紛争を解決する手段としては、永久にこれを放棄する。
> 2　前項の目的を達するため、陸海空軍その他の戦力は、これを保持しない。国の交戦権は、これを認めない。

憲法9条2項が「戦力」を保持しないと定める一方で、日本には、現に自衛隊が存在し、戦車、戦闘機、護衛艦、ミサイルなどの装備品を保有しています。そこで、「自衛隊は憲法に違反する存在なのではないか」という疑問が生じます。

自衛隊の合憲性

政府は、「独立国家である日本は当然に自衛権を有しているから『自衛のための必要最小限度の実力』を保持することも憲法上認められる」との立場に立っています。そして、「自衛隊は『戦力』とまではいえず、『自衛のための必要最小限度の実力』を有するにとどまるから合憲である」と説明しています。

この説明に対しては、「自衛隊はその装備や規模等からして『戦力』といえるだけの実力を有している」といった批判がなされます。現に令和3年の日本の軍事費は、全世界でも9番目に高額となっています。

自衛隊は違憲か合憲か、違憲であるとしても、解散すべきなのか、または憲法を改正して対応すべきなのかなど、自衛隊の憲法上の位置づけについてはさまざまな見解が存在します。みなさんもぜひ考えてみてください。

集団的自衛権と安保法制

上記政府の見解にもあるように、独立国家には固有の自衛権が認められていますが、国際法上、自衛権は2種類に分類されています。

> ### ●個別的自衛権
> 自国が攻撃されたときに、自国を防衛するための実力を行使する権利のこと
>
> ### ●集団的自衛権
> 友好国が攻撃されたときに、自国が攻撃されたのと同様に捉えて、友好国とともに実力を行使する権利のこと

政府は従来、日本は個別的自衛権のみを行使できる、つまり、日本自身が攻撃された場合に限り武力行使ができると説明してきました。

しかし、平成26年7月1日の閣議決定で「日本と密接な関係にある国が攻撃を受けた場合には、一定の要件で集団的自衛権を行使できる」と述べ、従来の憲法解釈を改めました。それに伴って、平成27年には安保法制と呼ばれる一連の法律が制定されました。

安保法制に対しては、日本が戦争に巻き込まれる危険性を高めるものであり、日本国憲法の基本理念である平和主義を毀損するといった批判がされています。全国で法律の合憲性を争う訴訟が提起されていますが、令和5年3月現在、最高裁判所による判断は示されていないため、今後の動向が注目されます。

第2章

家族に関する法律知識

Q 2-1

婚約・結婚できるのは何歳から？

私は18歳の男子高校生です。現在同い年の彼女と真剣に付き合っています。私は、将来彼女と結婚したいのですが、学生でも、彼女と結婚の約束をすることはできますか。また、私は何歳になったら彼女と結婚することができますか。

A

❀ 婚約とは

婚約とは、簡単にいうと将来結婚するという約束です。結婚そのものとは異なって、届出をする必要はありません。いわば結婚の予約と考えてください。あくまでも将来結婚をする約束ですので、結婚そのものとは異なります。

婚約は特別な形式を必要としませんから、口約束でも成立します。しかし、その内容は「私」と「彼女」とが将来結婚するという真摯な合意を行うものでなければなりません。

真摯な合意があったかを判断するために、婚約指輪の存在や結婚式の予約といった事実（イベント）が重要な意味を持ちます。また、婚約をしたにもかかわらず、その婚約を不当に破棄した場合には、慰謝料を含む損害賠償の問題になります。

❀ 婚約可能な年齢は、遅くとも15歳半ば程度

婚約を可能とする年齢は、法律上明確な規定がなく、「私」と「彼女」とが真摯な合意を行うことで成立します。しかし、当事者が婚約から生じる法律上の効果を判断できる年齢になっている必要があります。

では、婚約は何歳から可能になるのでしょうか。古い判例ですが、婚約当時15歳5か月の男性がした婚約を有効とした大正時代の判例があります（大審院大正8年4月23日判決）。「社会経済情勢の変化」を理由に成年年齢（成人年齢）が20歳から18歳に引き下げられた（民法4条）現在、この判例

とまったく同一の判断が出るかは疑問の余地があります。しかし、あくまでこの判例を基準とすれば15歳半ばには婚約が可能であるといえます。「私」と「彼女」は、互いに成人である18歳ですから、現在でも婚約は可能です。

❀ 結婚可能な年齢は18歳

以前は、男性は18歳、女性は16歳にならなければ結婚をすることはできないとされていました。現在では性別にかかわらず18歳になるまで結婚はできません。

設例では、「私」と「彼女」は、双方が18歳ですから、現在でも結婚することができます。また、結婚するのに親の同意は不要です。

❀ 未成年者の婚約に親の同意は必要？

「私」と「彼女」は成人である18歳ですから、婚約をするのにも親の同意は必要ありません。

設例とは少しずれますが、「私」と「彼女」が17歳の未成年だった場合、婚約に親の同意が必要かについても考えてみましょう。

未成年者が法律行為（権利義務を発生させる行為）を行う場合には、基本的に親の同意が必要であり、親の同意を得ずにした法律行為は取り消すことができるとされています。

以前は、18歳は未成年の扱いでしたから、未成年が結婚をするには父母の同意が必要とされていました。これに関しても、結婚のときに必要な親の同意は婚約では不要とした大正時代の古い判例があります（大審院大正8年6月11日判決）。この判例どおりの結論であれば、「私」と「彼女」が仮に17歳の未成年であったとしても、親の同意は必要ありません。

- 古い判例を基準とすれば、婚約は15歳半ばからできるとされている

- 成年年齢が18歳になるとともに、結婚可能な年齢も18歳となった

Q 2-2
婚約指輪を渡したら婚約になる?

私は 18 歳で、営業の仕事をしています。就職し生活も安定してきたので、同い年の彼女と結婚したいと考え、奮発して 30 万円の婚約指輪を買い、彼女に渡してプロポーズをしました。その場で彼女は指輪を受け取りプロポーズを受けてくれたのですが、その 2 か月後に「他に好きな人ができた」と別れを切り出されました。指輪を返してもらうのは私としても辛いので、代わりに彼女に対して指輪の代金を請求できますか。

A

❀ 婚約とは

「婚約」とは、結婚の約束をすることです。書面を交わすことや親族への挨拶を行うなどの特別な儀式は必要なく、将来結婚しようという 2 人の合意だけで婚約は成立しますが、この「将来結婚しよう」という 2 人の気持ちが明確であり、真摯（まじめ）であることが必要とされています。

❀ 真摯な約束って何?

結婚について真摯な約束があったといえるためには、婚約らしい出来事が重要です。

いくら口約束で婚約が成立するといっても、冗談交じりに「結婚しよう」と言い合っただけでは真摯な約束があったとはいえず、婚約が成立しているとはいえないでしょう。

他方で、将来の結婚を約束している 2 人の間に、実際に婚約指輪を受け取ったり、結婚式の予約をしたりといった婚約らしい出来事があれば、結婚について真摯な約束があったといえるでしょう。

「真摯な約束」は内心のことでわかりにくいので、外から見える「婚約らしい出来事」があるかどうかが、婚約を認めるうえでの重要な判断材料となっています。

❀ 婚約指輪を渡したら婚約になる?

婚約の有無を決めるのは、婚約らしい出来事から読み取られる当事者の真摯さです。婚約指輪を受け取ってくれたら必ず婚約になるという定式ではないことには注意が必要です。

婚約らしい出来事が重なれば重なるほど、真摯に結婚へ向かっている状況が克明になるため、婚約状態と評価されやすくなります。

その意味では、婚約指輪を受け取られたら必ず十分であるとはいえません。しかし、「私」が購入したのは30万円の婚約指輪であり、高価なものです。こうした高価な婚約指輪は、真摯な婚約の意思がなければ購入しないものと考えられます。

設例では、「私」はこのような婚約指輪を購入し、「彼女」に渡すとともにプロポーズをして彼女はそれを受けていますから、婚約が成立していると考えることができます。

❀ 婚約の破棄とは

婚約をしたにもかかわらず、その婚約を不当に破棄した場合には、慰謝料を含む損害賠償の問題になります。

設例で「彼女」が別れを切り出した理由は、「他に好きな人ができた」というものです。こうした理由は、「私」のせいではなく、「彼女」が心変わりしたせいですから、婚約破棄の正当な理由とはいえません。そのため、不当な婚約破棄として、「私」は「彼女」に対して損害賠償を請求できます。また、慰謝料のほか、婚約指輪の代金など結婚の準備として欠かせない出費の返還を請求できるとされます。

- ● 婚約の成立には婚約らしい出来事が重要
- ● 婚約指輪を渡したら婚約になる場合は多い

Q 2-3

婚約破棄したらどうなる?

私は18歳で、年上の彼氏から高価な指輪とともにプロポーズされ受け入れました。でも、「他にいい人がいるかも?」と思い始めた矢先、別の男性から告白されました。私もその男性のことが気になっていたので、彼氏とは結婚せず、その男性と付き合いたいです。私は彼氏に指輪を返したりお金を支払ったりする必要があるのでしょうか。

A

❀ 婚約とは

「婚約」とは、まじめに結婚の約束をすることです。特別な形式は必要ありませんが、真摯な気持ちに基づく合意である必要があります。

設例において、「彼氏」は、高価な指輪とともにプロポーズをし、「私」はそれを受け入れています。高価な指輪という点からも真摯な気持ちに基づいた合意といえますから、婚約が成立しています。

❀ 婚約の内容

婚約は結婚の約束ですから、一種の契約として法律的に保護され、当事者は、婚約の目的である結婚の実現に向けて双方真摯に努力をしなければならない義務を負います。そして、このような義務を負っている当事者が、正当な理由なく婚約を破棄することは債務不履行(結婚の実現に向けて真摯に努力する債務の不履行)となります。この場合、債務を履行しないことによって生じる損害を賠償しなければなりません。

設例において、「私」は別の男性と付き合いたいからという理由で結婚を断ろうとしています。このような「私」の心変わりは「彼氏」に原因があるものではありませんので、不当な婚約破棄であり債務不履行です。正当な理由なく婚約を破棄する「私」は、債務不履行に基づく責任を負います。なお、婚約破棄を結婚についての期待権の侵害行為と捉え、不法行為に基づく損害賠償請求をすることもできます(民法709条)。

❀ 婚約破棄の責任

設例の「彼氏」からしてみれば、「私」の心変わりで結婚の約束を破られるわけですから、精神的に傷つきます。高価な指輪も渡していますから、その指輪を返してもらうか指輪の代金を返してもらいたいとも考えるでしょう。

「彼氏」は精神的苦痛に対し慰謝料として賠償を求めることができます。婚約指輪を返してもらうことも可能です。婚約指輪のプレゼントは結婚が目的なので、「結婚しないなら返還する」という合意が含まれていると考えられるからです。そのため、「私」は婚約指輪を彼氏に返すべきであると考えられます。また、「彼氏」が「指輪を返されても辛いだけだから、指輪の購入代金を返してくれ」と考える場合には、現物ではなく購入代金で返還する必要があります。

❀ 賠償の範囲

損害賠償の対象は、相当因果関係を有する損害に限定されます。「相当因果関係」とは法律用語で、原因から結果が発生するまでの流れが社会通念上相当とみられる関係のことをいいます。たとえば、婚約に伴って転居をしたり、退職をしたりといった人生の変化を伴うこともあるでしょう。そこまでしたのに婚約を破棄されたことは慰謝料の増額事由になるのが通常です。また、結婚式を予約し費用を支払っていた場合は、婚約成立から結婚に至るまでの準備行為として社会通念上相当な出費ですから、その費用を賠償しなければなりません。

- 不当な婚約破棄であれば慰謝料や損害賠償の請求ができる

- 転居や退職したにもかかわらず不当に婚約破棄された場合や、結婚式を予約し費用を払っていた場合には、賠償が高額になる可能性がある

Q 2-4

結婚するのに親の承諾はいる？

私は18歳の男子高校生で、大学入学を目前にしています。現在、同い年の彼女と大学進学を機に結婚することを約束しています。しかし、どちらの親も、「学生で結婚は早すぎる」「まずは勉学に邁進すべき」と私たちの結婚に反対しています。私は、私の両親や彼女の両親から承諾されない限り、彼女と結婚できないのでしょうか。

A

❖ 結婚に親の承諾は不要

憲法24条1項は、「婚姻は、両性の合意のみに基づいて成立し、夫婦が同等の権利を有することを基本として、相互の協力により、維持されなければならない」としています。

「両性の合意のみ」と記載してあることから明かなように、当事者である男女の合意がありさえすれば、第三者の同意や承諾を必要としません。結婚可能な年齢に達している男女が結婚したいと考え、婚姻届を出しさえすれば、それで結婚が成立するということです。

したがって、設例の「私」と「彼女」は、「私」の両親や、「彼女」の両親の承諾を得なくても婚姻することができます。なお、法律上、結婚のことは「婚姻」といいます。

❖ 昔はどうだった？

第二次世界大戦前の日本の家族制度は、「家制度」と呼ばれ、戸主（その一族の主と考えてください）が家族の身分行為（婚姻や離婚など）に対する同意権を持っていました。自分が結婚するのに、当事者である男女以外の者が同意しなければ結婚ができないという制度です。

これはつまり、本人たちが結婚したいと考えたとしても、双方の家の戸主が同意しなければ結婚ができなかったということです。

第二次世界大戦後、この「家制度」というものはなくなり、現在の憲法24条1項が定められました。両性の合意のみで結婚できる制度に変わったということです。ただ、令和4年4月1日に民法が変わるまでは、成年年齢（成人年齢）は20歳、婚姻可能年齢は男性が18歳、女性が16歳とされていました。成年年齢と婚姻可能年齢が一致していなかったのです。そして、未成年が結婚する場合には例外的に、結婚は可能であるけれど未成年であることを重視して、父母の同意が必要とされていました。

設例でいうと、「私」と「彼女」は18歳ですから、改正前民法の下では親の同意が必要だったということになります。

❖ 現在は？

現在の民法では、成年年齢が18歳に改められるとともに、婚姻可能年齢が性別にかかわらず18歳と定められました。こうして、成年年齢と婚姻可能年齢が一致することで、未成年なのに結婚できる年齢というズレが解消され、18歳であっても父母の同意なく結婚することが可能になりました。

設例では、「私」も「彼女」も婚姻可能な成人である18歳ですから、親の承諾は不要です。

このように、法的には「私」と「彼女」の両親の承諾を得なくても結婚することができます。

● 現在の民法では、成年年齢と婚姻可能年齢がいずれも「18歳」で一致したため、結婚に父母の同意は不要となった

Q 2-5

同性同士でも結婚できる？

私は18歳の女子高校生です。私には同い年のパートナーがいて、戸籍上の性別は女性です。私はパートナーとともに添い遂げたいと思っていますが、戸籍上の性別が同性同士でも結婚することはできるのでしょうか。

A

❀ 結婚する権利とは

そもそも、結婚をする権利というのはどういった根拠から導かれるのでしょうか。

国民の権利を規定する憲法で、結婚について直接に触れているのは24条です。

憲法24条1項には「婚姻は、両性の合意のみに基づいて成立し、夫婦が同等の権利を有することを基本として、相互の協力により、維持されなければならない」と規定されています。婚姻と結婚は同一と考えてください。「両性」との文言からすれば、少なくとも男女間において結婚は可能であるため、男女が結婚する権利を保障しているものであると考えることができます。

しかし、「私」と「彼女」とは女性同士ということですので、このようにシンプルな話ではなくなってきます。

❀ 同性同士で結婚する権利は？

同性同士での結婚（「同性婚」といいます）については、憲法24条1項に結婚が「両性の合意のみに基づいて成立」と明確に規定されていることをめぐって考え方の対立があります。

「両性」という文言を重視すれば、憲法24条1項は同性婚を認めていないと考えることになります。この考え方は、同性婚を許すには憲法改正が必要という考え方や、24条1項ではなく幸福追求権を定めた憲法13条によって同性婚も許されるという考え方などに分かれます。

これに対し、「両性」とは書いてあるが、「合意のみ」のほうに力点があるとする捉え方もあります。もともとは結婚に戸主の同意が必要であったが、当事者の合意のみで結婚できるよう変更したという現行憲法の制定経緯を重視する考え方です。制定当時に広く問題意識を共有されていなかった同性婚を、24条1項で積極的に排除しているはずがなく、同性婚を認めるのに憲法改正は必要ないと考えます。

このほか、憲法14条1項の定める平等権の問題とする考え方もあります。

❀ 同性婚は認められていない

さまざまな考え方はありますが、現在の日本では同性婚は認められていません。したがって、残念ながら設例の「私」と「彼女」は結婚することはできません。

結婚できずとも、同棲して暮らしていくことは可能です。結婚の代わりに養子縁組を用いて相続権や扶養義務を生じさせたり、併せて遺言を作成するなどして実質的に夫婦関係に近づけるような取組みをしている例もあります。しかし、養子縁組では、別れる場合に離婚ではなく離縁となるため財産分与が受けられないなど、やはり限界はあります。

特徴的な取組みとして、東京都渋谷区のいわゆる「パートナーシップ条例」（渋谷区男女平等及び多様性を尊重する社会を推進する条例）があります。これは、渋谷区在住の同性カップルを対象に、夫婦と同様の権利を認めようというものです。しかし、やはり同性婚を許していない法制度のもとで行っていく取組みですから、法律との整合性がとれているか、パートナーシップで保護としては十分なのかなど、課題も指摘されています。

- 同性婚の考え方はさまざま
- 同性婚は現在の日本では認められていない

Q 2-6
夫婦で別の姓を名乗るにはどうする？

私には将来結婚することを考えているパートナーがいますが、私もパートナーも今の自分の姓を変更したくありません。私もパートナーも今の自分の姓を変更することなく結婚することはできますか。

A

日本における姓のルール

現行の民法によると、「夫婦は、婚姻の際に定めるところに従い、夫又は妻の氏を称する。」（民法750条）とされています。つまり、結婚にあたり、夫となる人の氏か、妻となる人の氏かどちらか一つを選択し、同じ姓を名乗らなければならず、法律上の夫婦が別の姓を名乗ることは認められていません。

国際結婚の場合の例外

日本における夫婦同姓のルールに関する例外として、日本において、日本人と外国人が結婚する場合が挙げられます。この場合は、夫婦別姓であることが一般的です。

日本には、日本国民が出生してから死亡するまでの親族関係を登録し、日本国籍を有することを公に証明する「戸籍」という制度があり、一部の場合を除いて、婚姻届が提出されることにより、夫婦のための新しい戸籍が編製されます。しかし、日本国籍を有しない外国人は、戸籍に名前が登録されません。日本人と外国人が結婚したとしても2人を同じ戸籍に登録することができず、夫婦同姓にする必要がないことから、夫婦別姓が認められています。

通称として旧姓を使う場合

結婚した後も、結婚前の旧姓を使いたい場合は、旧姓を通称として使用することが考えられます。この場合、戸籍上の姓は、結婚時に、夫婦で決め

た夫または妻の姓となるので、旧姓の使用は、あくまでも日常生活を送るうえでの通称となります。

注意が必要なことは、通称はいつ、どの場面でも使えるわけではないことです。たとえば、勤務先で通称を使用したい場合は、会社によって通称の使用が認められているかどうか運用が異なるため、まずは勤務先に確認してみるのがよいでしょう。銀行や役所に提出する書類に記載する場合は、通称の使用が認められていません。この場合は、戸籍に登録されている氏名を記載することになります。

法律上の夫婦にならない場合

夫婦同姓のルールは、法律上の夫婦について適用されるものです。そのため、婚姻届を提出しない事実婚の夫婦には適用されません。法律上の夫婦か、事実上の夫婦かでは法律上・制度上の扱いが異なるため、法律婚を選ぶのか、事実婚を選ぶのかは、パートナーとよく相談するのがよいでしょう。

夫婦別姓に対する裁判所の判断

夫婦同姓を定める現行の民法の規定が憲法に違反しないかどうかについて、裁判所で争われています。現在、最高裁判所は、当該民法の規定は憲法に違反しないと判断していますが、審理に加わった最高裁判所の裁判官の何人かは、当該規定は憲法に違反していると意見を述べています。今後も引き続き検討される課題です。

> 現行民法では、夫婦同姓が必須
> 夫婦が別の姓を名乗るためには……
>
> ➡ ① 通称として旧姓を使う
> 　② 法律上の夫婦にはならず、事実婚を選ぶ

事実婚って何？

事実婚という言葉を聞いたことがありますが、どのような夫婦の形を指しているのでしょうか。婚姻届を提出してする結婚と比べて、どのような違いがあるのでしょうか。

A

事実婚とは

事実婚とは、一般的に、婚姻届を提出していない状態で夫婦と同等の関係を持ったカップルをいいます。現実に同居し、夫婦として共同生活を行っているなど、実態としては、法律上の夫婦と何ら変わりはありません。法律上の夫婦には夫婦同姓のルールがあるところ、事実婚にはそのルールの適用がありませんので、結婚によって姓を変更したくない夫婦や、現行の法制度に捉われない新しい夫婦の形を希望する人が事実婚を選択することがあります。

子どもとの関係

婚姻届を提出すると、一部の場合を除き、夫婦の新しい戸籍が編製されます。この戸籍には、夫婦とその子どもを登録することができます。

しかし、事実婚の場合は、婚姻届を提出しないため、夫婦の新しい戸籍は編製されません。そのため、夫婦に子どもが生まれた場合は、母の戸籍に子どもが登録されることになります。

事実婚では、生まれた子どもと父の関係を示すものがありませんので、父が、子どもとの関係で法律上の父と認められるためには、認知をする必要があります。

夫婦の一方にもしものことがあったとき

夫婦の一方が亡くなったとき、事実婚の夫婦では、残された夫または妻は相続人にはならず、亡くなった夫または妻の相続財産を相続することが

できません。そのため、もしものときに備え、遺言書を作成したり、生前贈与を行うなどして、夫婦の一方の財産が他方に渡るよう対策しておくことが必要になるでしょう。

事実婚と法律婚で違いがないもの

すでに述べたとおり、事実婚と法律婚は、夫婦が同居して共同生活を送っている点では違いがありません。生活実態を重要視する社会保険では、法律上の夫婦と同じ扱いを受けることができるものがあります。

また、お互いに他の異性と関係を持たない貞操義務を負っています。たとえば、夫婦の一方が不貞行為を行ったことで事実婚が破綻してしまったような場合には、不貞行為を理由とした慰謝料請求をすることができます。

そのほか、事実婚を解消する際に、事実婚を開始してから解消するまでの間に夫婦で築いた財産を清算する財産分与を求めること等ができます。

事実婚であることを示す方法

夫婦のどちらかを世帯主に変更することで住民票を同一にし、続柄の記載を「夫（未届）」または「妻（未届）」とする方法や、自治体により異なりますが、異性間のパートナーを対象とするパートナーシップ制度を利用し、自治体から証明書を発行してもらう方法があります。

また、夫婦間で事実婚に関する契約書を作成し、さらにそれを公正証書にする方法も考えられます。

● 事実婚と法律婚の違いは、一般的には、婚姻届を提出しているかどうか

● 事実婚と法律婚で仕組みが変わらない制度もあれば異なる制度もあるため、注意が必要

Q 2-8
外国人と結婚する場合、婚姻届はどこに出す?

私は、日本在住の日本人です。このたび、日本で、外国籍のパートナーと結婚することにしました。パートナーとの婚姻届はどこに出せばよいのでしょうか。また、結婚することにより、パートナーは日本での永住資格をもらえるのでしょうか。

A

❀ 婚姻届の提出先

　設例のケースの場合、婚姻届は、夫または妻となる人の本籍地または住所地の市区町村に提出することになります。もし、海外で結婚した場合には、その結婚の方法が、①結婚した国の法律に従ったものであるか、②パートナーの国籍国の法律に従ったものであるかどうかにより対応が異なります。

　婚姻が有効に成立していると認められる場合、日本人パートナーの戸籍に婚姻の事実を記載する必要がありますので、婚姻成立の日から3か月以内に、婚姻に関する証明書の謄本を現地の日本の大使館または領事館などの在外公館に提出するか、本籍地の市区町村に提出する必要があります。

　上記いずれの方法によっても婚姻が有効に成立していない場合は、改めて日本法または①もしくは②の方法に基づいて有効な婚姻の手続をとる必要があります。

❀ 婚姻届の提出に必要な書類

　国際結婚の場合、婚姻届と一緒に、日本人パートナーについては戸籍謄本を、外国人パートナーについては婚姻要件具備証明書を提出する必要があります（婚姻届を提出する市区町村が日本人パートナーの本籍地である場合は、日本人パートナーの戸籍謄本の提出は不要です）。

　婚姻要件具備証明書とは、外国人パートナーが、本国法上、年齢など婚姻に必要な要件を備えてい

ることを、パートナーの本国の大使、公使または領事などの権限を持っている者が証明する書面です。この書面は、日本にあるパートナーの本国の大使館または領事館において発行してもらうことができます。国によっては、婚姻要件具備証明書を発行していない場合がありますので、婚姻要件具備証明書を発行している国かどうか、事前にパートナーの本国の大使館または領事館等に確認しておくことをお勧めします。

　いずれの書面についても、日本語以外の言語で記載されている書面については、日本語の訳文を付け、誰が翻訳したのかを記入する必要があります。

❀ 日本での永住資格

　日本人パートナーと結婚した場合、外国人パートナーの在留資格は「日本人の配偶者等」になりますが、結婚したことからただちに日本での永住資格が与えられるわけではありません。永住資格を得るためには、永住申請をする必要があります。

　永住申請は、実体を伴った婚姻生活が3年以上継続し、かつ、引き続き1年以上日本に在留している場合などに認められます。日本人（永住者または特別永住者を含む）と結婚したこと以外の理由で永住申請する場合と比べると永住許可要件は緩和されています。

● 国際結婚をするために必要な書類
- 婚姻届
- 外国人パートナーの本国の在日公館が発行する婚姻要件具備証明書

夫の不倫が発覚。不倫相手に損害賠償請求できる❓

最近夫の外泊が増え、様子がおかしいなと思っていたら、パソコンの履歴から夫が会社の後輩女性と2人きりで旅行をしていたことがわかりました。私は専業主婦で、まだ子どもも小さいので、すぐに夫と離婚するなんて考えられないのですが、夫と不倫をした女性に対して慰謝料を請求できますか。

A

❀ 不倫や浮気って何？

「不倫」や「浮気」は、一般的な概念で、法律用語ではありません。両者に明確な定義はありませんが、当事者の一方または双方が既婚者であるときや、性的関係を伴う場合に「不倫」という言葉が使われる傾向にあります。

不倫は、道義的に非難される行為ですが、不倫をしたからといって、法律上当然に離婚や慰謝料請求が認められるわけではない点に注意が必要です。法律上、離婚や慰謝料請求が認められる行為のことを、法律用語では、「不貞行為」と呼んでいます。

❀ 不貞行為とは

「不貞行為」とは、「配偶者のある者が、自由な意思に基づいて配偶者以外の異性と性的関係を持つこと」をいいます。したがって、キスする、手をつなぐ、食事デートをするなど性的関係を伴わないプラトニックな関係は、「不貞行為」にあたりません。

設例で、夫は会社の後輩女性と2人きりで旅行しています。異性と宿泊した事実は性的関係があることを強く推認する事実ですが、一度だけの旅行からただちに「不貞行為」があったとはいえないでしょう。複数回にわたって旅行したり、宿泊したりといった事情があれば、性的関係にあることは疑いようがなく、「不貞行為」にあたると考えてよいでしょう。

❀ 不貞行為が離婚原因になること

夫婦間での話し合いや、家庭裁判所の調停で折り合いがつかないときに、裁判で離婚を争うことがあります。裁判離婚する場合には法律で決められた「離婚原因」が必要です。不貞行為は、「離婚原因」の一つとして民法に規定されています。

❀ 不貞行為を理由に慰謝料請求するには？

結婚すると夫婦は互いに「配偶者以外の異性と性的関係を持たない貞操義務」を負います。不貞行為は、この貞操義務に違反して、配偶者に精神的苦痛という損害を与える行為で、配偶者に対し、この損害を慰謝料というお金で賠償することになります。慰謝料の金額は、精神的苦痛の程度により定まります。一般的に、不貞行為が直接の原因となって婚姻関係が破綻したこと（＝離婚に至ること）は大きな要素であると考えられています。

❀ 慰謝料請求の相手方について

夫と相手女性は、共同して不貞行為に及んだことになるので、慰謝料請求をする場合に、妻は夫と相手女性の双方を相手方とすることができます。また、設例のように、妻は相手女性のみに慰謝料請求することも可能です。相手女性が判決等によって、妻に慰謝料を支払った場合、相手女性は、自分が支払った慰謝料のうち夫が負担すべき部分について、夫に請求（「求償請求」といいます）することができると考えられています。

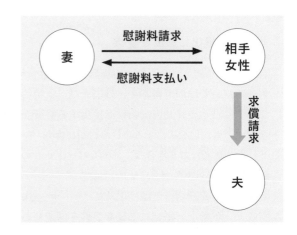

Q 2-10

夫に生活費を請求できる?

会社員である夫が今年から単身赴任を始めたところ、夫が給与の振込先口座を変更したようで、私の手元にある生活費の支払いをする口座に夫の給与が振り込まれなくなりました。私は、小学校2年生になる子どもと一緒に住んでいます。離れて暮らす夫に、私と子どもの生活費を請求できるのでしょうか。

A

✤ 婚姻費用とは

「婚姻費用」とは、夫婦が婚姻して共同生活をするために必要な費用をいいます。衣食住にかかる費用、医療費、自立して生活することができない未成熟子の生活費や教育費等、生活をしていくために必要な費用が含まれます。

婚姻費用は、夫婦それぞれの収入や資産に応じて分担することになります。夫婦は、お互いに自分と同程度の生活を相手に保障する義務を負っているところ、婚姻費用の支払いを求める側と請求を受ける側の生活が同程度のものとなるよう、婚姻費用の金額を決めることになります。

✤ 請求する方法

婚姻費用の請求は、訴えを提起して裁判で行う必要はなく、夫婦の一方が他方に対し婚姻費用の支払いを求める旨を伝えることで足ります。もっとも、いつ婚姻費用の支払いを求めたのかを明らかにするため、メールや手紙等、証拠が残る方法で請求するのがよいでしょう。夫婦間で話ができない場合や、うまく話がまとまらない場合には、調停という裁判所の手続を利用して話し合いをすることを検討してみるのがよいでしょう。

婚姻費用の分担を求める調停は、調停委員という男女合計2名がいる部屋で、夫婦が片方ずつ交互に部屋に入って調停委員と話をし、調停委員を

介して相手方と話し合いを重ねる方法により婚姻費用を決めるものです。弁護士に依頼した場合にも、多くの事件で利用されている手続です。

調停でも話し合いがまとまらない場合には、審判という手続にて、裁判所が婚姻費用の金額を決めることになります。

✤ 婚姻費用の金額

婚姻費用の金額は、夫婦の収入や資産のほか、夫婦に子どもが何人いるか、夫婦のどちらが子どもを監護養育しているか、子どもの年齢等を考慮して決められます。裁判所のWebサイトでは、婚姻費用を検討する参考資料として利用される算定表が公開されています。夫婦の収入、子どもの人数、子どもの年齢をもとにおおよその金額を把握することができます。

✤ 離婚した後の生活費の請求

離婚後は、相手方に自分の生活費の支払いを求めることはできません。夫婦に子どもがいる場合には、子どもの生活費等である養育費を請求することができるにとどまります。養育費も、婚姻費用と同じように、夫婦の収入、子どもの人数、子どもの年齢等を考慮して決められます。また、同じように、裁判所のWebサイトにおいて養育費の算定表が公開されています。離婚後、養育費の支払いがなされない場合には、強制執行の申立てをして給与口座の差押え等を行うのがよいでしょう。

- ●婚姻費用とは、夫婦の婚姻中の共同生活に必要な費用をいう
- ●離婚後は、自分の生活費の請求はできないが、子どもの養育費の請求はできる
- ●婚姻費用も養育費も、夫婦の収入、子どもの人数、子どもの年齢等を考慮して決められる

Q 2-11

離婚するための方法・手続は？

私は30代の主婦です。若くして結婚しましたが夫と価値観が合わず、別居して3年になります。私はそろそろ夫と離婚したいと思っているのですが、夫が離婚に応じてくれません。夫と離婚するにはどうすればよいのでしょうか。また、離婚するときはどのような手続をとればよいのでしょうか。

A

❖ 離婚とは

「離婚」とは、「有効に成立した婚姻関係を婚姻した夫婦が生存している間に将来に向かって解消すること」をいいます。

❖ 離婚成立までの流れ

夫婦の一方または双方が離婚したい場合、まずは夫婦間で離婚の話し合いが行われることが通常です。夫婦で離婚することや子どもの親権者をどちらにするかを話し合い、お互いが合意すれば離婚が成立することになります（「協議離婚」といいます）。その際、子どもの監護者をどちらにするか、養育費、面会交流、財産分与、慰謝料等についても話し合って決定することになります。

次に、協議離婚の成立が困難なときは、離婚調停を申し立て、離婚や離婚に関する諸条件を裁判所において話し合い、お互いが合意すれば離婚が成立することになります（「調停離婚」といいます）。

さらに、離婚調停でも離婚が成立できなかった場合には、離婚訴訟を提起し、相手方に離婚事由が存在すると裁判所が判断すれば、離婚が認められます（「裁判離婚」といいます）。

❖ 協議離婚

これは、裁判所の手続ではないので、離婚の内容を柔軟に決められることや後述の離婚事由が不要というメリットがあります。協議離婚をする場合、離婚後に“言った・言わない”で揉めないために離婚の内容については、公正証書として残すことが望ましいです。

協議離婚中、話し合いがうまくいかない場合や相手と直接会って話をしたくない場合には、代理人（弁護士等）に依頼をして、その代理人が相手と交渉することもあります。

そして、夫婦が離婚することに同意をすれば、離婚届を市区町村役場（以下「役所」といいます）に提出することで離婚が成立します。

❖ 離婚調停の申立て

設例のように夫が離婚に応じない場合には、家庭裁判所の調停制度を利用することになります。調停を申し立てる裁判所は、相手方（夫）の住所地を管轄する裁判所になります。

調停では、調停委員（男女1名ずつの場合が多いです）と呼ばれる人が中心となって夫婦双方の意見を聞いてもらえます。調停は、あくまでも話し合いの場というのが特徴です。

調停の結果、離婚することに合意すれば、調停が成立し、調停調書が作成され、離婚が成立します。

他方、相手が離婚に応じなかった場合には、調停は不調（＝調停不成立）となります。

❖ 調停でも決着がつかない場合には裁判へ

調停が不調に終わったものの、それでも離婚したい場合は、離婚の裁判をすることになります。離婚訴訟で裁判所に離婚を認めてもらうためには、法律で決められた「離婚事由」が必要です。民法には、離婚事由として、①不貞行為、②悪意の遺棄、③3年以上の生死不明、④回復の見込みのない強度の精神病、⑤その他婚姻を継続しがたい重大な事由が挙げられています。

①不貞行為とは、配偶者のある者が、自由な意思に基づいて配偶者以外の異性と性的関係を持つことです。②悪意の遺棄とは、正当な理由がないにもかかわらず、夫婦の同居・協力・扶助の義務を放棄することです。③3年以上の生死不明とは、

何らかの理由で配偶者の生死を 3 年以上確認でき
ず、現在までその状況が続いていることです。④
回復の見込みのない強度の精神病とは、配偶者が
強度の精神病により、夫婦に義務づけられている
婚姻生活の協力や扶助が果たせない状況です。⑤
婚姻を継続しがたい重大な事由とは、すべての事
情を考慮しても、到底円満な夫婦生活の継続また
は回復を期待することができない状態になってい
ることです。

　設例で、妻は夫との価値観の不一致から別居を
しており、離婚を考えています。上記離婚事由の
中に別居や価値観の不一致は含まれていませんが、
3 年間の別居の事実と価値観の不一致の事実に
よって、上記⑤婚姻を継続し難い事由があるとし
て、離婚が認められる可能性があるでしょう。

❖ 離婚するための手続

　日本は、戸籍制度を採用しているため、離婚届
等を役所に提出しないと、戸籍に夫婦が離婚した
とは記載されず、第三者から見ればその夫婦は離
婚していないものと扱われてしまいます。そこで、
夫婦の離婚を第三者にもわかるようにするために、
役所に次の書類を提出する必要があります。

離婚形態	必要書類	提出先
協議離婚	・離婚届※1	夫婦の所在地または本籍がある役所
調停離婚	・離婚届※2 ・調停調書謄本	届出人の所在地または本籍がある役所
裁判離婚	・離婚届※2 ・判決謄本 ・確定証明書	届出人の所在地または本籍がある役所

※1　夫婦双方の署名が必要。
※2　夫婦の一方の署名で足りる。

❖ 離婚前に準備すること

　離婚することを決意したとしても何も準備する
ことなく、相手方に「離婚したい」と伝えても、
不利な条件で離婚してしまったり、十分なお金を
もらえず、離婚後の生活が困窮してしまったりす
るおそれがあります。また、離婚をすれば、仕事、
家事、育児など、これまで二人で協力ないし分担

して行ってきたものの多くを一人で行うことにな
る可能性があります。婚姻中に夫婦で築き上げた
財産についてもおよそ半分になるなど、経済的な
環境も大きく変わります。

　そのため、離婚すると決意してから、相手方に
「離婚したい」と伝えるまでにいろいろと準備を
してから切り出したほうが、離婚後の生活に重大
な影響を与える可能性は低くなるでしょう。

　事前準備として、①経済的自立の準備、②精神
的自立の準備、③請求可能なお金や資産のリスト
アップ、④証拠の収集が挙げられます。

　①経済的自立の準備とは、別居費用を貯めたり、
専業主婦（夫）であれば就業したりするなど、離
婚までに離婚後の生活をするための費用を捻出で
きるように準備することです。②精神的自立の準
備とは、結婚と比べ、離婚は何倍もの気力と体力
を使うといわれています。離婚は、感情のすれ違
いも発生しやすく、かつ生活環境も大きく変わり
ます。また、子どもがいれば子どもの生活にもか
かわります。そして、離婚は、自らが離婚を決断
し、行動しなければならないシーンが多々発生す
ることになります。自分自身が自立し、自らの人
生を自ら切り開こうとする強い意思が求められま
すので、そのような心の準備をする必要がありま
す。③請求可能なお金や資産のリストアップとは、
離婚する際に相手から受け取ることができるお金
や資産、さらには、今置かれている状況に応じて
受給できる公的な支援などについて、何をどれぐ
らい受け取れるのかを検討し、リストアップして
おくことです。④証拠の収集とは、離婚するため
の証拠（浮気の写真等）や相手方にお金を請求す
るために必要な証拠（通帳のコピー、給与明細等）
を集め、離婚および離婚する際の条件を有利にす
るために必要になります。

Q 2-12
不倫している夫からの離婚請求は認められる❓

私は、20代の主婦で結婚して2年が経ち、2歳の息子がいます。夫とは、夫の不倫が発覚してから半年間別居しています。先日、夫から離婚したいと言われましたが、私は離婚したくありません。悪いのは夫のほうなのに、夫の離婚請求は認められるのでしょうか。

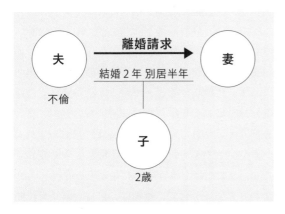

A

❀ 有責配偶者からの離婚請求は認められない

不倫は、法定離婚事由である「不貞行為」にあたります。婚姻の破綻に専らまたは主な原因を与えた配偶者のことを「有責配偶者」といい、法定離婚事由である不貞行為に及んだ設例の夫は、「有責配偶者」にあたります。

夫婦間の婚姻関係がすでに破綻している場合、当事者の離婚請求は認められるのが原則ですが、有責配偶者からの離婚請求である場合、離婚は認められないと考えられています。その理由は、相手配偶者を傷つけたうえ、相手配偶者が望まない離婚を求める点が信義に反すると考えられているからです。したがって、設例の夫からの離婚請求は認められません。

もっとも、有責配偶者から離婚請求をした場合でも、相手配偶者も離婚を望んでいるときは、合意があるので離婚できます。

❀ 例外的に離婚請求が認められる場合

有責配偶者の離婚請求が例外的に認められたケースもあります。

判例によれば、①別居期間が相当の長期間に及んでおり、②未成熟の子どもがいない場合には、③相手方配偶者が離婚により精神的・社会的・経済的に極めて過酷な状態におかれる等離婚請求を認容することが著しく社会正義に反するといえるような特段の事情がない限り、離婚請求が認められないものではないとされています。

①別居期間が相当の長期間に及ぶ場合とは、一般的に3年〜10年が目安ともいわれています。別居期間が相当の長期間に及んでいるか否かは、有責配偶者の有責性の程度、婚姻生活の実質の有無、子どもの有無、子どもがいる場合にその子が成人しているか、有責配偶者が婚姻費用等の支払いについて誠実な対応をとっているかなどさまざまな事情を考慮して判断されます。

②未成熟の子どもとは、経済的に自立していない子どもをいい、年齢だけではなく、働いているかなどを考慮して判断されます。ただし、現在の裁判実務において②は絶対的な条件ではないとされています。

③特段の事情がないかは、離婚によって他方の配偶者の生活が精神的、経済的に厳しい状況にならないかなどをみて判断されます。もっとも、これは極めて例外的な場合を想定したものとされており、①②の条件を満たした場合で、特段の事情があるとして離婚請求を認めなかった例はほとんどありません。

設例では、別居期間が半年であり、2歳の未成熟の子どもがいるので、特段の事情の有無にかかわらず、夫からの離婚請求は認められない可能性が高いでしょう。

Q 2-13

離婚時にもらえるお金は？

私は、30代の専業主婦で8歳の娘がいます。夫の不倫が原因で別居し、離婚することになりました。夫は会社員で年収は500万円です。結婚後に購入した夫名義の家があり、別居時の価値は1000万円で、ローンが500万円残っています。また、夫婦共有名義の100万円の預金があります。私は、夫と離婚の際どのようなお金をもらえるのでしょうか。

A

❖ 離婚時に請求できるお金

離婚時に一方の配偶者に請求できる可能性のあるお金は3種類あります。1つ目は財産分与、2つ目は慰謝料、3つ目は養育費です。

❖ 財産分与（対象となる財産、決め方・金額等）

財産分与とは、①夫婦が共同生活を送る中で形成した財産の公平な分配、②離婚後の生活保障、③離婚の原因を作ったことへの損害賠償の性質があると解され、特に①が基本であると考えられています。

財産分与の対象となる財産は不動産、預貯金、自動車などです。他方、結婚前の貯金や結婚後に遺産相続などで得たお金は財産分与の対象外です。夫婦のいずれか一方の名義になっている財産であっても、実際には夫婦の協力によって取得・維持されたものであれば、財産分与の対象となります。

財産分与は、まず当事者間の話し合いによって方法や金額を決めることになります。このとき、たとえば家を売却し現金にしてから財産分与する方法、妻が家に住み続けて夫がローンを支払う方法など自由に決めることができます。話し合いで決まらないときは、家庭裁判所に調停や審判を申し立てることになります。家庭裁判所の審判では、

夫婦の収入の偏りに関係なく、夫婦の財産の2分の1ずつに分けるように命じることが多いです。なお、財産分与は、別居時の金額が基準となります。

設例では、夫名義の家がありますが、婚姻中に購入しているため、財産分与の対象になります。また、預金についても財産分与の対象となります。夫婦での話し合いあるいは調停や審判で、どのように分けるかを決めていきますが、審判になった場合、財産の半分である300万円（（1000万円－500万円＋100）÷2）になる可能性があります。

❖ 離婚に伴う慰謝料

離婚に伴う慰謝料とは、有責行為によって離婚を余儀なくされたことに対する慰謝料と考えられています。「有責行為」とは、夫婦関係を破綻させ、離婚の原因となった配偶者の行為をいいます。不倫は、法定離婚事由である「不貞行為」にあたりますので、設例の夫は、「有責行為」を行っているといえます。一般的に裁判での慰謝料の相場は、不貞行為の場合は150万円～200万円程度、それ以外の場合は100万円程度になることが多いです。

設例で、妻は夫の不倫によって離婚を余儀なくされていますから、慰謝料として150万円～200万円を請求できる可能性があります。

❖ 養育費

養育費とは、離婚後の子の監護に要する費用をいいます。まずは当事者間の話し合いによって金額が決まります。話し合いで決まらない場合、家庭裁判所に調停や審判を申し立てることになります。このとき、「養育費・婚姻費用算定表」が参考にされます。養育費は、満18歳に達する月までとする場合や、大学を卒業する月までと定められる場合もあります。

設例では、夫婦には8歳の子どもがおり、夫の年収は500万円で、妻の年収は0円です。算定表によれば、養育費は月額6万円～8万円となり、その他の事情などを加味して養育費を決めることになります。

Q 2-14

マッチングアプリで既婚者と知らずに付き合っていた。慰謝料請求される？

私は、20代の未婚女性です。マッチングアプリで知り合った男性と交際し、何度も体の関係を持ちました。私は、その男性が独身だと思っていたのですが、先日、既婚者だと知りました。私は、男性の奥さんから慰謝料を請求されてしまうのでしょうか。また、その場合、何かできることはありますか。

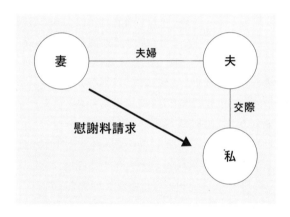

A

❖ 不貞行為とは

「不貞行為」とは、「配偶者のある者が、自由な意思に基づいて配偶者以外の異性と性的関係を持つこと」をいいます。そのため、マッチングアプリを利用して交流する、キスをする、手をつなぐなど性的関係を伴わないプラトニックな関係は、「不貞行為」にあたりません。

設例では、女性は男性と複数回にわたって性的関係を持っているため、「不貞行為」にあたると考えてよいでしょう。

❖ 不貞行為を理由とする慰謝料請求

結婚すると夫婦は互いに「配偶者以外の異性と性的関係を持たない貞操義務」を負います。不貞行為は、この貞操義務に違反して配偶者に精神的

苦痛という損害を与えたといえることから、その損害を慰謝料というお金で賠償するものです。

❖ 慰謝料請求が認められる場合

配偶者からの慰謝料請求が認められる条件は、①権利侵害行為の事実、②故意・過失、③損害の発生です。このうち①や②を証明するための証拠として、メールやSNSでの不倫をうかがわせるやりとり、投稿、不倫をうかがわせる写真（ラブホテルに出入りしている写真など）、録音データ（不倫相手との電話録音、配偶者が不倫の事実を認めた会話の録音など）、ラブホテルなどのクレジットカードの利用履歴やレシート、交通系ICの利用履歴などがあります。

設例では、不倫という権利侵害行為があり（①）、それによって妻に精神的苦痛が生じていること（③）は明らかでしょう。そのため、あとは、「私」に故意・過失（②）があったか、すなわち、既婚者だと知っていながら不倫していた、または相手が既婚者であるかどうかを知ることができたにもかかわらず不倫をしていたといえるかが重要になってきます。

❖ 不貞行為の慰謝料の相場

慰謝料の金額は、精神的苦痛の程度により決められ、一般的に婚姻関係破綻の有無、不貞行為の具体的内容、当事者の年齢、婚姻期間、未成熟子の有無・年齢が考慮されます。もっとも、相場は150万円～200万円ですが、離婚に至らない場合にはもっと少額になり得ます。

❖ 慰謝料請求に対してできること

設例の「私」は、既婚者であると知らなかったこと、既婚者であることを知ることができなかったことを立証すれば、慰謝料を支払わなくて済む可能性があります。これらの証拠として、マッチングアプリの登録画面、交際前や交際期間中に送られてきたメールやLINE・SNSなどで、自分が独身であることをアピールしている文章などが挙げられます。

Q 2-15

DVを受けた。どうしたらいい？

私は、夫から毎日殴られたり、「お前はクズだ！」などと大声で言われていて、もう限界です。夫とは、離婚したいと考えていますが、何かできることはないでしょうか。また、相談できる場所があれば教えてください。

A

❖ DVとは

DVとは、「ドメスティック・バイオレンス」（domestic violence）の略語であり、配偶者や恋人など親密な関係にある、またはあった者から振るわれる暴力をいいます。「暴力」には、殴る蹴るといった身体的暴力だけではなく、人格を否定するような暴言といった心理的攻撃、生活費を渡さないといった経済的圧迫、無理やり性的な行為を強要するといった性的強要も含まれます。

❖ DVの証拠収集

設例のように離婚を望んでいる場合、協議離婚、調停離婚または裁判離婚をすることになります。その際、証拠が重要になりますが、特に、裁判では「婚姻を継続しがたい重大な事由」としてDV被害を証明する必要が生じます。「婚姻を継続し難い重大な事由」とは、すべての事情を考慮しても、到底円満な夫婦生活の継続または回復を期待することができない状態をいいます。

DVがあったことを証明する証拠として、暴力により負傷したことがわかる写真、医師による診断書、相手の暴言の録音などが挙げられます。

設例で、妻は、夫から毎日身体的暴力を受け、人格を否定するような暴言の事実も認められます。そのため、裁判になれば「婚姻を継続し難い重大な事由」が認められるでしょう。そして、そのことを証明するために上記証拠を収集することが必要になります。

❖ 自分や子どもの身の安全を最優先に

DVを受けたら自身や子どもの身の安全を第一に考え、周りに相談することが重要です。

暴力を振るわれたら、まず警察を呼ぶ、もしくは警察に相談することが考えられます。あらかじめ警察に相談したり被害届を出したりしておくことで、DVの証拠にもなります。

警察以外の相談機関としては、DV相談ナビダイヤル、配偶者暴力相談支援センターや婦人相談所などがあります。相談することでアドバイスや支援を受けられ、一時保護もしてもらえます。「一時保護」とは、暴力から逃れて家を出たいと思っていても、加害者に知られずに身を寄せる場所がない場合に被害者が一時的に避難する手段です。

❖ 裁判所による保護命令

離婚したり夫から一時的に逃げられたりしても、「また探し出されてしまう」という恐怖がある場合は、裁判所から保護命令を出してもらうことも考えられます。「保護命令」とは、DV加害者による暴力を防止するため、被害者に近づかないように裁判所が命じることです。保護命令には、接近禁止、電話等禁止、子どもへの接近禁止、被害者の親族等への接近禁止、住居からの退去命令があります。これらの命令に違反すると、100万円以下の罰金もしくは1年以内の懲役（法改正により令和7年6月までに「拘禁刑」に変更になる予定）を科せられるため、非常に効力のある命令です。

手続としては、「警察やその他機関への事前相談」もしくは「宣誓供述書の作成」をし、裁判所に保護命令を申し立てます。そして、裁判所が双方の話を聞いたうえで保護命令を出すかを決定します。

手段	相談先・提出先	目的
証拠収集		離婚を有利に進めるため
相談・被害届・一時保護	警察署 DV相談ナビダイヤルなど	自身と子どもの身の安全を図るため
保護命令	裁判所	自身と子どもの身の安全を図るため

Q 2-16
ストーカー行為を受けた。どうしたらいい？

ストーカー被害に遭っています。こういうとき、どういった行動をとるべきでしょうか。

A

❀ ストーカー行為とは

どのような行為がストーカー行為にあたるのかについては、「ストーカー行為等の規制等に関する法律」の2条で定義づけられています。具体的には、①付きまとい・待ち伏せ・押しかけ・うろつき、②監視していると告げること、③交際や会うことを無理に要求すること、④乱暴な言動、⑤無言電話・電話やSNSメッセージなどによる執拗な連絡、⑥汚物などの送り付け、⑦名誉を傷つける行為、⑧性的羞恥心を害する行為、⑨位置情報を取得する行為、⑩GPSを取り付ける行為のいずれかを、相手に対する恋愛感情や好意の感情、またはそれが満たされないことによる恨みの感情により、その相手や相手の親族などにすることをいいます。

❀ 実際に被害に遭ったら？

実際にストーカー被害に遭ってしまった場合は、相手の感情やそれに伴う行為がエスカレートする前に、とにかく早めに対処することが肝心です。

まず、一人で抱え込まずに信頼できる第三者に相談し、そのうえでどう行動すべきか考えましょう。相談相手としては、身近なところでいえば家族や友人、所属している学校や職場の相談室といったものが考えられます。また、早い段階で警察や弁護士といった専門機関に相談するのも有効です。警察からストーカー相手に注意をしてもらうことで被害がおさまることが多くあります。警察がなかなか動いてくれないときは、弁護士に相談して仲介役をしてもらう等、ケースに応じた柔軟な対応をとってもらうのもよいでしょう。

専門機関に相談する際は、証拠があると動いてもらいやすくなるので、証拠を集めておきましょう。たとえば、SNSメッセージのスクリーンショットや着信履歴、送付物など、ストーカー行為に関連するものは、消してしまいたいと思っても、なるべくすべて保存しておくほうがよいです。

また、いざという時に助けを求められる状態にしておくことも大事です。通勤・通学途中に、何かあった場合に駆け込める場所を複数見つけておく、最寄りの交番までのルートを確認しておくなどして、万が一危険な目に遭いそうになった時に助けを得られるよう、日頃から意識しておきましょう。そして、周りの人に被害に遭っていることを知ってもらい監視が得られる状況にする、人気のない場所を歩かない、なるべく一人で行動しない、夜遅くに出歩かないなど、ストーカーが手を出しづらい状況を作るようにしてください。

❀ ストーカー被害に遭わないために

ストーカー被害に遭わないため、または遭ってしまってもそれ以上エスカレートさせないために、人と（特に異性と）関わる際には、一定の警戒心を持ち、いつも毅然としていることが大切です。よく知らない間柄の人に自分の情報を与えすぎない、SNSに個人情報を載せない、思わせぶりな態度をとらないなど、身を守るために、日頃から慎重な行動を心がけましょう。

● **対策まとめ**
- 第三者に相談
- 証拠収集、保管
- 一人にならない工夫、逃げ道の確保

Q 2-17

自分の名前を変えたい。どうしたらいい?

私の名前は、いわゆるキラキラネームです。この名前が原因で、恥ずかしい思いをしたり、傷ついたりするのは嫌なので、名前を変えたいのですが、そもそも変えられますか。変えられるとして、どのような手続が必要でしょうか。

A

❖ 名前の変更ってできるの?

法律上、「正当な事由」があれば、自分の名前を変更、すなわち改名することができます。15歳未満の場合には、親などの、自分の法定代理人と呼ばれる立場の人でなければ変更手続ができませんが、15歳以上であれば、自分で改名手続を行うことができます。

❖ 正当な事由ってどんな場合?

たとえば、名前が奇妙なものだったり、難しくて正確に読めないものだったり、外国人と間違えられやすいものだったり等、社会生活に支障をきたしている場合のことをいいます。改名すると、家族、学校、職場など周囲に影響を及ぼすため、単純に自分の好きな名前に変えたいからといったような理由では改名は難しく、本当に改名の必要があるのかどうかということが大事なポイントになります。また、本名とは別の通称名を長い間使用してきた場合も、正当な事由の一つとなります。

❖ 改名手続の流れ

自分の住所地を管轄する家庭裁判所に必要な書類を提出することから始めます。どの家庭裁判所に提出すればよいのかは、裁判所のWebサイト等で調べましょう。

必要書類は、①申立書、②申立人の戸籍謄本、③名前を変更することについての正当な理由を証明する資料、④800円分の収入印紙と連絡用の郵便切手です。①は、裁判所のWebサイトからダウンロードできます。②は、本籍地のある役所で手に入ります。郵送による取得も可能な場合があります。③は、改名する必要があるのだということを裁判所に理解してもらうための具体的な資料のことです。

設例では、現在の名前によって精神的苦痛を受けているという内容の医師の診断書を提出することが考えられます。また、通称名を使用してきた場合にはその名前でやりとりしているLINEや手紙などが資料となります。

書類を裁判所に提出すると、裁判所が改名を許可するか否かの審理をします。場合によっては裁判所から連絡が来て説明を求められることもあるので、その場合には対応しましょう。

審理の結果、改名が認められれば、裁判所から改名許可書がもらえるので、それを持って住民票もしくは本籍地のある役所へ行き、戸籍の変更届を提出します。それではじめて改名が完了します。改名許可がされなかった場合は、申立てを却下するという内容の告知がされるので、それに対して、告知を受けた日から2週間以内であれば、審理のやり直しを要望する不服申立てという手続をとることが可能です。

改名したいとの申立てをしてから、改名が許可がされる、あるいは却下されるまでにかかる時間は全体で1か月程度、かかる費用は大体2,000円くらいです。

● 15歳以上なら自分で家庭裁判所に申し立てて改名手続ができる

● 改名が認められるには「正当な事由」が必要になるため、根拠資料を用意する

離婚した元配偶者が養育費を払ってくれない。どうしたらいい？

離婚したとき、養育費を支払ってもらう約束をしたのに、支払ってくれません。支払ってもらうためにはどうしたらよいでしょうか。

A

※ 養育費とは

養育費とは、子育てにかかる費用全般のことで、食費、学費、医療費などさまざまなものを含みます。離婚後に子どもを引き取らなかった親が、子どもを引き取ったもう片方の親に支払うことになります。一般的には子どもが成人するまで、あるいは大学や専門学校等に進学する場合はその卒業の年まで支払います。

ただ、現実的には、相手に養育費を支払えるほどの収入や資産がない場合は、残念ながら養育費を受け取ることは難しいといえます。

※ まずは自分で催促。次に内容証明

元配偶者からの養育費の支払いがない場合、まずは、電話やメールなどで直接催促してみるのがよいでしょう。

それでも支払ってくれない場合や、連絡がとれない場合は、内容証明郵便を送り請求するのが基本です。内容証明郵便とは、一般の郵便物のようにポストに投函されるわけではなく、送り先である本人が受領し受領のサインをすることが必要になる郵便物で、配達日や文書の内容を郵便局が証明してくれます。そのため、後に調停や裁判になった場合に、相手は「請求されていない」といった言い逃れができなくなります。また、単なる手紙とは違いますから、相手にプレッシャーを与えることができ、養育費を払ってもらえる可能性が高まります。内容証明文書の作成を弁護士等に頼むとより効果的といえるでしょう。

※ 裁判所に対する申立て

内容証明郵便を送っても効果がない場合、裁判所を通して、相手の財産から強制的に養育費を払わせることができる場合があります。

まず、協議（夫婦間での話し合い）で離婚した場合に養育費に関して公正証書を作っていて強制執行を認める文言（「強制執行認諾文言」といいます）がある場合や、調停や裁判で離婚し養育費を決めた場合は、その書類をもとに裁判所に対して強制執行の申立てをすることができます。強制執行がされると、相手の給料などから養育費分が差し押さえられ、養育費を回収することができます。申立てから約2週間で差押えが完了します。実際に養育費が手に入るのは、差押え完了後、差し押えられた財産の債権者（給料の場合はそれを支払っている会社）との話し合い等が済んでからになりますが、さほど時間はかからないでしょう。

次に、協議で離婚した場合に養育費に関する公正証書を作成しておらず、自分たちの間だけで作成した書類しかない場合や、単に口約束しかしていないような場合は、いきなり強制執行を申し立てることはできません。裁判所に対して養育費請求調停を申し立て、裁判所で相手との話し合いを進めていくことになります。ケースバイケースですが、1回の話し合いで済むこともあれば、半年から1年ほどかかることもあります。養育費を迅速に回収するためにも、協議離婚をする際には公正証書を作成しておくべきでしょう。

> メール等の催促や内容証明を送っても支払ってくれない場合は……
>
> ● **協議離婚で公正証書あり**
>   →強制執行の申立て
>
> ● **調停や裁判で離婚した場合**
>   →強制執行の申立て
>
> ● **協議離婚で公正証書なし**
>   →養育費請求調停の申立て

Q 2-19

離婚したら、苗字はどうなる？子どもの苗字は？

離婚したら、自分の苗字は今の苗字から自動的に変わるのでしょうか。子どもの苗字はどうなるのでしょうか。

A

❖ 離婚したら、苗字を選べる

結婚し、自分が配偶者と同じ苗字になった場合に、後に離婚した際には、結婚前の苗字（旧姓）に戻るか、結婚してから今まで名乗っていた相手方の苗字を継続するかのどちらかを選べます。民法上は、離婚した場合には原則旧姓に戻りますが、例外的に、いくつかの手続を経れば今まで名乗っていた苗字を継続することができるという建て付けになっています。実際の手続は、今まで名乗っていた苗字を名乗るほうが、多少複雑になります。

❖ 旧姓に戻る場合

離婚した場合には役所に離婚届を提出する必要がありますが、この離婚届の「婚姻前の氏にもどる者の本籍」という欄を選択してチェックをして提出することで、自動的に旧姓に戻る扱いがなされるため、新しい手続は不要となります。

旧姓に戻ることで、それ以降の日常生活において相手方の苗字を名乗る必要がなくなるため、心機一転しやすい反面、運転免許証やパスポートなどの名義変更をしなければならないとか、離婚したことが周りに知られやすくなるといった面もあります。

❖ 同じ苗字を継続する場合

結婚時の苗字をそのまま継続する場合は、離婚届とともに、「離婚の際に称していた氏を称する届」というものを提出する必要があります。提出期限は、離婚から３か月以内と決められており、この期間内であれば、継続して名乗りたい理由を聞か

れたり、元配偶者の同意などを求められたりすることはありません。

同じ苗字を名乗り続ける場合は、何かと名義変更が必要になるということや離婚したことを周りに知られやすいということもなく、日常生活を送るうえで特段変わることがないので楽な面もあるかと思います。ただし、後にやっぱり旧姓に戻りたいといった場合には、家庭裁判所に対して、氏の変更許可申立てを行い、やむを得ない事情があることを主張しなければならないため、慎重に判断する必要があるでしょう。

❖ 子どもの苗字はどうなるの？

夫婦が離婚しても、何の手続もとらなければ子どもの苗字はそのままです。夫婦が離婚すると、結婚して同じ戸籍に入っていたのが別々になるために、民法上原則として一方が旧姓に戻るとされているのですが、夫婦が離婚しても両親と子どもの親子関係には影響がないため、子どもの戸籍が変わることはなく、したがって苗字も変わらないのです。

しかし、子どもを引き取った親が旧姓に戻る場合、子どもと同じ苗字を名乗りたいと思うのは自然でしょうし、そのほうが何かと不都合なく過ごせます。そこで、家庭裁判所に「子の氏の変更」の手続を申し立てることで、子どもの苗字を変えることが可能です。子どもの住所地の家庭裁判所に対して、「子の氏の変更許可申立書」等の書類を揃えて提出します。

● 原則、旧姓に戻る（特別な手続は不要）

● 今までの苗字を継続することもできる（離婚から３か月以内に手続が必要）

● 子どもの苗字は今までのままだが、変更する手続をとることもできる

Q 2-20
親の遺産は誰がどのように相続する？

父が亡くなりました。残された家族は祖父、母、兄、妹、そして私の5人です。父の遺産は、母と長年住んできた土地付きの一軒家（時価9000万円相当）と、銀行の預金が1億2000万円あるくらいです。今のところ、父が書いた遺言書は見つかっていません。また、兄は「もらえる分は絶対に譲らない」と言っています。家族5人はそれぞれ父の遺産をどのように相続することになるのでしょうか。

A

❖ 被相続人、相続人とは

亡くなった人のことを一般的に「故人」と呼んだりしますが、相続に関する法的な手続では「被相続人」といいます。また、被相続人が残した財産を受け継ぐ人のことを「相続人」といいます。

❖ 遺言書がある場合

被相続人が遺言書を作成している場合、原則として、遺言書の内容に従って遺産が相続されます。遺言は、被相続人の最終の意思表示であり、自分の財産について誰に何を残したいのかを端的に示したものであることから、民法に優先して、その意思が尊重されるのです。

たとえば、「妻に全財産をやる」と書かれた遺言書がある場合、被相続人の財産は、原則としてすべて妻に相続されることになります。

もっとも、配偶者や子どもなど近い親族は、それぞれ最低限の遺産取得分を保障されています（この権利を「遺留分」といいます）。よって、遺留分を有する親族が、その権利を主張した場合には、たとえ遺言書に「妻に全財産をやる」と書かれていたとしても、妻が全財産を相続することはできません。遺留分の権利を主張する手続の方法や遺留分の割合については、**Q2-22**に詳しく記載され

ているのでそちらをご覧ください。

❖ 遺言書がない場合

被相続人が遺言書を作成していない場合、民法の規定に従って「法定相続人」が「法定相続分」を相続する権利を持ちます。「法定相続人」とは、被相続人が亡くなった場合に、相続人となることが法律上定められている人のことをいいます。「法定相続分」とは、法律上、法定相続人が相続することができると定められている割合をいいます。

❖ 誰が相続人になるの？

民法は、法定相続人について以下のように定めています。

> ● **法定相続人について**
> ① 被相続人の配偶者は常に相続人となる
> ② 法定相続人の第一順位は子、第二順位は直系尊属、第三順位は兄弟姉妹である

ここでいう「配偶者」とは、入籍して婚姻関係にある夫や妻をいいます。離婚した場合の元夫・元妻や、入籍していない事実婚状態の相手は含まれません。

「直系尊属」とは両親や祖父母等、被相続人から見て上の代に直線的につながる戸籍上の関係がある親族をいいます。直系尊属の中では、被相続人から見て一番近い代の人が相続人となります。よって、被相続人の両親と祖父母が全員生きている場合、被相続人の両親のみが相続人となります。

「兄弟姉妹」とは、戸籍上の兄、姉、弟、妹をいいます。兄弟姉妹の間では、相続の順位に差はありません。また、民法は、法定相続分について次頁のように定めています。

設例では、被相続人である父の配偶者である母、子である兄、妹、「私」の4人が法定相続人となります。

被相続人である父には、法定相続人の第一順位となる子が3人いるため、法定相続人の第二順位となる直系尊属である祖父は、相続人とはなりません。

● **法定相続分について**
① **子と配偶者が相続人の場合**
・配偶者＝2分の1
・子＝2分の1
（子が複数の場合は頭割り）
② **直系尊属と配偶者が相続人の場合**
・配偶者＝3分の2
・直系尊属＝3分の1
（直系尊属が複数の場合は頭割り）
③ **兄弟姉妹と配偶者が相続人の場合**
・配偶者＝4分の3
・兄弟姉妹＝4分の1
（兄弟姉妹が複数の場合は頭割り）

❖ 遺産分割協議とは

　法定相続人全員の間の話し合いで、誰が何を相続するかを決める方法があります。この話し合いを「遺産分割協議」といいます。遺産分割協議では、法定相続人全員が合意するのであれば、誰が何をどのくらいの割合で相続するかは自由に決めることができます。

　遺産分割協議がまとまらない場合には、家庭裁判所に対して遺産分割調停の申立てをすることになります。調停では、調停委員を通して話し合いを行い、民法の決まりに従って、誰が何をどのくらいの割合で相続するかを決めることになります。調停で話し合いがまとまらなかった場合には、遺産分割審判の手続に移ります。審判では、裁判官が遺産分割の方法を決定します。

❖ 遺産の分け方

　「遺産」とは、死亡時点における被相続人の財産のことをいいます。設例では、母と長年住んできた土地付きの一軒家（時価9000万円相当）と、銀行の預金1億2000万円が「遺産」となります。

　設例では、遺言書はありません。また、兄が自分の法定相続分は譲らないと言っていることから、遺産分割協議によって法定相続分と違う配分で誰が何を相続するかを決めることは難しそうです。

　したがって、民法の規定に従って遺産を分けることになるため、土地と一軒家は、母が2分の1、兄、妹、「私」がそれぞれ6分の1の割合で権利を持つことになります。このように、権利を分け合う状態になることを、法律上「共有」といいます。

　一方で、父が亡くなった後も変わらず母が家に住むことを考えて、母が土地と一軒家の権利をすべて得る代わりに、兄、妹、「私」に対して、土地と家の価値をそれぞれの法定相続割合で割った1500万ずつ支払う、という方法も考えられます。このような方法を「全面的価額賠償」といいます。

　また、銀行預金は母が6000万円、兄、妹、「私」がそれぞれ2000万円ずつを受け取る権利を得ます。

　上記のように、母が全面的価額賠償の方法によって土地と一軒家の権利をすべて得る場合には、母が相続した銀行預金6000万円から、兄、妹、「私」に対して権利の代わりとなるお金（「代償金」といいます）1500万円ずつを支払うことも考えられます。

● **設例で法律に従い相続した場合**
・祖父
　→なし
・母
　→土地と家の2分の1／6000万円
・兄、妹、私
　→土地と家の6分の1／2000万円

　なお、父が亡くなった後も変わらず母が家に住み続ける方法として、「配偶者居住権」という権利を主張する方法もあります。配偶者居住権とは、夫婦の一方が亡くなった場合、残された配偶者が、亡くなった人が所有していた建物に、亡くなるまでまたは一定の期間無償で居住することができる権利です。配偶者居住権は、①残された配偶者が亡くなった人と法律上結婚していたこと、②残された配偶者が、亡くなった人が所有していた建物に、亡くなった時に居住していたこと、③遺産分割、遺贈、死因贈与、家庭裁判所の審判のいずれかにより配偶者居住権を取得したことの要件を満たしたときに主張することができます。

Q 2-21

借金を残して親が亡くなった。相続したら借金は?

先月母が亡くなりました。法定相続人は、私と妹の2人のみです。母が亡くなった後、消費者金融から連絡があり、生前母が500万円の借金をしていたことを知りました。消費者金融から、私たち姉妹が借金を返済するように言われています。妹は支払う準備をしていますが、私はお金に余裕がありません。どうしたらよいでしょうか。

A

❀ 借金も相続しなければならないの?

亡くなった人の財産は、預貯金などプラスの財産だけではなく、借金などマイナスの財産も相続の対象となります。

借金の相続割合は、プラスの財産の相続の場合と同じです。設例の場合、法定相続人は妹と「私」の2人のみですので、法定相続分は2分の1ずつとなり、それぞれ250万円ずつの借金を相続することになります。

仮に、妹と「私」の間で、妹がすべての借金を相続することを合意したとしても、その合意内容は亡くなった母にお金を貸していた消費者金融に対して有効とはなりません。

❀ 相続放棄の手続

借金を相続したくない場合、相続人は「相続放棄」という手続をとる必要があります。相続放棄をすると、相続人が被相続人の財産(プラスの財産とマイナスの財産)に対する相続権をすべて放棄することになります。

相続放棄は、被相続人(亡くなった人)の最後の住所地を管轄する家庭裁判所で行う手続です。相続人は、家庭裁判所に対して、被相続人の住民票除票や相続人の戸籍謄本などの資料を提出し、相続放棄を行う旨を申し出る(「申述」といいます)必要があります。

また、相続放棄は、「相続が開始したことを知った時から3か月以内」にしなければなりません。設例では、「私」が相続放棄をする場合は、母が亡くなった時(相続が開始したことを知った時)から3か月以内(「熟慮期間」といいます)に相続放棄をする必要があります。

熟慮期間中に財産状況を調査しても、単純承認、相続放棄、限定承認を選べないときは、申立てによって熟慮期間を伸長できます。

相続放棄をするかどうかは、相続人それぞれが決めることができます。設例の場合、「私」だけが相続放棄をして妹は相続放棄をしない、ということが可能です。

❀ 借金よりプラスの財産のほうが多い場合

設例において、母が900万円の価値がある土地を持っていたことがわかった場合、借金よりプラスの財産のほうが400万円分多くなります。この場合、借金と財産をただ単に両方相続する方法だけではなく、相続で得られる財産で相続しなければならない借金を返済して残ったお金のみを相続する方法をとることができます。この方法を「限定承認」といいます。

限定承認の方法をとる場合、相続人全員で行う必要があります。よって、設例の場合において、「私」だけが限定承認をして妹は限定承認をしない、ということはできません。

また、限定承認も、相続放棄と同じように、相続が開始したことを知った時から3か月以内にしなければなりません。

● **単純相続**
亡くなった人のプラスの財産も借金も相続する

● **相続放棄**
亡くなった人のプラスの財産も借金も相続しない

● **限定承認**
亡くなった人の財産で亡くなった人の借金を返済し、残った財産のみを相続する

Q 2-22

遺言があるとき、どのように相続することになる？

闘病の末、祖父が亡くなりました。祖父は生前、余命宣告を受けてから、遺言書を作成していたようです。祖父には私の母を含めて3人の子どもがいて、祖母も健在ですが、遺言書には「全財産を孫である私に相続させる。」との記載がありました。私は、遺言書に書いてあるとおり祖父の全財産をもらうことができるのでしょうか。

A

❀ 遺言書とは

「遺言書」とは、亡くなった人の最終的な意思表示を書いた書類をいいます。遺言書は、一般的なもので3種類あります。自筆証書遺言、公正証書遺言、秘密証書遺言といいます。それぞれ作成方法や保管方法が異なりますが、いずれも要件を満たせば効力を持つ法律文書となります。3種類の遺言の特徴については次の表のとおりです。

	自筆証書遺言	公正証書遺言	秘密証書遺言
書き手	本人	公証人	本人
証人	不要	2人以上	2人以上
保管方法	本人/法務局	公証役場	本人
検認	必要※	不要	不要

※法務局の保管制度を利用した場合は検認は不要です。

自筆証書遺言は、遺言者自身が自筆し押印するだけで作成することができる点で簡便ですが、本人が保管する場合は家庭裁判所の検認手続が必要となることに注意しましょう。「検認」とは、相続人の立会いのもと、裁判官が遺言書を開封することで、遺言書の偽造を防止する手続のことです。

公正証書遺言や秘密証書遺言は、2人以上の証人が必要とされています。「証人」とは、遺言書を書くときに、遺言書に書かれた内容に間違いがないか遺言を書いた本人と一緒に確認する人のことをいいます。

❀ 遺言書のとおりに相続できるの？

遺言は、法定相続分にかかわらず、誰にどれくらい相続させるかを自由に指定できます。

もっとも、配偶者や子どもなど近い親族は、最低限の遺産取得分を保障されています（この権利を「遺留分」といいます）。

たとえば、亡くなった人が遺言書で親族に一切遺産を相続させない意思表示をしていたとしても一定の遺産を受け取ることができます。遺留分は、取り分があると知ってから1年または相続開始から10年以内に、相手方に権利を主張しなければ受け取ることはできません。遺留分の割合は、以下のとおりです。

● **配偶者のみが相続人**
→ 2分の1

● **子のみが相続人**
→ 2分の1（子が複数なら頭割り）

● **親のみが相続人**
→ 3分の1（両親とも健在なら頭割り）

● **兄弟姉妹のみが相続人**
→ 遺留分なし

● **配偶者と子が相続人**
→ 配偶者が4分の1、子が4分の1（子が複数なら頭割り）

● **配偶者と親が相続人**
→ 配偶者が3分の1、親が6分の1（両親とも健在なら頭割り）

● **配偶者と兄弟姉妹が相続人**
→ 配偶者が2分の1、兄弟姉妹は遺留分なし

設例で、祖父は遺言書で全財産を孫の「私」に相続させる意思表示をしていますが、亡くなった祖父には配偶者である祖母と、母を含めた子3人がいます。よって、祖母には4分の1、子にはそれぞれ12分の1（4分の1を3人で頭割り）の遺留分があります。

「私」は、遺留分の主張をされた場合には、祖父の全財産から遺留分を除いた、全財産の2分の1の財産のみを相続することができます。

相続人を調べる方法は？

先月、父が亡くなっていたことを知りました。私の母は幼少期に父と離婚しており、父はその後再婚して、異母兄弟もいると聞いていますが、父とはずっと連絡をとっていなかったので、詳しいことはわかりません。父と母が離婚していたとしても、子である私は父の遺産を相続する権利があると聞いたので、父の相続人に連絡をとって、今後のことについて話し合いたいと思っていますが、父の相続人が誰なのか、どこに住んでいるのかをまったく知りません。父の相続人を調べて、連絡をとる方法はあるのでしょうか。

A

❀ 相続人調査の方法

相続人の調査は、被相続人が生まれてから亡くなるまでの戸籍謄本（こせきとうほん）を収集する方法で行います。戸籍謄本とは、戸籍に記載されている全員の身分を証明するものです。戸籍は夫婦と未婚の子によって構成されています。戸籍は改製や転籍により新たに編製されることがありますが、前の戸籍に記載されていた内容が後の戸籍に記載されない場合があります（離婚後に子どもが相手方の戸籍に入った場合や認知をした子がいる場合など）。したがって、被相続人の相続人を全員漏らさずに調査するためには、被相続人が亡くなった時の戸籍謄本だけではなく、生まれてから亡くなるまでのすべての戸籍謄本を取得する必要があるのです。

❀ 戸籍謄本はどうやって取得するの？

子は、自分の戸籍謄本、住民票、身分証明書、印鑑等を持参して、亡くなった親が最後に本籍を置いていた場所（多くは最後に住んでいた場所ですが、引っ越しの後に本籍を動かしていなかった場合には前に住んでいた場所の場合もあります）の市区町村役場に行くか、戸籍謄本交付請求書（「戸籍に関す

る証明の郵送請求書」）や自分の身分証明書の写し等必要な書類を揃えて郵送での請求をすることによって、亡くなった親の戸籍謄本を取得することが可能です。

また、被相続人の子に加え、被相続人の配偶者、父、母、祖父、祖母、孫は、原則として上記の方法によって被相続人の戸籍謄本を請求することができます。さらに、それらの人から委任状をもらって依頼を受けた専門家（弁護士、行政書士、司法書士等）も、被相続人の戸籍謄本を請求することができます。

❀ 戸籍謄本から相続人を特定する

まず、被相続人が亡くなった時の戸籍謄本に配偶者が記載されていれば、その配偶者は相続人となります。

次に、被相続人が生まれてから亡くなるまでの戸籍謄本に記載されている子は、現在も生きている限り、母親が違ったとしても、養子であったとしても、全員相続人となります。

子が結婚して新しい戸籍に入っている場合には、その子が現在も生きているかどうかを確認するために、その子の現在の戸籍も収集する必要があります。ここで被相続人の子がすでに亡くなっていることがわかった場合、さらにその子（被相続人にとって孫）が相続人となります（「代襲相続（だいしゅうそうぞく）」といいます）。

❀ 判明した相続人に連絡をとる方法

被相続人の戸籍謄本を収集して相続人が誰であるかが判明した場合、相続人の戸籍の附票（戸籍に入っている人について、その戸籍が作られてから現在までの住所が記載された書類）を取得することによって、相続人の現住所を知ることができます。相続人の現住所がわかったら、その住所宛てに手紙を送る、現住所を訪ねる等して連絡をとることが可能となるでしょう。

● 相続人調査 → 被相続人の戸籍謄本収集
● 戸籍謄本の取得 → 書類を揃えて役所へ
● 相続人の現住所 → 戸籍の附票に記載

Q 2-24
相続人間で遺産分割協議がまとまらない場合、どうする？

3 年前に母が亡くなり、先日父も亡くなりました。私には 2 歳年上の兄と 3 歳年下の妹がおり、父が亡くなってから兄妹で父の遺産分割について何度か話し合いをしましたが、妹が「父の介護をしていた分、多くの遺産をもらえるはずだ」と言って譲らなかったり、それに対して兄が「介護はヘルパーさん任せで妹はほとんどやっていなかったから、多くもらえるはずはない」と反論したりして、話がまとまりそうにありません。私が 2 人の間を仲裁するのも疲れてしまったので、第三者を入れて解決できればと考えていますが、どのような手続をとればよいのでしょうか。

A

❀ 遺産分割協議がまとまらない場合

相続人間での話し合いによる遺産分割協議がまとまらない場合、家庭裁判所に対して、遺産分割調停を申し立てることになります。遺産分割調停は、相続人の一人または複数人が、他の相続人を相手方として申し立てます。

設例で「私」が申立てをする場合、「私」が兄とともに妹を相手方として申し立てるか、「私」が妹とともに兄を相手方として申し立てるか、「私」が単独で兄と妹を相手方として申し立てる方法が考えられます。

❀ 遺産分割調停には誰が参加するの？

遺産分割調停は、原則として、相続人（またはその委任を受けた弁護士等の代理人）全員が集まって行われます。

調停には、家庭裁判所の裁判官 1 人と、調停委員 2 人が同席します。調停委員は、社会生活上の豊富な経験や専門的な知識を持つ人の中から選ばれた、裁判所の非常勤職員です。

❀ 遺産分割調停はどのように進行するの？

遺産分割調停は、1 か月に 1 回程度の頻度で、調停が申し立てられた家庭裁判所の調停室において行われます。

調停では、調停委員が相続人それぞれの意見を聞き、それぞれの意見を仲介したり、必要な資料の提出を促したりすることによって、相続人全員の合意を目指します。

原則として、調停委員は相続人それぞれの意見を別々に聞き、他の相続人は別室で待機することになるので、仲が悪い相続人同士が直接顔を合わせるようなことはないようになっていますが、場合によっては相続人全員が一同に会して話し合いをすることもあります。

調停において、誰が何をどのくらい相続するかを合意できた場合は、調停成立となり、裁判所が合意の内容を証明する書類（＝調停証書）を作成して終了となります。

一方で、調停においても合意できなかった場合には、調停不成立となり、遺産分割審判の手続に移ることになります。

❀ 遺産分割審判とは

遺産分割審判とは、家庭裁判所の裁判官が、調停での話し合いの内容や相続人から提出された資料等を踏まえたうえで、一方的に遺産分割の方法を決定する手続です。

遺産分割調停が不成立になった場合に遺産分割審判に移行する場合が多いですが、調停での話し合いによる解決が不可能であることが最初から明らかな場合には、調停を経ずに審判を申し立てることも可能です。

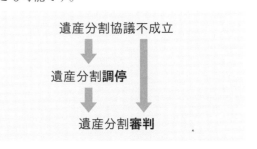

第 **3** 章

取引に関する
法律知識

1 ▶ キャッチセールス等

Q 3-1

キャッチセールスに
つかまってしまったら❓

道を歩いていたら「すいません」と声をかけられ
ました。何かと思って立ち止まると「今アイドルの
卵を探していて、あなたに感じるものがあったの
で声をかけさせてもらいました。立ち話もなんで
すし詳しくは養成所で…」と言われ、話を聞くう
ちにアイドル養成所に入所しレッスンを受ける契
約をしてしまいました。どうしたらよいでしょうか。

A

❀ キャッチセールスとは

　路上で、アンケート・無料体験などを口実に声
をかけ、店や喫茶店に連れていきます。そこで断
りにくい雰囲気にして、本来の目的である高額な
サービスや商品を契約させる販売方法のことをい
います。

　トラブル事例として次のようなものがあります。

・路上で「アンケートに答えていただくと、エステ
　の無料体験ができます」と誘われた。体験後エ
　ステ契約を勧められ、高額の契約をしてしまった
・街頭で「展示会をやっているのですが、ご覧に
　なりませんか?」と呼び止められ、絵を見に
　行った。その後、複数人に囲まれ絵の購入を迫
　られた。購入しないと帰してくれなさそうだった
　ので、やむなく購入した

❀ キャッチセールス被害に遭わないために

　次のことに気をつけましょう。

・路上で声をかけてくる人は、怪しい人だとまず疑う
・知らない人には軽々しくついていかない
・断りにくい雰囲気(複数名の人にとり囲まれる、
　あなただけに執拗に勧めてくる等)に飲まれない
・いらないものはいらないとはっきり断る
・迷ったらその場で決めず、一度頭を冷やすため
　にその場から逃げる

(例)「今お金がまったくないので」
　　　「親の許可をとらないといけないので」
　　　「予約の時間が来たので」
　　　「友達を待たせているので」
　　　電話がかかってきた振りをする
　　　トイレに行く振りをする

❀ 契約してしまった場合の対処方法

　キャッチセールスにつかまり言われるがまま契約
してしまった場合は、以下の対処方法が考えられます。
　まず、業者から書面をもらった日から8日以内
であれば「クーリング・オフ制度」(Q3-4参照)
を活用しましょう(特定商取引法48条)。この制度
は、業者に解約することさえ伝えれば無条件で契
約を解約し全額返金されるとても便利な制度です。
できるだけこの制度を利用できるように契約後す
ぐに動いてください。
　次の2つの方法は、業者に解約を伝えるだけで
なく、証拠を揃えたり時には訴訟も必要ですので、
ハードルが上がります。
　第一に、業者から事実と違う嘘を言われその嘘
を信じて契約した場合(消費者契約法4条1項1号)
や、将来どうなるかわからない事項について、業
者が「必ず○○になります」と言い切ったため、
それを信じて契約をした場合(同条1項2号。た
とえば、「この絵は将来必ず今より高く売れるので絶
対に損はしません」など)には、嘘などに気づい
てから1年以内または契約を締結してから5年以
内なら契約を取り消すことができます。
　第二に、商品購入の勧誘を受けている際に、帰
りたいと言ったのに帰らせてもらえなかった場合
には、契約をした日から1年以内なら契約を取り
消すことができます(同条3項2号)。

● 対処法のまとめ
・知らない人には気軽についていかない
・不要な契約は断る勇気を持つ
・とにかくその場から逃げる
・万が一契約したら8日以内にクーリング・オフ!

Q 3-2
通信販売で写真と違うものが届いたら？

財布がボロボロになってきたので新しいものを買おうとネットで探していたところ、「これ！」と思うものを発見しました。色も形も理想的で値段も予算内に収まっています。ところが、今日やっと届いてワクワクしながら箱を開けてみると、色がサイトに載っていたのと全然違います。どうしたらよいでしょうか。

A

❀写真との違いがどの程度か

Webサイトに記載されていた写真と実物との違いが、①写真の撮り方や光の加減によってはあり得るかもしれないレベルなのか、②まったく別の色番、別の商品といえるレベルなのかによって、対処方法が異なります。ケースごとに対応をみていきましょう。

❀①の場合

実物とまったく別物というわけではないけれど、「ちょっと写真を加工してない？」と思ってしまう程度にサイト上の商品が良く写っていることがありませんか。

この場合、まずは業者のWebサイト内に返品についての記載がないかを確認してください。記載があれば、原則そのルールに従うことになります。

記載がない場合は、商品を受け取った日を含めて8日以内であれば、こちらが送料を負担して返品できます（特定商取引法15条の3）。

業者のルールに納得がいかない場合は、交渉するしか方法がないので、一度連絡をとってみてください。

なお、通信販売にはクーリング・オフ制度（**Q3-4**参照）が使えませんので、ご注意ください。

- ●Webサイト上で返品ルールをチェック
- ●返品ルールありなら、そのルールに従う
- ●返品ルールなしなら、商品を受け取った日を含めて8日以内に送料を負担して返品OK
- ●どちらも無理なら、直接交渉

❀②の場合

完全に別の商品が送られてきた場合にも、もちろん上記①の方法はとれます。

しかし、②の場合は、①と異なり、購入した商品とは別の商品が届いていた、つまり購入した商品はまだ届いていないことになります。この状態を法的には「債務不履行」といいます。

この場合、まず自分が購入した商品とは別の商品が届いたことを伝え、購入した商品を送付するよう求めることができます。このとき、購入履歴やWebサイトの写真を示して、相手に届いた商品が別の商品であることをしっかり理解させましょう。そうしないと商品が気に入らなかったからクレームをつけて返品しようとしていると誤解される可能性があるからです。

ここまでしても業者が購入した商品との交換を了承しない場合、契約をキャンセル（解除）して代金の返還を求めていくことになります（民法541条）。

債務不履行の場合、責任は業者側にあるので、返品送料は業者負担となります。業者が商品の交換を申し出た場合も同様です（同法415条1項）。

契約のキャンセルにも応じない場合には、購入履歴、Webサイト上の写真、届いた商品の写真や業者とのこれまでのやりとりなどを用意したうえで、消費者ホットライン（188番）にご相談ください。

- ●①と同じ方法をとるか検討
- ●正しい商品を送るよう業者に伝える
- ●返品の際は着払いで発送する
- ●契約をキャンセルして、代金の返還を求める
- ●188番に相談する

エステや外国語学校を途中で解約できる？

1年間頑張れば広告の女優さんみたいにきれいになれるかと思い、エステの契約をしたのですが、4か月を過ぎてもあまり効果が感じられません。エステの人は「継続すればエステの効果が実感できるようになります！」と言いますが、もうやめたいと考えています。途中で解約した場合、初回に一括で払い込んだお金は返金されるのでしょうか。

A

❀ 特定継続的役務提供

特定商取引法では7種類の継続的なサービス（エステティック、美容医療、語学教室、家庭教師、学習塾、パソコン教室、結婚相手紹介サービス）のうち一定の条件（下表参照）を満たす契約を、「特定継続的役務提供」として規制しています（同法41条）。

特定継続的役務提供には、クーリング・オフ制度（Q3-4参照）の適用や中途解約が認められているなど、消費者（サービス利用者）に有利な規制がなされています。

対象業種	期間	金額
エステティック	1か月を超えるもの	
美容医療		
語学教室	2か月を超えるもの	5万円を超えるもの
家庭教師		
学習塾		
パソコン教室		
結婚相手紹介サービス		

❀ 中途解約について

特定継続的役務提供にあたる契約は、契約期間内であればどんな理由であっても、中途解約をすることができます。その際、店から私たちに請求

される解約金の上限額は、対象業種ごとに異なります（特定商取引法49条）。

サービスを受ける前に解約した場合

対象業種	解約金（上限額）
エステティック	2万円まで
美容医療	2万円まで
語学教室	1万5,000円まで
家庭教師	2万円まで
学習塾	1万1,000円まで
パソコン教室	1万5,000円まで
結婚相手紹介サービス	3万円まで

サービスを受けた後に解約した場合

対象業種	解約金
エステティック	「2万円」または「契約残額の10％」の低いほう
美容医療	「5万円」または「契約残額の20％」の低いほう
語学教室	「5万円」または「契約残額の20％」の低いほう
家庭教師	「5万円」または「1か月分の授業料」の低いほう
学習塾	「2万円」または「1か月分の授業料」の低いほう
パソコン教室	「5万円」または「契約残額の20％」の低いほう
結婚相手紹介サービス	「2万円」または「契約残額の20％」の低いほう

※「契約残額」＝契約の総額からすでにサービスを受けた分の相当額を引いた金額

❀ 今回の返金額

設例のエステ契約が、仮に1年間12回の施術予定で総額12万円だったとします。4回サービスを受けた後の解約なので、解約金の上限は、4回分の施術代4万円に、「2万円」または「8,000円（8万円の10％）」の低いほうである8,000円を足した48,000円となります。つまり、72,000円は返金されることになります。

Q 3-4

クーリング・オフって何?

YouTube で「安く脱毛ができる! まずは一度無料カウンセリングを!」という広告を見て、脱毛に興味があったし「カウンセリングくらいなら」と思ってお店に行きました。実際カウンセリングは無料だったのですが、その後店員さんに脱毛コースの契約を迫られ、契約してしまいました。解約したくて調べたところ、クーリング・オフという制度があると知りました。どんな制度ですか。

A

❖ クーリング・オフ制度とは

特定商取引法上認められている制度であり、消費者(=契約をした個人)が商品やサービスを契約した後に、「やっぱり契約をなかったことにしたい!」と思ったとき、一定の期間内であれば、どんな理由であっても契約を取り消せる制度です。返品送料は業者負担で、化粧品や健康食品など政令で指定された消耗品を除き、商品を使用していても全額返還されます。

ただし、この制度を使える場合は限られています。

❖ クーリング・オフできる場合とその期間

クーリング・オフ制度が使えるのは、以下の6つの場合のみで、期間もそれぞれ異なります。

① 訪問販売	8日間
② 電話勧誘販売	8日間
③ 特定継続的役務提供	8日間
④ 連鎖販売取引	20日間
⑤ 業務提供誘引販売取引	20日間
⑥ 訪問購入	8日間

① 訪問販売 (特定商取引法 9 条)

自宅に業者が来て業者から商品等を購入した場合が典型例です。

キャッチセールス (**Q3-1**参照) やアポイントメントセールス (「プレゼントに当選した」などと告げて店に呼び出し他の物を買わせる商法) も含まれます。

② 電話勧誘販売 (同法 24 条)

業者からの電話により商品等を購入した場合が典型例です。

③ 特定継続的役務提供 (同法 48 条。Q3-3 参照)

エステティックサロン (脱毛含む)、語学教室、パソコン教室、学習塾、家庭教師、結婚相手紹介サービスが典型例です。

④ 連鎖販売取引 (同法 40 条)

マルチ商法が典型例です。

⑤ 業務提供誘引販売取引 (同法 58 条)

内職商法 (「在宅ビジネスで高収入」といった広告で希望者を集め、仕事に必要とだからと機材等を購入させる商法)、モニター商法 (「商品を購入しモニターになれば報酬が得られる」と謳って応募者に購入させるも報酬を支払わない商法) が典型例です。

⑥ 訪問購入 (同法 58 条の 4)

業者が自宅へ来て業者に物を売った場合が典型例です。

❖ クーリング・オフのやり方

1日目 (4/1)	8日目 (4/8)
書面受取日	この日までにはがき等を出す

訪問販売を例にすると、4月1日に業者から契約書を受け取った場合、4月8日までに (4月8日を含む) クーリング・オフをすることを業者に伝えます。この際できる限り書面 (はがき) を使います。書面を送る前にコピーをとり、特定記録郵便など記録が残る方法で送りましょう。期間内に出せばよく、期間内に業者に到着しなくても構いません。記載内容はインターネットで「クーリングオフ　書面」と検索してみてください。

※通信販売 (**Q3-2**参照) にはクーリング・オフ制度が使えませんので、ご注意ください。ただし、返品についてのルールが明記されていなければ、商品を受け取った日を含め8日以内に消費者が送料を負担して返品することができます。

2 ▶ 投資関連

Q 3-5

投資商品で勧誘された内容と違うことが起きて損をしたら？

証券会社の人から勧誘されて、株や投資信託を購入しました。勧誘時に「この株が値上がりするのは確実だ」「この投資信託を買っておけば損することはない」と言われて買ったのに、損をしてしまいました。どうしたらよいでしょうか。

A

❀ 投資商品は損することがある

アルバイトや仕事を始め、将来に備えてお金を増やそうと考える人も多いのではないでしょうか。最近では、若年層に向けて「資産づくり」に関する情報が積極的に発信されており、18歳になり証券口座を開くことができるようになったことをきっかけに、お金を増やすために株や投資信託といった投資商品を買う機会も出てくるかもしれません。

銀行に預けたお金は元本が保証されているため、預金額は返してもらう（引き出す）ことができます。しかし、株や投資信託などの投資商品にはリスクがあり、利益が出ることもありますが、逆に損をすることもあります。「会社の業績が悪かったことを理由に株価が下がった」というようなことをニュース等で聞いたことがあると思います。株は買った時より価値が下がることがある、つまり損をする可能性があるということです。

❀ 投資のリスクを把握して購入しよう

投資商品は損をする可能性があるため、投資先がどのような会社か、会社の業績はどのような見込みか、投資信託とはそもそもどのような商品なのかについて、しっかり情報収集をすることが重要です。集めた情報をもとに、自分の判断でその株や投資信託を買うのか買わないでおくのかを決めましょう。

証券会社から投資商品を買う場合には、証券会社の窓口の人から説明されることをよく聞き、手

渡される書類（目論見書など）にはきちんと目を通しましょう。証券会社の窓口の人は、お客さんに対して、元本が保証されておらず損失が発生する可能性があることなど、投資するにあたって重要なことを伝える義務があります。

❀ 説明がウソだった場合は？

証券会社の窓口の人の説明を慎重に聞いたところ、「値上がりする株だ」「損をしない投資信託だ」と言われたため買うことを決めたにもかかわらず、本当は損失が発生する可能性がある株や投資信託であり、実際に損失が出てしまった場合、損をした部分について証券会社に損害賠償請求をすることができます（断定的判断の提供の禁止、金融商品取引法38条2号、金融サービスの提供に関する法律5条）。

- ● **株や投資信託などの投資商品には損するリスクがつきもの**
  → 情報収集して自分の判断で買うかどうか決める
- ● **証券会社の人の説明はよく聞こう**
  → 説明が間違っていた場合には損害賠償を請求することができる

ただし、証券会社の窓口の人がきちんと説明していたのに、値上がりが確実、損をしないと誤解していただけの場合には、損害賠償請求が認められない可能性もあります。証券会社の窓口の人が実際にどのような説明をしていたのかが重要になるため、記憶が鮮明なうちに弁護士などに相談をしましょう。

※投資商品に関する一般的な法律問題について説明したものであり、投資商品の購入を勧めるものではありません。

Q 3-6

商品先物取引、FXへの投資話の注意点は？

株よりも商品先物取引やFXが儲かるという話を聞いたのですが、実際にはどうなのでしょうか。商品先物取引やFXをやるにあたって注意すべきことは何ですか。

A

❀ 商品先物取引はリスクの高い取引

投資をするには、投資対象がどのような性質を持った商品なのかについて情報収集することが大切です。

「商品先物取引」とは、将来のある時点で商品（原油、金、トウモロコシなど）を売るまたは買うことを約束して、商品の価格は今の時点で決める取引をいいます。

取引に入る段階では、少ない担保のお金（「証拠金」といいます）で大きな金額の取引を行うことができます。そのため、手元にあるお金が少なくても大きな金額を動かすことができ、大きな利益を手にすることができる可能性のある取引です。一方、逆に大きな損をする可能性もあり、リスクが大きい取引とされています。証拠金以上の損が出る可能性もあるため、先物取引をするかは慎重に判断する必要があります。

❀ FXもリスクの高い取引

「FX（外国為替証拠金取引）」も商品先物取引と同様にリスクの大きい取引です。少ない担保（証拠金）で大きな取引をすることができる点でも、商品先物取引と似ています。

商品先物取引では取引の対象は商品ですが、FXでは外国為替（外国の通貨）となります。「円高」「円安」という言葉を耳にすると思いますが、通貨にも商品と同じように価値の変動があり、たとえば、日本円と米ドルの価値の変化から利益を得ることがFXの特徴となります。

FXも損をする可能性があり、場合によっては証拠金以上の損失が出ることもあるハイリスクな取引です。

❀ 商品先物取引やFXには勧誘の制限がある

このように商品先物取引やFXはとてもリスクが高い取引であることから、取引の勧誘をすることが法律によって制限されています。具体的には、「原則、商品先物取引やFXの勧誘をしてほしいと言った人にしか勧誘を行ってはいけない」というルールがあります（商品先物取引法214条9号、金融商品取引法38条4号）。したがって、自分から取引をやりたいと言っていないのに勧誘を受けた場合には、違法な勧誘の可能性があるので、勧誘してきた人との間で商品先物取引やFX取引をすることは避けたほうがいいでしょう。

● 商品先物取引・FXの共通点
- ハイリスク・ハイリターンの商品
- 証拠金以上の損が出る可能性がある
- 勧誘してほしいと言った人に対してしか勧誘をしてはいけない

❀ リスクや仕組みの理解が重要

商品先物取引やFXをするにあたっては、どのような仕組みの投資なのか、どういった場合に損失が出るのか、証拠金以上の損失が出るのかについてしっかりと理解したうえで、投資するかを自分で判断する必要があります。

また、証券会社などからの説明もきちんと聞き、どのようなリスクがあるかを把握しなければなりません。株や投資信託にもリスクがありますが、それ以上のリスクがあることを十分に理解したうえで、取引するかどうかを判断しましょう。

※商品先物取引やFXに関する一般的な注意点を説明したものであり、商品先物取引やFXを勧めるものではありません。

Q 3-7
暗号資産（仮想通貨）への投資話の注意点は？

知人から、「これからの時代は暗号資産が流行る時代だから、株式や社債より暗号資産に投資したほうがいい。暗号資産は儲かる」と暗号資産投資に誘われています。暗号資産への投資にあたり、注意すべきことはありますか。

A

❖ 暗号資産は投資の対象となっている

暗号資産は、インターネットで交換や使用ができる財産的価値があるものです。ひと昔前は「仮想通貨」とも呼ばれていましたが、法律が改正されたことにより、「暗号資産」と呼ばれるようになりました。

暗号資産の代表的なものには、ビットコインやイーサリアムなどがあります。暗号資産は、円やドルなどの中央政府が発行した通貨（法定通貨）と交換することができ、さまざまな取引において代金の支払いに使えるものです。また、暗号資産はインターネット上で使用することができます。

ただし、円やドルと異なり、それ自体は中央政府が発行する通貨ではないという特徴があります。もともとは円やドルのように物と交換するための手段として暗号資産が開発されましたが、実際にはお金のような使われ方をすることは少なく、投資や投機の対象となっています。

❖ 暗号資産はリスクが高い

暗号資産の特徴である「法定通貨ではない」ということが、投資にあたって大きな問題となります。

法定通貨ではないということは、暗号資産の価値を保証するものがないため、値動きが非常に激しくなります。値動きを抑えるためにステーブルコインというものも発行されていますが、投資話に出てくる暗号資産は、通常値動きが激しいもの

をいうことが多いようです。

また、暗号資産は、「暗号資産交換業者」といわれる会社で口座を開設し、そこで暗号資産を保管することが通常です。しかし、銀行などであれば破綻した場合にも預金が守られる制度がありますが、暗号資産の場合にはそのような制度がありません。そのため、暗号資産交換業者がハッキングされて自分の持っている暗号資産が流出した場合や暗号資産交換業者が破綻した場合に、補償を受けられないといったことが起きます。実際、暗号資産交換業者が破綻する事例もみられます。

● 暗号資産（仮想通貨）の注意点
- 暗号資産の値動きは激しい
- 暗号資産で「必ず儲かる」ことはない
- 暗号資産交換業者が破綻した場合には、暗号資産が戻ってこない可能性がある

❖ 暗号資産の勧誘には要注意

このように暗号資産には大きなリスクがあることから、投資をする場合には、その特徴を十分理解する必要があります。他の投資でも同じですが、「必ず値上がりする」といったことはないので、このような誘いには注意しましょう。

また、「暗号資産と交換するためにお金を知人に預けたところ、お金が返ってこない」という被害も報告されています。お金を預ける際には、金融庁や財務局のサイトを見て、預ける先の会社が暗号資産交換業者としてきちんと登録されているかどうかを確認するようにしましょう。

※暗号資産に関して一般的な説明をするもので、暗号資産への投資を勧めるものではありません。

Q 3-8

未公開株・社債への投資話の注意点は？

知り合いから未公開株や社債を買わないかという話を持ちかけられました。どうやら儲かるらしいのですが、気をつけるべき点はありますか。

A

❀ 未公開株とは上場していない株のこと

「公開」とは、株式市場（東京証券取引所プライム市場、スタンダード市場、グロース市場など）で広く自由に株の売買ができる（＝上場している）ことを意味しています。日経平均株価という言葉をニュースで耳にしたことがあるのではないでしょうか。これは上場（公開）している会社のうち特に大きな会社の株価の数値を表したものです。

証券取引所の定める条件（各市場で異なります）を満たす大きな会社は株を上場することができますが、これらの条件を満たさない小さい会社は上場することができません。上場していないことを「未公開」といい、その会社の株のことを「未公開株」といいます。上場していないということは、広く自由に株の売買ができず、簡単に取引相手を見つけることができない（売りたいと思った時に売れず、損をする可能性がある）ということです。そのため、購入の際には上場されている株以上に注意が必要です。

❀ 未公開株の勧誘は詐欺の可能性がある

「上場間近で値上がりが確実だから買ったほうがいい」「株を出している会社とのコネで手に入れたもので貴重」などと言われて未公開株の勧誘を受けるケースがあります。しかし、そもそも株とは損をする可能性があるもので、値上がりが確実ということはありません。

また、未公開株の勧誘ができるのは株を発行している会社や登録を受けた証券会社に限られているため、知り合いからの勧誘は詐欺の可能性が高

いと考えたほうが安全かもしれません。証券会社であっても勧誘できるのは一部の銘柄に限られていて、未公開株の購入を自由に勧誘できるわけではありません。怪しいと思ったら、未公開株を買うことはやめましょう。

● 未公開株購入の注意点

- 勧誘してきたのは未公開株を発行している会社か、正規の登録を受けた証券会社か
- その会社は実在しているか
  （知り合いの情報だけではなく、インターネットで会社名を検索してみる）
- 未公開株の購入を個人に勧めることはめったにない
- 未公開株は自由に売れない可能性が高い

❀ 社債の勧誘にも注意

「社債」とは、会社が資金調達を目的として発行する債券をいいます。すなわち、社債を購入することは、会社に対してお金を貸すことと同じです。社債も未公開株と同様に、登録を受けた証券会社以外による勧誘は違法なので、知り合いからの勧誘は詐欺だと考えたほうが安全です。

社債は会社が倒産すれば貸したお金が戻ってこない可能性がある商品で、元金が保証される銀行預金とは違うものです。「利率が高いから儲かる」と説明されるかもしれませんが、それだけ高い利率でないとお金を貸してくれる人がいない状態、つまり倒産する可能性の高い会社かもしれません。また、元本保証や「必ず儲かる」などと説明をして勧誘をすることは禁止されていますので、そのような勧誘をされたら詐欺だと思うことが大切です。未公開株と同じように、少しでも怪しいと思ったら買うのをやめましょう。

※未公開株や社債に関して一般的な説明をするもので、未公開株や社債の購入を勧めるものではありません。

3 マルチ商法・ネズミ講・カルト宗教

マルチ商法の被害に遭ってしまったら？

知人から「化粧品や健康食品を販売するアルバイトをしないか。会員になって友達や親戚に商品を売れば簡単に儲けられる」と言われ、実際に商品を買ってしまいました。どうしたらよいでしょうか。

A

✱ マルチ商法では簡単に儲けられない

「マルチ商法」という言葉自体は聞いたことがあるかもしれません。マルチ商法とは、販売組織の会員となって自分が物やサービスを購入して、次は自分が物やサービスの買手を探していくというシステムです。

「知人や親戚に物などを転売すれば簡単に稼げる」「紹介料で儲けられる」などと言われて会員になったものの、実際には仕入れ以上に売上を作ることができず、結局、借金を背負ってしまうというケースが多くみられます。自分が被害者になるだけではなく、友人や親戚を会員になるよう勧誘し、同様の問題を引き起こすため、加害者にもなってしまう可能性がある取引です。

✱ マルチ商法は法律で規制されている

マルチ商法はさまざまな問題を引き起こす可能性があることから、法律で一定の規制を受けています。なお、法律上はマルチ商法のことを「連鎖販売取引」といいます。

規制の具体的な内容としては、まず、マルチ商法の勧誘をする人は、その人の名前やマルチ商法の販売組織を統括している人の名前を示さなければいけません。また、勧誘する前に、マルチ商法の勧誘をする目的があることを言わなければいけません（特定商取引法33条の2）。さらに、マルチ商法の契約をする場合には、書面を交付しなければなりません（同法37条）。しかし、この法律を守っ

ている人は少ないのが現状です。実際には、身近な人から「簡単に稼げるバイトがある」「モニターで試しに行かないか」などとマルチ商法の勧誘であることを伝えられないまま呼び出されることが多いようです。

したがって、マルチ商法の被害に遭わないようにするためには、まず、身近な人からの誘いであっても気をつけること、「簡単に儲けられる」などという言葉を信じないことが大切です。

● マルチ商法の規制

- 勧誘者は自らの氏名を言わなければならない
- 勧誘者は勧誘の前にマルチ商法の勧誘であることを言わなければならない
- マルチ商法の契約をする場合には、書面を渡さなければならない

✱ マルチ商法の契約を解除できる場合

マルチ商法には、勧誘に関する規制だけでなく、契約を締結してしまった場合でも、契約書などを受け取ってから20日以内であれば無条件で解約できる制度があります。これを「クーリング・オフ」といいます（**Q3-4**参照）。

また、クーリング・オフができる期間を過ぎた後であっても、入会から1年経っていないこと、商品を再販売していないことなど一定の要件を満たした場合には、マルチ商法の契約を解除することができます。

友人や知人の誘いに乗ってマルチ商法の契約をしてしまったという場合には、契約を解除できるかもしれないので、住んでいる自治体の消費生活センターや弁護士などに早めに相談するようにしましょう。

Q 3-10
ネズミ講の被害に遭ってしまったら？

勧誘してきた人にお金などを払って、その後に自分が 2 人以上を誘えばお金の配当がもらえると言われ、勧誘されて加入しました。2 人以上誘うことができず損をしているのですが、どうしたらよいでしょうか。

A

❀ ねずみ講は金品を目的とした組織

「ねずみ講」と聞くと「マルチ商法」のことを思い浮かべる人もいるかもしれませんが、これらは別物です。どちらも加入者を増やしていって利益を上げるという点では共通していますが、「ねずみ講」は入会金などの金品を得ることを目的としている一方、「マルチ商法」は商品やサービスを販売して利益を上げることを目的としているという違いがあります。いずれにしても注意が必要であることには変わりありません。

「ねずみ講」とは、ある人（1 人目）が 2 人以上をねずみ講に勧誘して金品を受け取り、誘われた人がまた 2 人以上を勧誘して金品を受け取り、誘われた人がさらに 2 人以上を勧誘して……と永遠に続いていくものです。まさに「ねずみ算式に増えていく」ことを想定したもので、当初はねずみ講をやっていっても利益が上がるかもしれませんが、よく考えてみると、勧誘された人が 2 人誘って、さらに 2 人誘ってと続けていくと、最終的には膨大な人数を勧誘しなければいけないことになり、現実には人口は限られているので、どこかで破綻してしまいます。そこがねずみ講の問題点です。

● ねずみ講の特徴

- ねずみ講は金品を目的とした組織
- ねずみ講とは、誘われた人が新たに 2 人以上を誘っていく仕組み
- 最終的にねずみ講は破綻するもの

❀ ねずみ講は法律で禁止されている

このように、ねずみ講は最終的には破綻することが明らかにもかかわらず、勧誘された人は儲けが出ると勘違いをすることが多いため、法律で禁止されています。なお、法律上、ねずみ講は「無限連鎖講」と呼ばれています（無限連鎖講の防止に関する法律 2 条）。

法律では、ねずみ講を開設すること、運営することだけでなく、ねずみ講に加入するよう勧誘することも禁止されています。1 回ねずみ講に勧誘しただけでも 20 万円以下の罰金が科せられることがあるので気をつけましょう（同法 3 条、7 条）。

❀ ねずみ講への勧誘には気をつけよう

ねずみ講は違法であり、その勧誘行為自体も違法であることから、「ねずみ講に入らないか」といった直接的な言葉で勧誘されることは通常ありません。友人、知人など身近な人から「お金が稼げる」「簡単に儲かる」などの誘い文句で言葉巧みに加入させられてしまう可能性があります。

マルチ商法と同じように、知人や友人の言葉を簡単に信じない、簡単な儲け話には乗らない、身近な人でも怪しいと思ったらしっかり断るということを意識しましょう。

❀ ねずみ講に入ってしまったら…

2 人以上誘えば儲かるなどと言われて加入したものの、勧誘がなかなかできずに損をしていて、「これはねずみ講だ」と気づいた場合、まずは勧誘行為をやめましょう。上記のとおり、ねずみ講に勧誘すること自体が犯罪になるからです。

そのうえで、専門の弁護士などに相談して今後の対応を考えていくことが重要です。

Q 3-11

カルト宗教に勧誘されたら？

大学に入学し、キャンパス内で新たな出会いを求めていたところ、声をかけられ、授業や就活の話をされました。その人はとても良い印象で、「食事会や料理会、ゴスペルコンサートをやるので来ませんか？」「SDGsやボランティア活動、スポーツ系のインカレサークルに参加しませんか？」と勧誘してきました。開催されるイベントも楽しそうです。ただ、話を詳しく聞くと、団体の責任者が曖昧で、"とある宗教"の勧誘のようです。このまま、イベントに参加してもいいのでしょうか。

A

❀ カルト宗教に関する法規制

令和4年には、元内閣総理大臣が選挙応援演説中に銃撃され死亡するという痛ましい事件が発生しました。その際に、事件の犯人が、某宗教団体への恨みを殺害の動機としていたことから、カルト宗教を規制する法制度を整備すべきかという点が社会問題になりました。

フランスにおいては、「反セクト法」（セクトとはいわゆる「カルト」を意味します）という名称で、カルト宗教に対し、宗教団体の反社会性や悪質性を勘案し、もっとも重い場合には、団体の解散まで定めた法律が制定されています。

しかしながら、日本においては、令和5年4月時点で、カルト宗教を直接規制する法律はありません。理由としては、カルト宗教と認定する基準を定めるのが難しいことや、「集会、結社及び言論、出版その他一切の表現の自由は、保障する」（憲法21条1項）と定められており、宗教的結社の自由も憲法上保障されていることから、直接規制することは難しいという点が挙げられます。

したがって、法律による規制に頼ることはできないので、自分自身で見極めて適切に判断する必要があります。

❀ 冷静な対応を

設例のような場合には、イベントに勧誘されてもすぐに参加せず、いったん冷静に立ち止まりましょう。

そして、1人で行動せず、「おしゃべり」でもよいので、周囲の人にそのことを伝えましょう。学生センター等の窓口でもよいです。

カルト宗教に入信してしまうと、最悪、自分の人生よりも宗教を優先してしまうというマインドコントロールをかけられ、退学する例も多くなっています。

❀ カルト宗教に入信してしまうと…

カルト宗教は、お金や人を集めることによって、宗教団体を大きくすることが目的です。ですので、勧誘する側は、あなたの人生よりも宗教を優先してほしい、とマインドコントロールをかけようとします。

マインドコントロールをかけるために、まず、勧誘者は、あなたの弱っている部分を見抜き、「自分もそうだった」「辛さがよくわかる」と共感・同調します。そのうえで、セミナー等で「このままでは変わらない」とあなたの不安を煽った直後に、あなたに救いの手を差し伸べます。そして、肩書きや地位のある人から「あなたの人生はうまくいく！」と断言されることによって、あなたを信じ込ませ、あなたの不安が払拭されると同時に、マインドコントロールにかかってしまうのです。

マインドコントロールされる結果、自分の人生よりもカルト宗教を優先してしまい、退学したり、周りとの縁を切ったりなど、自分の人生を棒に振ることになります。

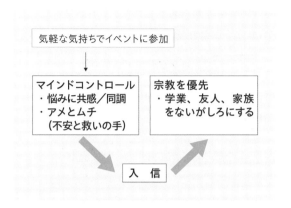

🍀 カルト宗教の勧誘の手口

カルト宗教かどうか、初対面で正体を見抜くことはできません。ですので、自分の身を守るためにも、カルト宗教の勧誘の手口を理解しておく必要があります。

見極める際のヒントとして、カルト宗教には、たとえば、①キャンパス内に1人でいるときに声をかけられた、②イベントの参加者が全員華やかである、③イベントに社会人やOBなど肩書きのある人が現れた、④イベントに参加した後に「セミナー」「学習会」に誘われた、⑤勧誘を断っても、執拗に勧誘をしてくる、といった特徴があります。

普通のサークルでは、執拗に勧誘する必要がありませんが、カルト宗教の場合には、授業の教室前で待ち伏せている例もあります。そして、勧誘する側は、「もう子どもじゃないから親や周りにいろいろ言われたくない」「自分の道は自分で決めたい」といった若者の心理を熟知し、周囲から切り離そうとして、勧誘活動を行うのです。

近年では、SNSを通じて勧誘する方法も増えています。たとえば、Twitterなどで「＃春から〇〇大」といったハッシュタグを利用して、カルト宗教とバレないよう親しげにリプライをし、いつの間にかカルト宗教に入会させるといったケースもあります。

🍀 対応の仕方

❶ 怪しいなと感じたら、はっきり断る
❷ 携帯電話の番号やメールアドレス、住所など、個人情報は教えない
❸ 団体名をインターネットで調べたり、友人や学生センター等の窓口に相談するなど、1人で行動しないようにする

カルト宗教は孤立している学生をターゲットにして取り込むことが多いので、誰かに話されることを嫌がります。誰かに話したと伝えたり、複数人でイベントに参加すると、標的から外される可能性もあります。

したがって、少しでも怪しいと感じた場合には、早めに周囲の人や専門家に相談し、自分だけで安易に判断して気軽にイベントに参加しないことが重要になります。慎重に行動するよう心がけてください。

● こんな人は気をつけて！

・その場の雰囲気にのみ込まれてしまう人
・「断ると相手に悪い」と思ってしまう人
・「まぁいいか」とすぐに思い、警戒心が薄い人
・1人でいることが多い人
・人間関係に悩んでいる人

Q 3-12
親族がカルト宗教にはまってしまったら？

母親がカルト宗教に入信しています。その影響で、私も入信することを強制されています。本当は、カルト宗教に従いたくありません。母親は、父親が稼いだ給料をすべて宗教に使ってしまったり、カルト宗教の決まりに縛られて、私が自由な行動をすることを制限したりします。他方で、私は母親を愛していますし、母親との関係を切りたくもありません。どうしたらよいでしょうか。

A

❖ カルト宗教に関する法規制

Q3-11で解説したとおり、日本においては、令和5年4月時点でカルト宗教を直接規制する法律はありません。

したがって、すでにカルト宗教に入信している親族をカルト宗教から守ろうとした場合、宗教団体が実際に法律に違反する行為を行っていなければ、法律に頼ることはできないため、周囲の人が自ら行動する必要があります。

❖ 親族を脱会させるためにできること

弁護士に相談しましょう。また、カルト宗教以外の宗教家（牧師など）を紹介してもらい、その人を交えて根気よく話し合い、脱退させるように説得しましょう。

そして、親族がカルト宗教を脱退する気持ちがあるうちに、脱退を希望する内容の「内容証明郵便」をカルト宗教に送りましょう。

そして、多額な金銭（寄附）を要求するなどカルト宗教の行為が違法である場合には、のちに裁判で争うことができる可能性もありますので、証拠を集めておきましょう。

❖ マインドコントロールを解くためのサポート

マインドコントロールを解くためには、次の3

つのステップが必要であるとされています。

① カルト宗教に詳しい専門家（弁護士や精神科医）のサポート

マインドコントロールを解くためには、カルト宗教の嘘や矛盾点を論理的に指摘する説明力が必要になります。

それに適しているのが、カルト宗教に詳しい弁護士や精神科医なのです。マインドコントロールやカルト宗教がどういったものかを論理的に説明してもらい、マインドコントロールを解きましょう。

② 家族のサポート

カルト宗教の存在を一方的に否定されてしまうと、反発してしまいたくなるのが人間です。そのため、マインドコントロールを解くにあたっては、カルト宗教に入信した家族に対し、どうして関心を持ったのか、どんな点に魅力を感じたか、なぜ引っ張り込まれたのかなどの事情を丁寧に聞き、共感を示しましょう。そういった理解を示すことがまず必要になります。

また、カルト宗教に入信している人であっても、家族への愛情は失っていないのが通常です。愛している家族が「カルト宗教への入信を考え直してほしい」と何度も説得すれば、時間はかかりますが、徐々に心を開いてくれるはずです。

③ 脱退した信者のサポート

専門家や家族に説得されなくとも、本人自ら脱退したいと考えているのに、脱退した後にどうなってしまうのかという不安から脱退できないケースもあります。その場合には、脱退した信者によるサポートが必要になってきます。

脱退した人は、自らの体験から入信している人の気持ちが理解できますので、脱退した人なりの嘘や矛盾の説明の仕方があるはずです。したがって、脱退した信者からのアプローチは非常に有効といえます。

周囲に脱退した人がいない場合には、脱退した人がブログやSNSを開設している場合も多いので、インターネット上で脱退した人を探し、直接コンタクトをとって、話を聞かせてもらうことが考え

られます。直接話が聞けない場合であっても、脱退した人が書いた書籍等を本人に読んでもらうことで、脱退した後の生活を知ることになり、脱退する際の安心材料の一つとなります。

❶ **カルト宗教に詳しい専門家（弁護士や精神科医）のサポート**
　　→論理的な説得
❷ **家族のサポート**
　　→メンタルケアと家族愛
❸ **脱退した信者のサポート**
　　→実体験を語ってもらう

✤ 内容証明郵便を送る

　脱退するための手続としては、内容証明郵便という相手に送付した記録が残るものを送りましょう。弁護士等の立場にある人に書いてもらったほうがよいです。

　カルト宗教側としては、マインドコントロールが効いている人からの脱退の申入れは受け取らないことがあります。なぜなら、立場が弱く、再度のマインドコントロールでねじ伏せることが可能だからです。

　他方で、弁護士等の立場にある者からの話ならば、カルト宗教側も納得することが多いのです。

　しばらく経ってから、カルト宗教が再び本人に接触しないように、内容証明郵便を送ってもらう際には、「脱退した後、本人に一切接触しないように」といった内容も記載してもらいましょう。

✤ カルト宗教から受けた被害をのちに回復するために、証拠を集めておくこと

　民事裁判や刑事事件で物事を争うためには、証拠が必要です。したがって、民事裁判で、すでに支払った金額を返金してもらったり、カルト宗教側の行為が犯罪にあたる場合は、刑事告訴を行ったりすることができます。

　ここでいう証拠とは、証言や日記などの個人の発言内容ではなく、メールや契約書等などの物的証拠、録音データ等の物的証拠が重要になってきます。

　脱退することを決めた後、宗教団体と接触する場合には、後々に備えて、会話を録音したり、メールのやりとりの中で、カルト宗教に不合理な金員を支払ったことや刑事罰に該当するような行為を受けたことを認めさせるような内容を残したりするとよいでしょう。裁判で証拠として認められるかどうかは別として、記録を残しておくことは、カルト宗教に対し、今後本人に接触をさせないための抑止力になると思います。

特殊詐欺に引っかかってしまったら？

次のようなトラブルに巻き込まれた場合、どうしたらよいでしょうか。

1. 低価格で1回限りの購入だと思って、ダイエットサプリを申し込んだが、支払総額が説明を受けた金額より高額だった。
2. SNSで知り合った相手にコンサートチケット代金を支払ったが、相手と急に連絡がとれなくなった。
3. 「○○をするだけで楽に稼げて、ものすごく儲かる仕事がある」と言われたが、副業マニュアルやプランの高額代金を支払わされ、仕事を辞めようにも高額な解約金を請求され、違法行為に手を染めろと言われてしまった。

A

❖ 特殊詐欺とは

上記設例1～3は、いわゆる「特殊詐欺」といわれています。「振り込め詐欺」のように主に高齢者をターゲットにしたものだけでなく、最近では、SNS等の普及により、若年者をターゲットにした巧妙かつ多様な特殊詐欺が増えています。

トラブルを避けるためにも、契約する前によく考えることが大切です。"うまい話"は鵜呑みにせず、少しでも怪しいと思ったらきっぱりと断りましょう。実際にトラブルに巻き込まれてしまった場合は、消費生活センターや弁護士に相談してください。

そして、怪しいと思ったら、似たようなケースでだまされている人がいないかをインターネット等で調べて、だまされやすいケースを覚える等、被害に遭わないように備えておきましょう。

❖ すぐに契約を結ばず、よく考える

「結んだ契約は守らなければならない」というのが原則的なルールです。どんなに高額な契約金

であっても契約書に記載されていれば、基本的には支払わなければなりません。

契約書は、細かい文字で書かれていることが多く、ルールが複雑に絡み合っていたり、パッと見ただけではわからない落とし穴があったりします。特に、若年者の知識不足につけ込んで悪事をはたらこうとする者もいます。

ですから、契約書はしっかりと内容を確認する必要があり、安易に契約してはならないのです。

❖ 怪しい契約は、きっぱりと断る

設例1～3はいずれも、「低価格」だったり、「楽に稼げる」といった"うま味"にだまされています。

人間は、目の前にある利益に目を奪われがちです。だからこそ、"うまい話"にだまされる人がいるのです。これは相手にとっても同じことで、だます側の人も詐欺罪に問われるリスクに目を背け、目の前の利益、すなわち、だますことで得られる利益に目を奪われてしまうのです。

ひどい例では、「銀行口座を作るだけで楽に稼げる！」といった謳い文句で協力者を募り、だまされた人が口座を作り、他人に渡し、悪用されたというものがあります。この場合には、①だまされた人も、詐欺罪等の犯罪に協力したとして罰を受けることがありますし、②口座を作った人や口座を受け取った人が、自分自身の口座を使えなくなったり、二度と日本で口座を作れなくなるケースもあります。口座を他人に渡すと悪用されて犯罪に利用されやすいことから、振り込め詐欺等、口座が犯罪に使用された場合には、法律で全銀行の口座が凍結できるとされているからです。口座を持っていないと、ローンが組めなかったり、クレジットカードが使えなかったり、さまざまな手続ができなかったり、現金で持ち歩かなければならなかったり等、大きな不利益を受けます。自分の人生を守るためにも、契約を結ぶ際は、慎重になりましょう。

❖ トラブルに巻き込まれたら…

被害に遭った場合には、加害者に対し、刑事上

の責任や民事上の責任を追及することが考えられます。

すなわち、「人を欺いて財物を交付させた者は、10年以下の懲役に処する」（刑法246条１項）と規定されているとおり、詐欺罪が成立する場合には、加害者に刑事上の責任を負わせることができます。具体的には、警察署に行き、被害届や告訴状を提出することになります。もっとも、詐欺罪が成立するためには、加害者が、お金をだまし取る意図（故意）を持ってだましたことが認められなければならないので、刑事責任を負わせることは簡単ではないことから、警察が被害届や告訴状をなかなか受理してくれないことも多いのが実際のところです。

また、「詐欺又は強迫による意思表示は、取り消すことができる」（民法96条１項）と規定されているとおり、「詐欺」に該当する場合には契約を取り消し、契約内容に従った商品の提供がなされない場合には、契約を解除し、支払済みのお金を請求したり、損害が発生している場合には、損害賠償を請求するなど民事上の責任を追及することもできます。

もっとも、詐欺の場合に故意が必要なのは刑事上の責任と同様ですし、特殊詐欺の場合には、加害者と面識がないことも多いので、そもそも加害者を特定すること自体が難しいといったことから、お金を返してもらうことも容易ではないのが実情です。

被害に遭った場合、証拠がなければ、民事裁判で争うことはできませんし、警察も被害届を受理してくれません。ですので、可能な限り証拠を集めておきましょう。注意すべき点は、裁判は法律のプロである「裁判官」が判断するものであるという点です。証拠があるからといって、必ずしも裁判に使えるかは不明ですし、裁判で詐欺の被害が認められたとしても、加害者はすでにだまし取ったお金を消費しており、弁償する資産を持っていないことも多く、実際に被害が回復できる保証もありません。

したがって、特殊詐欺の被害に遭わないために、次のことを意識しましょう。

❶ 日頃から被害に遭わないよう、契約を結ぶときは慎重になる
❷ だまされやすいケースを覚えておく
❸ だまされないための知識を身につける
❹ 実際に被害に遭ったときは、証拠を集め、警察、消費生活センター、弁護士等に相談する

身に覚えがない有料サイトからの請求。支払わないといけない？

「有料サイトの未納料金が発生しています。本日中に連絡がない場合は法的手段に移行します」というSMS（ショートメッセージサービス）が届きました。この有料サイトを利用した覚えがないのですが、裁判を起こされても困るので、念のため連絡したほうがよいのでしょうか。

A

❖ 安易に連絡しない

あなたがそのサイトに登録していない（契約をしていない）のであれば、請求が来たからといってあなたが料金を支払う義務は一切ありません。

したがって、身に覚えのないサイトからの未納料金の請求が来ても、安易に連絡をしないようにしましょう。

請求者が架空請求業者である場合、彼らはあなたからの連絡を虎視眈々と待っています。特に、SMSは相手の電話番号のみで簡単にメッセージを送信することができるサービスであるため、大量無作為にSMSを送り付けている可能性が高いです。あなたが連絡を返すと、そこから「会員情報を調べるので、氏名・生年月日・住所を教えてください」などと言葉巧みに個人情報を収集し、それらの情報を駆使してあなたにお金を支払わせようとしてきます。

したがって、まずは安易に連絡をしないことが第一です。

❖ 勇気を持って相談する

架空請求業者はあなたを孤立させ、不安を煽ります。よくあるのは、有料アダルトサイトや有料出会い系サイトを装う手法です。このようなサイトは、利用者が多くいる一方で、利用していたことを他人に知られたくないと思う人もまた多いという特徴があります。そのため、「架空請求かも

しれないが、まったく身に覚えがないというわけではないため、誰にも相談できない」という孤立の構図が出来上がるのです。そして、架空請求業者は「自宅に請求書を送り付けるので家族や配偶者にバレるかもしれない」などとさらに不安につけ込み、あなたにお金を支払わせようとしてきます。

架空請求が疑われるものの確信が持てない場合には、孤立せず勇気を持って消費生活センターや弁護士等の専門家に相談することが大切です。

❖ 一度支払ってしまうと取り戻すのは困難

架空請求業者のほとんどは短期間の間に姿をくらましてしまいます。長期間同じ場所にいると、被害者から相談を受けた警察の捜査が入るからです。

そのため、「架空請求業者にお金を支払ってしまったので取り戻したい」と弁護士に相談をしても、すでに架空請求業者の所在を掴めないことも多く、その場合にお金を取り戻すのは至難の業でしょう。

したがって、万が一架空請求業者にお金を支払ってしまった場合には、なるべく早く弁護士や警察に相談に行きましょう。

- 身に覚えがない有料サイトからの請求があったら安易に連絡しない

- どうしても不安な場合や、架空請求業者であると確信が持てない場合には、勇気を持って相談する

Q 3-15

闇バイトを紹介されたら？

SNS を見ていたら、「高額即金」、「荷物を受け取るだけ」などと記載されているアルバイト募集を見かけました。お金は欲しいので興味があるのですが、本当にこんなに簡単なことで高額なバイト代がもらえるのでしょうか。

A

❀ 闇バイトとは

最近、「闇バイト」という言葉がよく聞かれます。この言葉に明確な定義はないようですが、犯罪に抵触する行為で報酬を得るアルバイトのことを、一般的に「闇バイト」と呼んでいるようです。

闇バイトは詐欺等の犯罪行為への加担であることを隠して募集されていることも多く、知らぬ間に犯罪行為に加担していたという事例もあるため注意が必要です。

たとえば、「自宅で荷物を受け取り、それをバイク便に渡すだけで 1 万円が支払われる」という仕事を始めたところ、実は自宅を詐欺の被害金の送付先とされていたという事例も報告されています。

❀ 闇バイトの特徴

闇バイト募集の特徴には、次のようなものがあります。

・SNS やインターネット掲示板で募集されている
　（ただし、大手求人サイトで募集されていた事例もある）
・「高額報酬」「即日支払い」を謳（うた）っている
・仕事内容に比して報酬が高すぎる
・仕事内容があいまい
・DM（ダイレクトメール）や匿名性の高いアプリ等で連絡をとるよう求められる　など

多くの募集は楽して大金を稼げることを強調していますが、そんなにオイシイ話は現実にはありません。このことを肝に銘じて、怪しいアルバイトには関わらないようにすることが自分の身を守ることになります。

❀「知らなかった」では済まされない

前述した「自宅で荷物を受け取り、それをバイク便に渡す」という闇バイトの事例における実際の裁判で、被告人は「荷物の中身が詐欺の被害金であると知らなかったため、故意（犯罪の意思）がなく無罪である」と主張していました。しかし、裁判所は「被告人は自己の行為が詐欺にあたるかもしれないと認識しながら荷物を受領したと認められ、詐欺の故意に欠けるところはなく、共犯者らとの共謀も認められる」として有罪と判断しています。

このように、事案にもよりますが、「犯罪だとは知らなかった」では済まされないことも十分にあり得ます。あなたが犯罪者にならないためにも、怪しいバイトには手を出さないようにしましょう。

❀ 自力で辞めるのは困難

闇バイトでは、応募するとまず身分証や顔写真を送るよう指示されます。これらの個人情報は、応募者が途中で辞めようとした場合に、「家に行く」「家族に被害を加える」等の脅しに使われ、一度応募してしまうと逮捕されるまで辞められなくなってしまうのです。

万が一闇バイトに応募してしまった場合には、警察や弁護士に相談しましょう。

● 楽して大金を稼げるアルバイトなど存在しない

● 一度関わると自力で抜け出すのは困難

● 万が一申し込んでしまったら、警察や弁護士に相談

Q 3-16

裁判所を装った不当請求が届いたら？

ポストを見ると、地方裁判所を名乗るところからハガキが届いていました。驚いて内容を読むと、私に訴えが起こされていて、「連絡がない場合には給料を差し押える」と書いてあります。まったく身に覚えがないのですが、一応ハガキに書いてある連絡先に連絡しておいたほうがよいのでしょうか。

A

❀ 裁判所の送達方法

本来、本当の裁判所から訴状や支払督促が送られる場合には、「特別送達」という特別な郵便によって送付されます。この「特別送達」には、次のような特徴があります。

- ・表書きに「特別送達」と記載された、裁判所名義の封書で送付されてくる
- ・郵便職員が名宛人に手渡すのが原則。不在の場合には不在票がポストに入り、郵便物は郵便職員が持ち帰る
- ・郵便物を受け取る時は、署名または押印を求められる

したがって、裁判所からの訴状や支払督促がハガキでポストに投函されるということはありません。そのような場合は、裁判所を装った不当請求である可能性が高いといえます。

❀ 安易に連絡するのは危険

裁判所を名乗るところから郵便物が届いても、身に覚えがない請求である場合には、安易に記載されている連絡先に連絡しないようにしましょう。その連絡先は、裁判所ではなく、不当請求者につながるかもしれません。彼らはあの手この手であなたを不安にさせて不当にお金を支払わせようとしてきます。

不当請求が疑われるものの確信が持てない場合には、届いた郵便物を持って裁判所に確認に行きましょう。裁判所の職員が、その郵便物が裁判所から送付されたものなのかを確認してくれます。

また、裁判所に電話で問い合わせることもできます。ただし、先ほど述べたように、郵便物に記載されている連絡先には安易に連絡しないよう注意してください。他の媒体で裁判所の電話番号を調べて問い合わせるようにしましょう（たとえば、インターネットで裁判所の連絡先を調べる等）。

❀ 放置するのも危険

最近では、支払督促や少額訴訟などの実際の裁判手続を悪用して、架空の請求について裁判所に申立てを行う事例があると報道されています。

架空の請求であっても、訴状が適式に作成され、有効に送達されているなど訴訟の要件さえ満たしてしまえば、裁判所の手続が利用可能です。本来であれば裁判手続の中でそれらの請求が架空のものなのかどうかを審理するのですが、これをあなたが一切無視してしまうと、異議・反論なしということでその架空の請求が認められてしまうこともあり得ます。

そのため、身に覚えのない請求が届いた場合でも、本当に裁判手続が利用されている可能性もあるので、放置せずに裁判所に確認したり、弁護士に相談したりするのが安心でしょう。

- ● 裁判所からの訴状や支払督促がハガキでポストに届くことはない
- ● 不当請求が疑われる郵便物に記載されている連絡先に連絡するのは危険
- ● 放置するのも危険
  - ➡ 裁判所、弁護士に相談しましょう

5 旅行関連

Q 3-17

旅行会社との契約をキャンセルできる？

友人4人との卒業旅行で、北海道3泊4日食べ歩きツアーを旅行会社で予約しました。旅行を楽しみにしていたのですが、先日、飲み会の帰りに転倒して両足を骨折してしまい、出発日までに完治する見込みがないため、やむなくキャンセルしようと思っています。出発日を2週間後に控えてますが、キャンセル料を支払わずにキャンセルできますか。

A

🍀 旅行のキャンセル

楽しみにしていた旅行も、設例のように不測の事態が起こってしまい、やむを得ずキャンセルしなければならない場合もあると思います。

出発日まで余裕がある時期であれば、キャンセル料（取消料）がかからずにキャンセルできますが、出発日が迫っている場合には、キャンセル料が発生することが通常です。

🍀 キャンセル料の上限

旅行会社でパッケージツアー（宿泊施設への「宿泊」と、飛行機や鉄道などの「移動手段」がセットになっているもの）を申し込んだときのキャンセル料の上限は、観光庁の「標準旅行業約款」で定めがあります。

標準旅行業約款で定められたツアーキャンセル料の上限は、国内旅行と海外旅行で異なりますが、国内旅行の場合のキャンセル料は旅行開始日の20日前から発生します。

なお、海外旅行の場合には、ピーク時（旅行開始日が、12月20日〜1月7日、4月27日〜5月6日、7月20日〜8月31日の期間）には40日前から発生しますが、それ以外の時期は30日前から発生します。

規定では、当日のキャンセルは、出発時刻前で

あれば50％の割合となっていますが、出発時刻を過ぎると、100％の割合になってしまいます。

旅行会社の営業開始時間前で電話連絡がつかない場合であっても、出発時刻が過ぎてしまったときには、同じ扱いがされることが一般的です。

したがって、出発時間が早朝の場合には、電話で当日キャンセルすることは難しいので、前日の旅行会社の営業終了時間までにキャンセルの連絡をするようにしましょう。

ほとんどの旅行会社はキャンセルする時期に応じて、キャンセル料を以下の「標準旅行業約款」の上限に設定をしていますが、具体的な内容は旅行会社の契約内容によって異なるため、予約時に必ず確認しましょう。

● 国内ツアーのキャンセル料の上限

旅行開始日の20日前〜8日前	20%
旅行開始日の7日前〜2日前	30%
旅行開始日の前日	40%
旅行開始日の出発時刻前	50%
旅行開始日の出発時刻後	100%

（観光庁「標準旅行業約款」）

🍀 旅行のキャンセル保険

このような旅行のキャンセル料についての保険もあります。複数の保険会社が取り扱っていますので（補償割合等の保険内容は、キャンセルの理由やキャンセル時期によってさまざまです）、万が一のときに備えて、検討してみてもよいかもしれません。

空港でスーツケースが届かなかったら？

楽しみにしていた初めての海外旅行。長時間のフライトが終わり、目的地に到着しました。緊張しながらも、カタコトの英語で入国審査を無事通過しました。ホッと一息をついて、搭乗時に空港で預けたスーツケースを受け取ろうと、荷物引き取り所で待っていたのですが、いつまで待っても私のスーツケースが流れてきません。どうすればよいでしょうか。

A

❖ 紛失の原因

空港で預けた荷物が紛失することを「ロストバゲージ」といいます。

ロストバゲージが発生する確率は決して多くはないですが（最終的に荷物が見つからない確率に至っては、極めて稀だといわれています）、発生する原因として、荷物の積み込みが遅れたことによるミスの場合、行先や搭乗便の書かれたタグの発行ミスの場合、他人が誤って持っていってしまった場合などが考えられます。

❖ 荷物が見つからないときの対応と対策

少し待っても届かない場合には、速やかに航空券とクレームタグ（荷物の半券）を持って、「Baggage Lost」等と書かれた、ターンテーブル付近にある各航空会社のカスタマーサービスカウンターに行きましょう。

カウンターでは、紛失証明書に必要事項（「フライト便名」「氏名」「住所」「チケット番号」「パスポート番号」「滞在先の住所」「スーツケースの特徴」等）を記入し、提出します。紛失証明書の控えは、海外旅行保険の補償を受ける際に必要になりますので、必ず受け取り保管しましょう。荷物が見つかった場合には、宿泊先まで配送してもらえることもあります。最終的に見つからなかった場合には、

航空会社が補償してくれますが、国際的な条約で上限額が定められています（上限約20万円）。各航空会社の運送約款により上限額を引き上げることも認められていますが、通常、条約の金額と同額に設定されています。なお、航空会社によっては、事前に申告した場合に追加費用を支払うことで上限額を引き上げることもできますが、引き上げられる最大の金額が設定されていることが通常ですので、完全な補償を受けられるケースは少ないといえます。また、海外旅行保険やクレジットカードによっては、ロストバゲージだけでなく、延着の場合も補償を受けられるものもありますので、補償の内容、範囲、条件などを確認しましょう。

人為的なミスが原因の場合も多いため、ロストバゲージを完全に防ぐことは困難ですが、折角の旅行が台無しにならないためにも、万が一のときに備えて、できる限り対策をとっておくとよいでしょう。

たとえば、出発の時間ギリギリに荷物を預けた場合には、荷物の積み込みが遅れてミスが生じるリスクが高くなるので、余裕をもって預けましょう。また、行先や搭乗便の書かれたタグの発行ミスによるロストバゲージを防ぐため、荷物を預けた際には、タグの行先と便名が間違ってないか確認しましょう。取り違いのリスクに対しては、自分のスーツケースに一見して他の人の物と区別できるような特徴のあるシールやバンダナ等を付けておくことも有効です。

それでも万が一ロストバゲージが発生してしまった場合に備え、高価品や目的地ですぐ使うものに関しては手荷物に携帯するようにし、さらに、ロストバゲージに対応した補償が受けられる保険の加入を検討することも大切です。

● ロストバゲージ対策

- 荷物は余裕をもって預ける
- 預けてすぐにタグの行先と便名を確認
- 荷物に特徴的なシールやバンダナ等を付ける
- 高価品やすぐに必要なものは預けない
- ロストバゲージに対応した保険の検討

Q 3-19

ホテルで所持品が盗まれたら？

旅行先のホテルに到着後、チェックインを済ませ、夕食を食べに外出しました。お腹が一杯になり、部屋に帰ると、テーブルに置いていたはずの時計が紛失していました。フロントに預けなかった自分にも落ち度はあるかもしれませんが、親から成人のお祝いにもらった大切な時計なので、現物が戻ってこないとしても、ホテル側には少なくとも賠償して欲しいと思っています。請求することはできますか。

A

❖ ホテルにおける所持品の盗難

客室内に持ち込んだ所持品は、宿泊客自身で管理するのが原則であり、客室内には金庫が備え付けられているのが一般的であることからすると、金庫に入れず、客室に置いていた物品が盗難された場合には、原則としてホテル側に損害賠償請求することは難しいといえます。

もっとも、ホテルに宿泊する場合には、宿泊先のホテルと宿泊客との間で宿泊契約を結んでいることになり、ホテル側は、契約上の義務として「宿泊客が盗難の被害に遭わないように配慮すべき義務」を負います。

たとえば、鍵が故障していて、容易に侵入できてしまうのに修理せずに放置していた場合や、清掃中に清掃員が盗難した場合、ホテルの従業員がマスターキーを使って客室に侵入した場合等、ホテル側に落ち度がある場合には、例外的にホテル側に損害賠償請求することができると考えられます。

もっとも、宿泊客側で、ホテル側に落ち度があったことの証拠を集めるのは難しいですし、ホテル側が個人情報等を理由に防犯カメラの映像等を任意に見せてくれない可能性もあるので、ホテル側に事実の確認を求めるとともに、警察に被害届を

提出しましょう。警察から捜査協力を求められた場合には、ホテル側も協力せざるを得ませんので、盗難の原因を明らかにするには有効です。

設例の場合でも、ホテル側に落ち度がある場合であれば、損害賠償を求めることができます。

❖ フロントに預けていた所得品が紛失した場合

では、設例とは異なり、フロントに預けていたにもかかわらず、紛失してしまった場合はどうでしょうか。

フロントに預けていた場合には、ホテルと宿泊客との間には、宿泊契約とは別に、預けた荷物について寄託契約が成立します。

その場合には、ホテル側は、宿泊客に対し「預かった物品を善良な管理者としての注意をもって保管する義務」を負います。

したがって、不可抗力による紛失の場合など「ホテル側が善良な管理者としての注意をもって保管していたにもかかわらず、盗難等を防ぐことはできなかった」と認められない限りは、寄託契約上の賠償責任を求めることができます。

もっとも、ホテルでは、宿泊客から貴重品である申告を受けなかった預かり品に対しては、責任の範囲を一定程度に制限する免責条項を設けているのが一般的なので、万が一の場合に備え、貴重品を預ける際には貴重品であることをきちんと伝えることが重要です。

> ● ホテルにおける盗難防止
> ・貴重品はフロントに預けるか金庫に保管し、客室に放置しない
> ・フロントに貴重品を預ける際には「貴重品」であることをしっかり伝える

Q 3-20
パック旅行で、内容が当初の説明と違ったら？

新婚旅行に行こうと思い、旅行会社で、北海道6泊7日のツアーに申し込みました。宿泊場所のグレードについては、新婚旅行であることを告げたうえで、夜景の見えるスイートルームで申し込んだのですが、現地のホテルに確認すると、「夜景が見えないデラックスルームしか用意できず、変更もできない」と言われてしまいました。どうすればよいでしょうか。

A

❖ パック旅行とは

「パック旅行」とは、旅行会社があらかじめ目的地、日程、宿泊施設、交通機関、観光などのサービス内容ならびに料金を設定し、参加者を募る旅行のことをいいます。一般的には「パッケージツアー」とも呼ばれ、旅行業法上は「募集型企画旅行」と定められています。

パック旅行には、交通機関や宿泊施設を別々に予約するよりも安くなる点、プランを自分で考えなくてよい点などのメリットがあります。

一方で、興味のない観光地をめぐる行程が組み込まれているなど自由度が低かったり、設例のように、当初の説明と実際のサービスが異なることがあったりするというデメリットもあります。

❖ 当初の説明と異なっていた場合の対応

旅行開始後に、旅行サービスのうち重要な部分（入場する観光地や施設の変更、宿泊機関の種類または名称の変更など）についてサービスの提供を受けられなかった場合には、その部分について契約を解除して、相当部分の代金請求をすることができます。

また、旅行会社側に、「重要事項」についての「不実告知」（客観的事実と異なる説明をすること）があった場合には、旅行参加者は、契約自体を取り消す

 こともできます。

設例において、たとえば、新婚旅行であることを伝え、夜景が見えることを条件としていた場合には、部屋のグレードはサービス内容の重要な部分（重要事項）であると考えられますので、契約の解除や取消しをして、支払済みの旅行代金の一部もしくは全額の返還を求めることができるでしょう。

もっとも、旅行会社がサービス内容の変更に応じてくれることもあるので、まずは、旅行会社や現地の代理店に対して当初予約時の内容で対応するよう申し入れましょう。

それでも対応してくれない場合には、契約の解除や取消しにより旅行代金の返還を求めましょう。また、旅行会社の取り扱った旅行商品に対する苦情・相談については、窓口が設けられていますので（一般社団法人 日本旅行業協会 消費者相談室、一般社団法人 全国旅行業協会等）、これらの窓口に相談し、アドバイスや仲介を求めるのもよいと思います。

● **パック旅行の内容が説明と異なっていた場合**
- 旅行会社や現地の代理店に当初の予約時の内容で対応するよう申し入れる
- 契約の取消しや旅行代金の返還を求める
- 苦情・相談窓口に相談し、アドバイスや仲介を求める

Q 3-21

ネットオークションで落札したブランド品が偽物だったら❓

ネットオークションでブランド物のバッグを落札したのですが、届いた商品をよく調べてみたところ、偽物だということがわかりました。どうすればよいでしょうか。

A

❖ 対応の指針

代金を支払う前であれば、代金の支払いをせずに、出品者に連絡して偽物の商品を返送することになります。すでに代金を支払った後であれば、出品者に返金を求めることになります。

ネットオークションの運営会社では、トラブルの対処法について「ヘルプ」ページなどに記載していますので、それを読むことも必要ですが、基本的には出品者と落札者の当事者間での問題解決となります。

❖ ネットオークションの契約関係

ネットオークションでは、落札すると、出品者と落札者との間で売買契約が成立します。売買契約が成立すると、売主（出品者）は「商品を買主（落札者）に引き渡す義務」を負い、買主は「代金を支払う義務」を負います（民法555条）。

ブランド品の売買の場合、本物であることが契約の内容になります。したがって、引き渡された商品が偽物であった場合は、商品が契約の内容と合わないものということになり、買主は、損害賠償を請求したり、売買契約を解除して売買代金の返還を求めることができます。これを「契約不適合責任」といいます（同法562条以下）。

❖ 専門家への相談

当事者間での連絡だけでは代金の返還に応じてもらえない場合や出品者と連絡がとれなくなった場合には、消費者センターに相談したり、警察に相談したりということも考えられます。また、弁護士等の専門家に依頼して出品者に対して裁判をする必要があるケースもあります。出品者の住所氏名等がわからない場合でも、専門家に依頼すれば調査することも可能です。

❖ 刑事責任

届いた商品が偽物だった場合、つい詐欺だと考えがちですが、ブランド品の偽物を売った場合に詐欺罪が成立するのは、出品者が偽物だと知って出品した場合のみです。また、ブランド品の偽物を販売すると商標法違反として刑事責任に問われますが、これも偽物と知って販売した場合のみです。もっとも、仮に出品者が繰り返し偽物を販売していたというケースであれば、出品者が今回も偽物だと知って販売したということを立証しやすいですが、今回の商品だけが偽物だった場合には、立証が困難になります。

❖ 出品者が事業者であるかどうか

ネットオークションには、事業者が販売している場合といわゆる個人間売買である場合とが混在しています。出品者が事業者である場合には特定商取引法の通信販売に関する規制や消費者契約法の適用がありますが、個人間売買の場合には消費者保護のための法律の適用はありません。出品者が事業者の場合、**Q3-2**と類似したケースとなります。

- ● 当事者間での解決が基本
- ● 売買契約における契約不適合責任の追及が可能
- ● 詐欺罪（刑事責任）の成立は限定的
- ● 当事者間の解決が困難な場合は、弁護士などの専門家や消費者センターに相談

商品を送ったのに購入者から「届いてない」とクレームが来たら？

ネットオークションで商品を販売し、購入者に発送したのですが、購入者から「届いてない」とクレームを受けました。どうすればよいでしょうか。

A

❖ 配送状況の調査

まずは配送状況の調査が必要です。追跡可能な配送方法を利用した場合には、配送状況を把握できますので、配送会社に問い合わせ状況を確認します。配送完了となっている場合であっても誤配送などの理由で購入者に届いていないこともありますので、届いていない理由の可能性を考えます。

できるところまで自分で調査したら、ネットオークションの運営会社に相談し、状況を伝えましょう。法律問題と異なり、事実関係について食い違いがある場合には当事者間で話し合っても解決することは困難です。

追跡できない配送方法を利用した場合には、購入者に再度届いているかどうかを確認してもらうほかなく、届いていないというクレームに対して対応する術がありません。したがって、追跡できない配送方法は避けるべきです。

❖ 配送トラブルの場合

商品が届いていない理由が配送会社による配送トラブルの場合は、配送会社による補償を受けられる場合もあります。この場合は、購入者にその旨を伝え、配送会社に補償を依頼することになります。

配送会社の補償については、配送方法によって補償の上限額が定められている場合がありますので、商品が高額な場合などには、金額に応じた配送方法を選択しておく必要があります。

❖ 購入者への請求

商品が届いていることが確実視できる場合には、購入者に代金を請求することになります。

ただし、売買契約では、買主は商品の引渡しを受けるまで代金の支払いを拒否することができます。これを「同時履行の抗弁権」といいます（民法533条）。なお、商品を引き渡したことについては売主が立証する必要があります。

裁判となった場合には、購入者は、同時履行の抗弁権以外にも、商品が届いていないことを理由として債務不履行を主張し、売買契約を解除することが考えられます。

したがって、配送状況の調査結果と購入者とのやりとりなどの証拠が、裁判で証明できる程度に揃っているかどうかが重要となります。

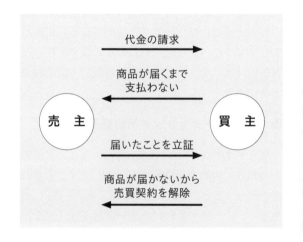

Q 3-23

入力ミスで商品を多く頼んでしまったら？

インターネットショッピングで同じものを 2 つ購入しようと数量を選んだところ、入力ミスで 20 個の商品を注文してしまいました。余分な 18 個の代金も支払わないといけないのでしょうか。

A

♣ キャンセル

数量を間違えて注文してしまった場合、まずは落ち着いて、キャンセルできるかどうかを確認しましょう。注文してすぐに気づいた場合にはキャンセルできる可能性があります。また、販売会社に電話するなどして事情を説明することで、キャンセルに応じてもらえることもあります。販売会社が配送準備をする前であればキャンセルに応じてもらえる可能性が高くなりますので、できるだけ早めに連絡することが重要です。

♣ 返　品

注文した商品が届いてから余分に注文してしまったことに気づいた場合は、返品できるかどうかを確認しましょう。販売会社によっては商品到着後一定期間内であれば返品できるとしていることがあります。

♣ 特定商取引法による返品

インターネットショッピングは通信販売ですので、特定商取引法の通信販売に関する規定が適用されます。クーリング・オフは通信販売には適用がありませんが、販売会社が返品について何も定めていない場合は、受け取った日から 8 日以内であれば、特定商取引法によって返品することができます。その場合の商品の返品費用は買主の負担となります。販売会社が返品不可の表示をインターネット上にしている場合は、特定商取引法による返品はできません。

♣ 錯誤に基づく意思表示の取消し

インターネットショッピングでは、販売会社の「売ります」という意思表示と購入者の「買います」という意思表示の合致により、売買契約が成立しています。しかし、設例のように、誤って20個注文（意思表示）したが、本当は20個買うつもり（意思）がなかったというような場合を「錯誤」といい（民法95条）、この場合、売買契約の「買います」という意思表示を取り消すことができます。

意思表示を取り消した場合、売買契約は初めから無効であったこととなり、売主は代金を返金し、買主は商品を返品することとなります（同法121条、121条の 2）。

ただし、錯誤が重大な過失による場合は、原則、取り消すことができないとされています（同法95条 3 項）。

もっとも、インターネットショッピングの場合は、操作ミスが起こりやすいことから、電子消費者契約法によって、重過失があっても取り消すことができるとされているのですが、販売会社が数量入力についての確認措置を講じている場合には、民法95条 3 項の規定が適用されます。そのため、結局インターネットショッピングの注文の際に、確認画面が表示され、確認ボタンを押して注文した場合は、錯誤取消しを主張することは困難ということなります。

♣ まとめ

以上を踏まえ、次の順序で検討、確認してください。

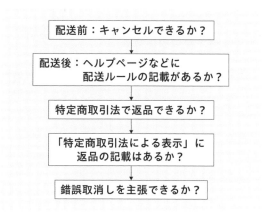

配送前：キャンセルできるか？

配送後：ヘルプページなどに配送ルールの記載があるか？

特定商取引法で返品できるか？

「特定商取引法による表示」に返品の記載はあるか？

錯誤取消しを主張できるか？

Q 3-24
健康食品の定期購入を
キャンセルできる？

SNSで、「1食これに置き換えるだけで、1か月で7Kg痩せられた！」「今ならなんと1か月分1000円でお試しできます！」という広告を見て、「効果がなくても1000円なら試してみよう」と思い購入しました。その後1か月して、効果もなく忘れていた頃に、同じ食品と1万円の請求書が届きました。どうしたらよいでしょうか。

A

❀ 詐欺的な定期購入商法について

　設例では、お試し価格で購入するには、今後何回か正規の値段（今回なら1万円）で継続購入することが条件となっていたと考えられます。

　このような詐欺的な定期購入に関する相談は近年急激に増加しており、その大部分がインターネット通販によるものです。

　詐欺的な定期購入商法として次のようなものがあります。

・「初回無料」「お試し」と書いておきながら、実際には定期購入であることが条件だった
・いつでも解約可能としておきながら、実際には解約に細かい条件がある
・定期購入であることや解約条件が非常に小さい文字で書いてある／まったく書いていない

❀ 申込画面等の表示義務

　通信販売（HP・新聞・雑誌・テレビなどによる広告やチラシ等を見た消費者が、インターネット・郵便・電話等で購入の申込みを行う取引方法）の最後の確認画面や申込書面で次の事項の表示を義務づけ、それにつき誤認させるような表示を禁止しています（特定商取引法12条の6）。

表示事項	詳　細
分　量	・各回ごとの分量、総分量 ・提供期間（サブスクの場合） ・無期限や自動更新ならその旨
価　格	・各回の代金、代金の総額 ・自動で無償→有償なら、移行時期と支払金額
支払時期・方法	・各回の代金の支払時期
引渡時期・提供時期	・各回の商品の引渡し時期
申込期間	・商品を購入できなくなる期限がある場合はその期限
申込の解除	・解約方法や解約受付を特定の手段・時間帯に限定する場合はその旨

❀ キャンセルできる？

　業者が上の表示義務を守っていた場合は、**Q3-2の①**と同じ対処方法となります。

　守っていなかった場合、つまり次のようなケースでは、いつでもキャンセルできます（特定商取引法15条の4）。

・嘘の表示を信じた場合
・表示義務があるのに表示がなかった場合
・上の表示事項について誤認させる表示がなされていた場合

❀ トラブルに遭わないために

　キャンセルするには購入時の最後の確認画面の表示の内容が非常に大事です。ですので、その画面のスクリーンショットは必ず撮っておくようにしましょう。

・1回限りの購入か？
・2回目からいくらか？
・解約・返品のルールは？
・申込最後の確認画面のスクリーンショットは撮影したか？

7 ▶ カード取引

Q 3-25

クレジットカードを落としてしまったら？

インターネットで服を見ていたら、素敵な商品を発見しました。しかも安く、在庫も少なそうなので「早く買わないと」と思いクレジットカードを探したのですが、どこを探しても見つかりません。どこかで落としたのかもしれないと不安です。どうすればよいのでしょうか。

A

❀ すぐにクレジットカード会社に連絡する

心当たりを探してもクレジットカードが出てこなかった場合、もう少し探せば出てくるかも…と連絡を先延ばしにするのではなく、できる限り早くカード会社の盗難・紛失窓口に電話してください。本当に紛失していた場合、すでに誰かに勝手に利用されているおそれがあるからです。

盗難・紛失の受付は24時間年中無休で行われていることがほとんどです。

連絡をすると紛失したカードは無効となり、利用が停止されます。

なお、紛失連絡時、同時に新しいカードの再発行を依頼することが可能な場合もあるので、再発行を急ぐようであれば確認してみてください。

❀ 警察に遺失届を出す

警察署の落し物窓口などに、遺失届を出してください。最寄りの交番でも手続はできますので、こちらもカード会社への連絡後すぐに行いましょう。なぜなら、遺失届の手続をすることで、カードが誰かに利用されてしまっていたとしても、一部の場合を除いてカード会社による補償が受けられるからです。ただし、補償されるのは、カード会社に紛失の連絡をした日からさかのぼって60日前までの利用分までが一般的です。つまり、連絡が遅れると自分が利用していない分も払わなければいけない可能性が出てくるのです。

紛失した場所がはっきりしない場合は、だいたいの場所を答えれば大丈夫です。

❀ 遺失届の受付番号をカード会社に伝える

警察が遺失届を受理すると受付番号を教えてもらえます。この番号をカード会社に伝えてください。

❀ カードの利用明細書をチェックする

カードの利用明細書はくまなくチェックしてください。利用した記憶がない請求についてはすぐにカード会社に連絡しましょう。紛失が数か月前の可能性がある場合は、最新の明細書だけでなく過去の分もチェックが必要です。

❀ 再発行したカードが届いたら…

再発行の手続から1～2週間ほどで新しいカードが届きます。届いたら、カード裏面に署名欄がある場合はサインをしましょう。

再発行したカードは新しいカードなので、カード番号が変わっています。このままではカード払いの引き落としができないので、公共料金等をカード払いにしている人は、カードの再登録を行いましょう。

●対処法のまとめ
① すぐにクレジットカード会社に連絡
② 警察に遺失届を出す
③ 遺失届の受付番号をカード会社に伝える
④ カードの利用明細書をチェックする
⑤ 再発行した新しいカードへの切り替え手続を行う

クレジットカードの名義を貸してもいい❓

親しい友人から、「クレジットカードを作りたいのだけれど、事情があって自分の名前では作れないから、名前を貸してほしい。絶対に迷惑はかけないから」と頼まれました。迷惑はかけないと言っているし、断りにくいので、名前を貸してあげてもよいでしょうか。

A

❀ クレジットカード取引の仕組み

クレジットカードによる取引は、クレジットカードの利用者（会員）、店舗（加盟店）およびクレジットカード会社（信販会社）の3者間での契約がされています。会員が加盟店においてクレジットカードを利用して商品を購入したとき、まず、信販会社が加盟店に対してその商品代金を立替払いし、その後、信販会社から会員に対して立替払いした金額が請求されるという仕組みにより、クレジットカード取引は成り立っています。

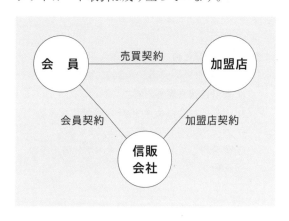

❀ クレジットカードの会員規約

一般に、クレジットカードの会員規約においては、カードの所有権は信販会社に属し、カード券面上に表示された会員本人（名義人）以外は使用できないこととされています。そして、会員は、カードを他人に貸してはならないこととされ、また、どのような理由があっても、カードを他人に使用させてはならないこととされています。そして、この規約に違反してカードが使用された場合、そのカード利用によって生じた支払いは、会員がすべての責任を負うこととされています。

❀ クレジットカードの名義を貸すことのリスク

クレジットカードを紛失したり盗難されたりしたことによって不正利用された場合でも、一定の場合には、信販会社が不正利用された金額を補償してくれます。

しかし、設例のように、友人に名義を貸してクレジットカードを作成し、友人がそのカードを使用した場合には、「クレジットカードは会員本人しか使用してはならない」という契約に違反することになり、信販会社による補償は受けられません。

そのため、たとえば、友人が利用限度額いっぱいまでカードを利用していたとしても、その高額の請求は会員本人に対してなされ、会員が信販会社への支払いをしなければなりません。このとき、会員は友人に対して、支払った金額を請求することができますが、自分の名前でクレジットカードを作成できないということは、経済的に困っている人であることも多く、実際には返してもらえないと考えておいたほうがよいでしょう。

そのほか、会員本人以外がクレジットカードを利用すると、加盟店に対する詐欺罪（刑法246条1項）が成立するとした判例もあります。

❀ まとめ

このように、クレジットカードの名義を貸すことには大きなリスクがあり、重い責任を負う場合があります。たとえ親しい友人からの頼みであっても、名義を貸すことはやめましょう。

Q 3-27

リボ払いってお得？

クレジットカードで買い物したときの支払方法として、一括払い、分割払い、ボーナス払いのほかに、「リボ払い」というものがあると聞きました。これまで利用したことがないのですが、どのような支払方法なのでしょうか。

A

❀ リボ払いとは

「リボ（リボルビング）払い」とは、クレジットカードの支払方法の一つであり、クレジットカードの種類により利用方法は異なりますが、一般的には、クレジットカードの利用金額や利用回数にかかわらず、あらかじめ自分で設定した一定の金額を毎月支払うという支払方法です（定額方式）。

リボ払いを行う都度、その利用金額は支払残高に組み入れられ、支払残高がなくなるまで毎月一定の金額を支払います。なお、利用金額とは別に、支払残高に応じた手数料がかかります。

リボ払いの簡単なイメージは次のとおりです。

リボ払い(定額方式)のイメージ
(利用額20万円、毎月の支払金額5,000円、年利15%の場合)

回数	返済額	元金	手数料	残高
				200,000円
1	5,000円	2,534円	2,466円	197,466円
2	5,000円	2,565円	2,435円	194,901円
3	5,000円	2,597円	2,403円	192,304円
⋮				
10	5,000円	2,830円	2,170円	173,205円
⋮				
40	5,000円	4,087円	913円	69,977円
⋮				
54	5,000円	4,852円	148円	7,176円
55	5,000円	4,912円	88円	2,264円
56	2,292円	2,264円	28円	0円
支払合計	277,292円			

※実際の返済額とは異なる可能性があります。

❀ 分割払いとの違い

リボ払いと混同しないように注意すべき支払方法として「分割払い」があります。分割払いとは、たとえばクレジットカードを利用して商品を購入したとき、その利用金額を自分が決めた支払回数に分割して支払うという支払方法です。なお、利用金額と支払回数に応じた手数料がかかります。

❀ リボ払いのメリット・デメリット

リボ払いは、毎月の支払金額がほぼ一定となるため、家計の管理がしやすいといわれます。

他方で、リボ払いは手数料の負担が大きく、一般的に年利15%程度に設定されていることが多いです。場合によっては、月々の支払金額の半分以上が手数料ということもあり、支払残高がなかなか減らないという事態も想定されます。

また、リボ払いでは、いくらクレジットカードを利用しても一定の金額しか請求されないために、自分がどの程度の金額を利用しているのか把握しづらくなります。利用金額の管理が適切にできていないと、いつの間にか支払残高が膨れ上がっていたという状況に陥ることがあります。

❀ まとめ

リボ払いにはメリットもある一方で、多くのデメリットがあります。リボ払いの支払残高は借金と同じです。リボ払いを利用する場合には、クレジットカードの規約などをよく確認し、その仕組みを理解したうえで、利用金額を適切に管理することが大切です。

キャッシングの返済ができなくなったら？

毎月の生活が苦しく、クレジットカードのキャッシングを利用しました。そのカードも限度額いっぱいになってしまったので、別のカードを作ってキャッシングを利用するというようなことを繰り返していたら、気づけば金額が膨れ上がっていました。私の収入ではとても返済できないのですが、どうすればよいでしょうか。

A

❖ キャッシングとは

「キャッシング」とは、クレジットカードの機能を利用してお金を借りることです。手軽に利用できる反面、無計画に利用して借金の額が膨らんでしまうと、自分の収入によっては返済しきれないという状況が生じます。キャッシングのほか、リボ払い（**Q3-27**参照）にも同様のリスクがあります。そして、借金で借金を返済する状態を「多重債務」といい、早急に債務整理を検討する必要があります。

❖ 債務整理とは

このような状態に陥った場合に、借金（債務）を債権者との交渉や裁判所の法的手続により整理する方法が「債務整理」です。

債務整理は自分ですることもできますが、手続が複雑であることや、弁護士等の専門家が債務整理を受任したことを通知すると、債権者が取立て行為を控えるようになることから、専門家に依頼するメリットが大きいです。

なお、債務整理にあたっては、まず、利息制限法に従い債務残高を計算しなおしますが、その過程で「過払金」（払いすぎた利息）が生じることもあります。この場合には過払分を借金に充当し、充当しきれないときには取り戻せることがあります。

債務整理は、大きくは「任意整理」と「法的整理」の2つに分けられ、「法的整理」には「破産」、「民事再生（個人再生）」および「特定調停」という方法があります。

それぞれの手続の概要について紹介します。具体的にどの方法を選択するかは、専門家に相談したうえで各手続をよく理解して判断してください。

① 任意整理

「任意整理」とは、裁判所を介さずに、債権者との間で、借金を減額または免除してもらったり、支払条件を変更してもらったりするよう交渉を行い、合意できた場合には、その合意内容に従って返済をしていくという方法です。

② 法的整理：破産

「破産」とは、預金や不動産等の財産を処分して債権者に分配し、裁判所が認めれば、残った借金が原則として免除されるという手続です。借金の額が大きい場合には破産を選択することを検討します。

③ 法的整理：個人再生

「個人再生」とは、債権者に対する返済総額を少なくし、その少なくなった後の金額を原則3年間で分割して返済する再生計画を立て、裁判所が認めれば、その計画どおりの返済をすることによって、残った借金が原則として免除されるという手続です。借金の総額や返済可能額によりますが、住宅ローンのある自宅を失いたくない場合には個人再生を選択することを検討します。

④ 法的整理：特定調停

「特定調停」とは、簡易裁判所において、調停委員に債権者との間に入ってもらったうえで、任意整理と同様に、借金の減額または免除や支払条件の変更について債権者と話し合いを行う手続です。

● 債務整理の方法

```
┌ 任意整理（債権者との交渉）
│
└ 法的整理（裁判所における手続）
      ┌ 破産
      ├ 民事再生（個人再生）
      └ 特定調停
```

8 ▶ 賃貸借契約

Q 3-29

家を借りるときの注意点は？

初めて自分で家を借りることになり、気に入ったマンションが見つかったため、契約することにしました。不動産会社から賃貸借契約書を渡されたのですが、見方がわかりません。契約書を見るときの注意点はありますか。

A

❖ 建物賃貸借契約

大学進学や就職をきっかけに一人暮らしを始める人も少なくないと思います。

建物賃貸借契約は、賃貸人（貸す人）が賃借人（借りる人）にマンションなどの部屋を使わせることを約束して、これに対して賃借人が賃料を払うことを約束する契約です。

❖ 契約書の内容をしっかり確認する

民法や借地借家法等の法律に決まりがありますが、やはり一番大事なのは契約書の内容です。

契約書には、さまざまなことが定められていますが、特に注意する点は次のとおりです。

① 支払う費用に関する事項

賃料や管理費（共益費）以外にも敷金、礼金（**Q3-30**参照）、更新料（**Q3-31**参照）などの定めがあります。どのタイミングでどういう費用をいくら支払わなければならないかを正確に把握する必要があります。

② 契約期間に関する事項

いつまで住めるのか、いつ契約更新になるかも重要な事項です。特に契約が定期建物賃貸借（**Q3-43**参照）になっている場合は、契約期間満了時に原則明け渡さなければならない点で通常の普通賃貸借契約とは異なりますので、特に注意が必要です。

③ 契約期間中の中途解約に関する事項

契約期間中に引っ越さないといけなくなること

があるかもしれません。その場合、何か月前に賃貸人に申入れをすればよいのか、また中途解約のペナルティはないかについて確認しておきます。

④ 退去に関する事項

退去する場合の事項も重要です。退去時の原状回復義務の内容についても確認しておきます。

⑤ 部屋を使うときのルール

部屋を使うにあたり、ペット飼育の可否（**Q3-35**参照）、楽器使用の可否などの部屋を使う際のルールが禁止事項の形で定められています。禁止事項に違反すると賃貸人から契約を解除される原因になりますので注意しましょう。

⑥ 設備や修繕に関する事項

エアコンや照明などの設備については、最初から備え付けられてあるものと自分で用意しないといけないものがあります。また、最初から備え付けのものについても、壊れた時に賃貸人が修繕するものと、自分で修繕や取替えをしなければならないものがありますので、あらかじめ契約書で確認しておきましょう（**Q3-40**参照）。

そのほかにも、契約書に記載のある事項については、契約内容となりますので、疑問点がある場合には、賃貸人や仲介会社に納得するまで確認しましょう。

● 賃貸借契約書を見るときのポイント
① 支払う費用に関する事項
② 契約期間に関する事項
③ 契約期間中の中途解約に関する事項
④ 退去に関する事項
⑤ 部屋を使うときのルール
⑥ 設備や修繕に関する事項

Q 3-30

敷金・礼金って何？

賃料10万円のマンションを借りようとしたところ、賃料以外に敷金・礼金などが必要で、初期費用は合計で賃料の6か月分かかると言われました。敷金・礼金とはどういう費用なのでしょうか。

A

❖ 家を借りるときにかかるお金

家を借りるときには、最初に1か月分の賃料を前払いするほかに、管理費（共益費）、敷金、礼金、仲介手数料（仲介した不動産会社に支払う手数料）、保証料（保証会社に保証してもらう場合）、火災保険、引越代などの初期費用がかかり、賃料の6か月分の初期費用がかかることも珍しくありません。これらのうち敷金と礼金についてはその違いを理解しておく必要があります。

❖ 敷金とは

「敷金」とは、賃借人が建物賃貸借契約に基づいて支払わなければならない費用の支払いを担保するために、契約時に賃貸人に預けるお金です。

敷金の目的は、未払賃料のほか、退去時の原状回復費用等、賃借人が賃貸人に支払うべき債務に充てることですが、退去時にこれらの費用に充ててなお残額がある場合には、賃借人に返還されることになります。

注意しないといけないのは、契約中に、賃借人の側から「賃料を払えないので敷金を充ててください」と請求することはできないことです。つまり、賃料以上に敷金を預けているからといって、賃料の支払いを拒むことはできません。

また、敷金について、敷引や敷金償却という項目がある場合があります。これは、預けた敷金から契約で定めた月数分の敷引金や敷金償却額を退去時に差し引くというものです。

これについて判例は、「一般論としては有効で

あるが、敷引金の額が高額に過ぎる場合には、消費者契約法第10条により無効となる」と判断しています（最高裁判所平成23年3月24日判決）。

❖ 礼金とは

「礼金」とは、賃料と別に契約時に賃借人に支払う費用で、ほとんどの賃貸借契約に敷金の定めはありますが、礼金はある場合とない場合があります。退去時にも返還されない点で敷金とは異なります。

建物賃貸借契約の費用の項目の名称は地域による違いがありますし、賃貸人によっても表現が異なることがあります。大事なことは項目の名称よりも、それぞれの費用がどういう性質のものか、特に退去時に返還されるものかどうかをきちんと理解しておくことです。

たとえば、契約書に権利金、保証金などの項目があった場合、それは何のための費用で、敷金のように返還されるのか、礼金のように返還されないものなのかを契約時にきちんと確認し、契約書にはっきり書いていない場合は、契約書にはっきりと書いてもらうようにしましょう。

建物賃貸借契約書

項目表

物 件	東京都〇〇区…… 〇〇マンション〇〇号室
使用目的	住 居
期 間	〇〇年〇月〇日から 〇〇年〇月〇日まで
中途解約	解約日の〇か月前までに申入れ
賃 料	1か月 〇〇円
管理費	1か月 〇〇円
敷 金	賃料の〇か月分
礼 金	賃料の〇か月分

Q 3-31
更新料って払わないといけない？

契約期間がもうすぐ満了になるので、賃貸人から更新の案内が届きました。更新しようと思うのですが、その場合、毎月の賃料とは別に賃料 1 か月分の更新料がかかると言われました。同じ部屋に住み続けるだけなのに更新料を払わなければいけないのでしょうか。

A

❖ 更新料とは

建物賃貸借契約の契約期間が満了する場合、引き続き住み続けたいときには契約を更新する必要がありますが、その際、賃借人が賃貸人に対して支払う金銭を「更新料」といいます。

このような更新料の有効性について、裁判で問題になったことがありますが、最高裁判所は、「更新料条項は、更新料の額が賃料の額、賃貸借契約が更新される期間に照らし高額に過ぎるなどの特段の事情がない限り、消費者契約法10条に当たらず、有効」と判断しました（最高裁判所平成23年7月15日判決）。

更新料の性質については、賃料の後払いの意味合い、将来の賃料を補充する意味合いなど賃料の補充の意味であるという考え方や、争うことなく更新することの対価の意味であるという考え方など、さまざまな考え方がありますが、「最初の契約に更新料の定めがある場合には、更新料を支払わなければならない」という点は共通しています。

これに対し、最初の契約に更新料の定めがない場合は、当然に支払う義務があるものではないため、請求されても支払う必要はありません。

したがって、設例の場合であれば、最初の契約に更新料の定めがある場合には支払わなければならないですし、定めがない場合には支払う必要がないということになります。

❖ 法定更新の場合の更新料

期間満了の際に、合意によって更新をしなかった場合であっても、当然には賃貸借契約は終了しません。賃貸人が賃貸借契約を終了させたい場合には、期間満了日の 1 年前から 6 か月前までの間に更新をしない通知をし、かつ、更新しないことに対する正当な理由が必要とされます。

このような条件を満たさない場合には、法律上、契約期間以外は、従前の契約と同一の条件で契約を更新したとみなされることになります。このような場合の更新後の契約期間は、「期間の定めがないもの」とされます。これは法律上定められた更新であることから、「法定更新」といいます。

法定更新の場合に更新料を支払う必要があるかについては、裁判でも結論が分かれていますが、最初の契約に更新料の定めがあることに加え、その他さまざまな事情から、法定更新の場合であっても更新料を支払う合意があったといえるかどうかで結論が変わります。

したがって、法定更新の場合に更新料を支払う必要があるかどうかは、さまざまな事情によりますので、軽い気持ちで支払う必要がないと判断して契約を解除されないためにも、早めに弁護士に相談してください。

● **更新料について**
- **合意更新の場合**
  → 更新料の定めがあるか否か
- **法定更新の場合**
  → 更新料の定めがあるか否か
    ＋ 法定更新の場合であっても更新料を支払う合意があるか否か（さまざまな事情をもとに判断）

家賃を払い忘れてしまったら？

大学が忙しかったため、借りていたアパートの先月分の家賃の支払いを忘れてしまいました。大家さんから、「賃料不払いで解除します」という内容の手紙が来て、ビックリしています。1回家賃の支払いを忘れただけで、アパートから出ていかなければならないのでしょうか。

A

❖ 賃借人の賃料支払義務

賃貸借契約は、賃貸人（貸す人）が賃借人（借りる人）に物を使わせることを約束し、これに対して賃借人が賃料を支払うことを約束する契約です。

したがって、賃料を支払うことは、賃借人にとって最も重要かつ基本的な義務ということができます。

賃貸借契約においては、賃貸人が、賃料不払いにより賃貸借契約を解除できるのは、以下の場合です。

❶ 賃借人が相当程度の賃料の支払いを怠っている

❷ 賃貸人が賃借人に対し相当な期間を定めて未払賃料の支払いを催告している

❸ 賃借人が❷の期間内に未払賃料を支払わない

これらの要件をすべて満たした場合にはじめて、賃貸人の賃貸借契約の解除が認められることになります。

❖「信頼関係の破壊」が必要

それでは、上記❶の要件の「相当程度の賃料」とはどの程度の賃料を意味するのでしょうか。

たとえば建物を借りる場合には、住居や店舗、いわば生活の拠点として使用することが多く、安易に解除されてしまうと、突然生活の基盤を失われることになり、重大な影響を受けることが考えられます。

そこで、建物賃貸借では、契約違反があった場合であっても、その契約違反の程度が、賃貸人に対する信頼関係を破壊するおそれがあるとは認められない場合には、賃貸人による解除が認められません。

具体的にどの程度の賃料未払いがあれば信頼関係を破壊するおそれがあると判断されるかは一概にはいえませんが、少なくとも1か月分の滞納だけでは、足りないと判断されることが多く、一般的な目安としては、3か月分程度と考えられています。

また、度々支払いが遅れているといった事情も判断の要素となりますので、安易に3か月分まとめて遅れなければよいと判断しないようにしましょう。

設例では、1か月分の未払いのみを解除の理由としており、通常は、信頼関係を破壊するおそれがあるとは認められませんので、アパートを出ていかなくてもよい可能性が高いでしょう。もっとも、他に契約違反がある場合には、それらも含めて信頼関係を破壊するおそれがあるかどうかが判断されることになります。

賃料未払い → 即解除 ✖

賃料未払い ＋ 信頼関係の破壊

※通常は3か月分程度

Q 3-33

家賃保証会社って何？

アパートを借りるときに、大家さんから、「私のお付き合いのある家賃保証会社を保証人に立ててくれないか？」と言われました。私も、もう成人ですし、両親や親戚に迷惑をかけたくないので、家賃保証会社を保証人にすることは賛成なのですが、何か問題はありますか。

A

❖ 家賃保証会社とは

　賃貸借契約を締結する場合、以前は、賃借人の両親や親族等の個人が保証人となることが一般的でした。

　しかしながら、保証人が想定していなかった多額の保証債務を負うことが問題視されていたため、令和2年4月の民法改正により、個人が賃借人等の保証人になる場合には、書面等により極度額（保証の限度額）を明確に定めなければ、保証契約が無効になる定めが新設されました。

　もっとも、極度額の定めが必要なのは、あくまで個人が保証人になる場合に限られ、家賃保証会社等の法人が保証人になる場合には、民法上、極度額の定めは必ずしも必要とはされていません。

　その結果、賃貸人としては、個人を保証人にした場合における保証契約が無効になるリスクや回収できないリスクを回避するために、設例のように、個人ではなく、賃貸人が指定する家賃保証会社等の法人を保証人として立てることを、建物を貸す際の条件とするケースが増えています。

❖ 家賃保証会社との契約

　家賃保証会社を保証人として立てる場合には、賃借人が、家賃保証会社に対し、契約締結時の保証料のほか、毎月一定額を月額保証料として、あるいは、契約締結後1〜2年経過するごとに一定額の更新保証料を支払うことが一般的です。

　賃貸人との賃貸借契約のほかに、家賃保証会社との間で、保証委託契約など保証に関する契約を締結することになります。保証料の金額や支払条件は家賃保証会社によっても異なりますので、賃貸借契約書の内容だけではなく、家賃保証会社との契約書の内容もしっかり確認しましょう。

　なお、家賃保証会社によっては、保証委託契約に催告をすることなく無条件に家賃保証会社からの解除を認めるような規定や、一定の条件下で建物を明け渡したものとみなし、室内の残置物を撤去できるような規定（いわゆる「追い出し条項」）を定めている場合もあります。

● 無催告解除規定の例

　賃借人が賃料等を3か月分以上滞納した場合には、賃料保証会社が、無催告で（一定期間内に支払うように請求することなく）賃貸借契約を解除することができる。

● 追い出し条項の例

　賃借人が、賃料等を2か月以上滞納し、家賃保証会社が合理的な手段をとっても、賃借人本人と連絡がとれない状況であり、電気・ガス・水道の利用状況や郵便物の状況等から建物を相当期間利用していないものと認め、かつ、本件建物を再び占有使用しない賃借人の意思が客観的に見てとれる事情があるときは、賃借人が明らかに反対しない場合には、本件建物の明渡しがあったものとみなすことができる。

　しかしながら、このような規定は、一方的に消費者の利益を害するものとして、消費者保護法等に反する可能性もありますので、契約書の内容をしっかりと確認し、疑問がある場合には、すぐには契約を結ばず専門家に相談するなどして、納得してから契約するようにしましょう。

　賃貸人や物件の管理会社が、追い出し条項に基づき、賃貸借契約が終了したことを理由として、賃借人の承諾を得ずに室内に立ち入って物を運び出したり、鍵を交換したりすることがあります。

　しかしながら、法律の手続によらずに実力行使をすること（自力救済）は禁止されているので、緊急でやむを得ない事情がない限りは違法となります。

万が一、このような対応をとられた場合には専門家に相談しましょう。

✳ 家賃保証会社が月々の賃料を立替払いするケース

家賃保証会社を保証人として立てる際には、賃借人が賃貸人に直接家賃を支払う場合のほか、まず家賃保証会社が賃貸人に家賃を立て替えて支払った後、賃借人が家賃保証会社に立て替えてもらった家賃を支払うといったケースもあります。

この場合、仮に賃借人が家賃保証会社に対して3か月分以上の賃料が未払いであっても、賃貸人は家賃保証会社から賃料の支払いを受けていることになります。

では、このケースにおいて賃貸人が3か月分以上の賃料未払いを理由に賃貸借契約の解除を主張した場合、賃借人は、家賃保証会社による立替払いを理由に解除は認められないとして、建物の明渡しを拒むことはできるでしょうか。

たしかに、賃借人が家賃保証会社に対して賃料を支払わない場合であっても、賃貸人が、家賃保証会社からすでに家賃の立替払いを受けている場合には、そもそも解除の原因になる「賃料の未払い」がないとも考えられそうです。

しかしながら、多くの裁判例では、家賃保証会社が賃貸人に対して家賃を立替払いしている場合であっても、あくまで家賃保証会社自身の義務として支払っているものであり、賃借人が支払期限内に支払ったものではなく、同じように考えることはできないとして、賃借人の賃料未払いを理由とした賃貸人の解除を認めています。

したがって、家賃保証会社が賃料を立て替えて支払ってくれる場合であっても、賃借人自身が3か月分程度の家賃を滞納した場合には建物から追い出されることになりかねませんので、家賃は約束の日までにはしっかり支払いましょう。

● **保証委託契約等の注意点**
- ・契約内容の確認
  （保証料の金額・支払条件等）
- ・疑問点は専門家に相談
- ・賃料等は支払期限内に

Q 3-34

友人に又貸ししてもいい？

大学を休学し、1年間、アメリカへの短期留学を考えています。1年後に帰国した際に新しい家を探すのも大変なので、現在借りているアパートに帰ってくる予定です。ただ、その間、賃料を支払うのももったいないので、留学期間中、友人にアパートを又貸しして、家賃を負担してもらおうと思っています。大家さんに相談せずに友人に又貸ししても大丈夫ですか。

A

❀「転貸借」とは

設例のように、賃借人が自分の契約関係を続けたうえで、借りている物をさらに友人等のような第三者に又貸しすることを「転貸借」といいます。

このような場合、当初の契約の賃借人を「転貸人」、新たに借りた第三者を「転借人」といいます。

❀ 転貸した場合の契約関係

まず、大家さん等の賃貸人の承諾をもらったうえで転貸した場合には、特に問題はありません。その場合には、従前の賃貸借契約がそのまま継続し、これを基礎としたうえに、転貸人と転借人との間でも転貸借契約関係ができるということになります。

これに対し、賃貸人に無断で転貸した場合には、原則契約違反となり、賃貸借契約は解除されてしまうことになります。

建物賃貸借契約は、当事者間の信頼関係に基づく継続的な契約であり、勝手に第三者に又貸しすることは信頼関係を破壊するものであると考えられているため、原則として、民法上も解除の理由になるものとされているからです。

もっとも、信頼関係の破壊を理由とするものですから、無断転貸の場合であっても、他に賃貸人に対する信頼関係を破壊するおそれがあるとは認

められない特別な事情がある場合には、例外的に、賃貸人による解除は認められません。

具体的には、賃借人が、個人として店舗を借りており、自身で経営している法人に転貸した場合など、転貸人と転借人が事実上同一である場合や、災害に遭って住むところのない親族に対し、移転先が見つかるまでの短期間の間だけ住まわせるといったやむを得ない事情がある場合等が考えられます。

このような特別な事情がない場合には、無断で転貸すると賃貸人から賃貸借契約を解除され、明渡しを求められて退去せざるを得ないことになります。

設例では、転貸期間が1年間と比較的長期間であり、転貸の相手も親族ではない友人です。また、住むところがないといった事情もないので、特別な事情が認められず、大家さんから明渡しを求められた場合には、退去しなければならないと判断される可能性が高いでしょう。

このように無断転貸が認められるかはケースごとに判断が異なりますので、いかなる事情があったとしても、又貸しする際には、事前に賃貸人に相談し、承諾をとっておきましょう。

無断転貸 → 原則解除

【例外】
特別な事情がある場合(転貸人と転借人が事実上同一である場合、またはやむを得ない事情がある場合等)には解除できない。

Q 3-35

内緒でペットを飼ったら
どうなる？

一人暮らしを始め、念願だった猫を飼い始めました。数か月後、そのことをどこからか聞きつけた大家さんから「うちのアパートはペット禁止です！ 今すぐペットの飼育をやめてください！」と言われてしまいました。私はアパートを追い出されてしまうのでしょうか。

A

❖ まずは賃貸借契約書を確認

ペットは、飼っている人にとっては家族同然かもしれませんが、大家さんからしてみると、建物を傷つけ、臭いや物音等で隣家に迷惑を及ぼす可能性のある存在です。そのため、多くの場合、賃貸借契約ではペットの飼育を禁止する条項が設けられています。まずは、賃貸借契約書を確認して、ペット飼育禁止の条項があるかどうかについて確認してみましょう。

❖ ペット飼育禁止の条項がある場合

賃貸借契約書を確認して、ペット飼育禁止の条項がある場合、これに反してペットを飼育すると、契約違反をしていることになります。

ただし、建物賃貸借契約では、契約違反をしたからといってただちに住まいを追い出されるわけではありません。その契約違反が大家さんとの間の信頼関係を破壊する程度のものでなければ、大家さんは賃貸借契約を解除することができず、住んでいる人を無理矢理追い出すことはできません。

したがって、あなたが大家さんに注意されてからすぐに実家に猫を預けたりするなどしてペットの飼育をやめれば、いまだ大家さんとの信頼関係は破壊されていないと判断され、アパートを追い出される可能性は低いでしょう。

他方、度重なる大家さんからの注意を無視して猫を飼い続けたり、猫の排泄物等を適切に管理せ

ずアパートを不衛生にした等の事情がある場合には、大家さんとの間の信頼関係が破壊されたと判断され、アパートから追い出される可能性が高くなります。

❖ ペット飼育禁止の条項がない場合

ペット飼育禁止の条項がない場合には、原則としてペットの飼育は自由です。したがって、大家さんが後からペットの飼育は禁止だといっても、それだけであなたがアパートを追い出されることは基本的にありません。

しかし、あなたが大家さんから部屋を借りて住んでいる以上、あなたはその部屋の使用方法を守って住む義務を負っています。そのため、ペットの飼育状況が通常許容される範囲をはみ出している場合には、この義務に違反するとして賃貸借契約を解除されてしまうことがあり得ます。過去の裁判例には、契約書にペット飼育禁止の条項はないものの、賃借人が10匹ほどの猫を10年近くも不衛生な状態で飼育し、近所に「猫屋敷」と呼ばれるようになってしまったような事案で契約解除が認められたものもあります。

● **ペット飼育禁止の条項がある場合**
→ 契約違反（ペット飼育）＋信頼関係破壊
　＝契約解除（退去）

● **ペット飼育禁止の条項がない場合**
→ 飼育状況が通常許容される範囲内であれば、
　ペットの飼育は自由

Q 3-36

隣家の音がうるさい。どうしたらいい？

アパートを借りて住んでいるのですが、隣の部屋の住人が、連日、真夜中に大きな音で楽器を演奏していて、夜も眠れません。どうしたらよいでしょうか。

A

❈ 管理人等に相談して注意してもらう

特に、アパートやマンションなどの集合住宅においては騒音トラブルが後を絶ちません。その場合、最も直接的な解決方法は、騒音の原因となっている隣人と直接交渉することですが、当事者同士顔を合わせるとさらなるトラブルに発展するケースもあります。そこで、まずは管理人や大家さんに状況を説明して、隣人に注意してもらうのがよいでしょう。管理人や大家さんが注意しても状況が改善しない場合には、以下のような法的手段が考えられます。

❈ 隣人に対する差止請求

まず、隣人に対して、騒音を出すことをやめるよう請求することが考えられます（正確には、「○dBを超える騒音を原告の家屋内に侵入させてはならない」という不作為請求をすることになります）。

差止請求が認められるかどうかは、主に隣人の行為に違法性があるか、具体的には「諸事情を考慮して、その騒音の程度が社会生活上受忍すべき限度（受忍限度）を超えているか」という基準によって判断されます。

この受忍限度の判断にあたって考慮される事情として判例が示すのは、主に次の5つです（最高裁判所昭和56年12月16日判決参照）。これらの事情に基づいて隣人の行為の違法性を主張・立証することになります。

① 侵害行為の態様、侵害の程度

② 被侵害利益の性質と内容

③ 所在地の地域環境

④ 侵害行為の開始とその後の継続の経過および状況

⑤ その間にとられた被害の防止に関する措置の有無およびその内容、効果等

❈ 隣人に対する損害賠償請求

隣人の行為によって生活に支障をきたしたり、心身の健康を害した場合には、損害賠償請求をすることも考えられます。差止請求が騒音を出すことをやめるよう求める請求であるのに対して、損害賠償請求は騒音によって被った損害をお金で補填することを求める請求になります。

この場合も差止請求と同様、違法性の有無、すなわち、騒音が受忍限度を超えているかどうかが重要になります。

❈ 賃貸人に対する請求

隣人に対してだけでなく、賃貸人に対して損害賠償請求をすることも考えられます。

賃貸人には、賃貸借契約に基づき、貸借人が借りている部屋を円満に使用収益できる状態に維持すべき義務があります。したがって、隣人が受忍限度を超える騒音を出している場合には、賃貸人はその是正に努める義務があり、被害の態様・程度によっては隣人を立ち退かせることまで求められます。

賃貸人がこのような義務に反していると認められる場合には、損害賠償請求が認められることになります。

その他、賃貸人に対する請求としては、騒音によって部屋の使用収益ができなかった部分に応じて、賃料減額請求をすることも考えられます。

Q 3-37

上階から水漏れ。どうしたらいい？

家に帰ると、借りているマンションの部屋中が水浸しになっていました。管理人に原因を調べてもらうと、上階の住人がお風呂の水を出しっ放しで外出した結果、風呂場からあふれた水が下階の私の部屋まで漏れてきていたようです。急にこんなことが起きてどうしたらいいかわかりません。私は誰にどんな請求ができるのでしょうか。

A

❖ まずは管理会社に連絡を

水漏れが発覚した場合、貴重品の避難等の損害拡大防止措置を行った後は、まずは管理会社や大家さんに連絡をして状況を伝えましょう。管理会社の担当者等が駆けつけ、原因調査を行ってくれることが一般的です。

このとき、今後の損害賠償請求の証拠としたり、保険の請求をしたりする場合に備えて、自分でも部屋の状況を保存しておきましょう。水が漏れている様子や、被害を受けた家具等の状態がわかるように、写真や動画を撮るのがよいでしょう。

❖ 上階の住人に対する請求

設例の水漏れは、上階の住人がお風呂場から水をあふれさせたことが原因です。しかも、お風呂の水を出しっ放しにしたまま外出しており、上階の住人の過失によってこのような水漏れ被害が生じたことは明白です。

したがって、この場合、上階の住人に対し、今回の水漏れによって生じた損害について損害賠償請求をすることが可能です（民法709条）。たとえば、ふやけて使えなくなった本の価値や、水浸しになって故障してしまったパソコンの修理代、濡れて使い物にならなくなった壁紙の修繕費、汚れた部屋のクリーニング代等を請求することができます。

❖ 賃貸人に対する請求

では、水漏れの原因に直接的には関係のない賃貸人へは、何か請求できることはあるのでしょうか。

賃貸人は、民法上、賃貸物の使用および収益に必要な修繕をする義務を負っています（民法606条1項）。したがって、賃借人は賃貸人に対して、水漏れにより修繕が必要になった賃貸物について修繕するよう請求することができます（たとえば、水漏れによって電気系統の工事が必要になった等）。

また、水漏れによって賃借物の一部が使用・収益することができなくなった場合には、その部分の割合に応じて、賃料を減額することができる可能性があります（同法611条1項）。公益財団法人日本賃貸住宅管理協会が公表する「貸室・設備等の不具合による賃料減額ガイドライン」によれば、雨漏りによる貸室の利用制限が7日間を超える場合には、利用制限の状況に応じて5～50％の賃料減額が目安として示されています。

❖ 保険の請求

賃借人は、マンションを借りる際に火災保険に加入していることが一般的です。火災保険の内容によっては、水漏れによって生じた損害について補償される可能性があります。ご自身の保険内容を調べて、場合によっては保険会社に問い合わせてみましょう。

- ● 水漏れを起こした人に対する請求はもちろん、賃貸人に対しても請求できることがある
- ● 保険の請求も忘れずに

Q 3-38

大家が変わったら家賃はどっちに支払う？

大学の授業を終えて、家に帰宅し、郵便ポストを見たところ、大家さんが変わったという内容の手紙が入っていました。新しい大家さんの振込先の口座も書いてあります。ところが、前の大家さんからも、家賃を支払ってほしいと言われています。どちらに家賃を払ったらよいのでしょうか。

A

❀ 賃貸人の変更（オーナーチェンジ）

建物を貸している人を「賃貸人」、建物を借りている人を「賃借人」といいます。

そして、賃借人が、建物の「引渡し」を受けているときは、新しい大家さんが賃貸人となり、前の大家さんは賃貸人ではなくなります（民法605条の2第1項、借地借家法31条）。

ここでいう建物の「引渡し」とは、占有の移転を受けること、すなわち、マンション賃貸の場合、入居を開始する時点で、大家さんより、部屋を空室にしてもらい、鍵の交付を受けることを指します。

前の大家さんから、建物の「引渡し」を受けて居住を開始した後に、途中で大家さんが入れ替わった場合には、新しい大家さんが新しい賃貸人となります。

そして、オーナーチェンジについて争いがないならば、新しい大家さんが賃貸人であることが確実なので、新しい大家さんに家賃を支払いましょう。

ただし、オーナーチェンジがあった時から家賃の支払先が変更になります。そのため、オーナーチェンジの時期がわからない場合には、次のとおり、建物の登記を確認する必要があります。

❀ 建物の登記を確認

新しい大家さんと前の大家さんとの間でオー

ナーチェンジに争いがある場合、あるいは、オーナーチェンジの時期がわからない場合には、建物の登記を確認しましょう。

なぜなら、賃借人が賃料を支払うべき相手は、その建物の登記を保有している人だからです（民法605条の2第3項）。通常は、新しい大家さんに頼めば見せてくれると思いますが、見せてくれないときは自分で取得する必要があります。

登記の取得方法については、まず、①建物の住所を確認します。

そして、②住所から、「家屋番号」を確認します。登記を取得するためには、地番や家屋番号を申請書に記載する必要があるからです。契約書に記載がある場合には、記載された地番や家屋番号をもとに、登記の取得の申請を行うことになります。記載がない場合には、管轄によっては、住所がわかれば地番と家屋番号を教えてくれることもありますので、まずは管轄の法務局に電話で問い合わせましょう。教えてくれない場合でも、一般財団法人民事法務協会が運営している「登記情報提供サービス」を利用することで、住所から地番や家屋番号を調べることができます。地番と家屋番号がわかれば、③オンラインでも登記を取得できますし、最寄りの法務局でも取得することができます。

● 登記の取得方法

| ① 建物の住所を確認する |

| ② 住所から家屋番号を確認する（住所≠家屋番号であることに注意） |

| ③ 最寄りの法務局に行くか、オンラインによる方法で、登記を確認する |

登記を確認した結果……
→登記が移転されていなければ、前の大家さんに家賃を支払う
→新しい大家さんに登記が移転した時点から、新しい大家さんに家賃を支払う

家賃の値上げには応じなきゃいけない？

家でゆっくりテレビを見ていたところ、大家さんがやって来て、「来月から家賃を上げたい」と言われました。家賃の値上げに応じない場合、私を家から追い出すと言っています。私としては、今の家は気に入っていて、引っ越しも面倒ですから、出ていきたくありません。他方で、家賃の値上げにも応じたくもありません。どうしたらよいでしょうか。

A

❖ 賃料の増減のルール

　民法には「私的自治の原則」というルールが存在し、契約の内容も、契約当事者の間で自由に決定することができるという「契約自由の原則」というルールが採られています（民法521条）。

　したがって、家賃をいくらにするかについても、当事者間の合意で自由に決められるのが原則になります。

　設例において、大家さんの要求に応じた場合には、増額した金額が合意した内容として家賃の金額となります。また、居住用建物の賃貸借契約ではあまり一般的ではないですが、賃貸借契約書に自動的に家賃が増額される条項が定められている場合には、それが合意内容となっているので、不合理な内容でない限りは応じなければなりません。

　これに対し、賃貸借契約書に自動的に家賃を増額する条項がない場合には、借地借家法の規定が適用されます。具体的には、以下の事情により定められた賃料が不相当となったときには、賃貸人もしくは賃借人は、相手方に対して、賃料を相当な額に増減するよう求めることができるとされています。

❶ 土地もしくは建物に対する租税その他の負担の増減

❷ 土地・建物の価格の上昇もしくは低下その他の経済事情の変動

❸ 近隣にある同種の建物の家賃の変動

　❶については、家賃の金額を直近で当事者間が合意した時から、大家さんが土地や建物について支払っている租税、固定資産税、都市計画税等の負担が増減した場合等が考えられます。地域によっても異なりますが、家賃の金額が相当かどうかは、租税、固定資産税、都市計画税等の大家さんが負担している金額の何倍程度の幅に家賃が収まっているかによって判断されることもあるので、かかる事情が変わったことが、増減の理由の一つとされます。

　❷については、家賃の金額を直近で当事者間が合意した時から、不動産（土地、建物）の価格等が増減した場合が考えられます。家賃の金額を決める際には、賃貸する不動産自体の金額によっても影響を受けますので、不動産（土地、建物）の価格の増減も、家賃の増減の理由の一つとされます。バブルが崩壊した平成３年頃には、不動産の価格が大幅に下落し、家賃の減額を求める請求が頻発しました。

　❸については、家賃の金額を直近で当事者間が合意した時から、賃貸の対象となっている建物と同一条件の周辺建物の家賃相場が増減した場合が考えられます。周辺の家賃相場と実際の家賃の金額の差が大きい場合には、増減請求が認められる原因の一つとされます。

　もっとも、❶～❸の事情もあくまで家賃が著しく不相当と判断される原因の一つであり、最終的には、これらの事情以外の事情（物価の変動等）も含めて、家賃が不相当になっているかどうかが総合的に判断されますので、極めて専門的な知識や経験が必要とされます。

　ただし、賃貸借契約の中に、一定の期間、家賃を増額しない旨の条項がある場合には、こちらの

条項が優先されますので、増額に応じる必要はありません。

　また、賃貸借契約書に家賃の増額についての定めがない場合において、大家さんの要求する増額が相当な金額かどうかを判断することは、近隣の家賃変動などさまざまな事情を考慮する必要があるため難しいです。そこで、借地借家法では、増額請求を求められた賃借人は、増額について裁判で争う場合には、裁判が確定するまでの間、自分が相当と認める金額を支払えば足りるとされており、少なくとも裁判が確定するまでは、値上げ前の金額を支払っていれば出ていく必要はありません。

❖ 貸借人からの執拗な要求がある場合

　大家さんがどうしても家賃を増額したいという場合、裁判所を通じた手続をとる可能性があります。

　賃料の増額については、「調停前置主義（ちょうていぜんちしゅぎ）」といって、訴えを起こす（訴訟を提起する）前に、調停（第三者が当事者の間に入ることによって、紛争の解決を図ること）をしなければならないとされています。調停で協議がまとまらなかった場合には、訴えを起こされる可能性があります。

　訴えを起こされた場合には、自分で対応してしまうと、裁判で負けてしまう可能性もあります。さらに、万が一裁判で負けてしまった場合には、賃貸人から家賃の増額の請求を受けた時にさかのぼって、裁判で定められた金額とそれまで実際に支払っていた金額の差額に年1割の利息を付けて支払わなければならないとされていますので、思っていたよりも多い金額を支払う事態にもなりかねません。そのため、訴えが起こされた場合は、弁護士に相談しましょう。

　また、訴えを起こされていない場合でも、大家さんが執拗（しつよう）に家賃の増額や家からの退去を求める場合には、弁護士が間に入ることによって解決することもありますので、早めに弁護士に相談しましょう。

● 判断のポイント

- ・賃貸借契約書に、家賃の増減についての条項があるか
- →あれば、それに従う。なければ借地借家法の規定に従う

- ・大家さんが裁判を起こしてきている
- ・大家さんが執拗に家賃の増額や家からの退去を要求してきている
- →早めに弁護士に相談する

Q 3-40
エアコンが壊れたら 自分で直さなきゃいけない？

真夏の暑い日に、エアコンが壊れてしまいました。エアコンの修理費は結構高いですし、このまま我慢するか、それとも自分で直すか考えています。もし可能であれば、大家さんに修理費を請求したいのですが、大家さんに支払ってもらうことはできるのでしょうか。

A

✿ まずは所有者を確認

賃貸物件内の設備や備品については、原則、所有者の資産ですので、所有者が自分の資産について修理費用や交換費用を負担することになります。賃貸物件の備品については、通常、賃貸借契約書または重要事項説明書に誰の所有物か記載されていますので、まずは契約書を確認しましょう。

壊れたエアコンが大家さんの所有物である場合には、基本的には修理費用や交換費用は大家さんの負担になります。

そもそも、壊れたエアコンが、前の借主が置いていったものであり、大家さんの所有物ではない場合には、賃貸借契約書に、修理費用や交換費用の負担について賃借人の自己責任で使用を認めることが定められていることが多いので、その場合には請求することは難しいです。

✿ 経年劣化によりエアコンが壊れた場合

民法608条１項は、「賃借人は、賃借物について賃貸人の負担に属する必要費を支出したときは、賃貸人に対し、直ちにその償還を請求することができる」と定めています。

つまり、エアコンの修理費が、民法にいう「必要費」に該当すれば、賃貸人（大家さん）に請求することができることになります。

ここでいう「必要費」とは、「物を普通に使用していれば生じる損耗の費用」を指し、たとえば、

経年劣化（通常の使用による劣化）により壊れた場合もこれにあたります。

そのため、普通に使っている中で、エアコンが寿命により壊れた場合は、賃貸人に修理費を請求できるのです。

✿ 必要費にあたらない場合

では、エアコンが経年劣化以外の理由により壊れた場合はどうでしょうか。

わざと壊した場合は、普通に使用している範囲を超えてしまうので、「必要費」にはあたらず、賃貸人に修理費は請求できません。

たとえば、部屋を借りている本人が壊した場合だけでなく、招き入れた友人がわざと壊した場合も、賃貸人に修理費を請求することはできません。なお、友人がわざと壊した場合、友人に対して修理費を請求できる場合がありますが、証拠を集める必要があり煩雑です。つまり、家に人を招き入れる際は、注意しなければならないということです。

さらに、台風や地震などの突発的な出来事によって壊れた場合も、普通に使用している範囲の損耗にはあたらないので、賃貸借契約書において「不可抗力の場合には賃貸人の負担で修理・交換する」などの約束になっていない限りは、当然には「必要費」にはあたりません。なお、保険によってはエアコンの故障についても補償を受けられるものもあるため、入居時に加入した保険や賃貸人が加入している保険で解決できる可能性もあります。賃貸人とのトラブルを避けるためにも、台風や地震によってエアコンが壊れたことを早めに大家さんに報告しましょう。

● **必要費**
→物を普通に使用していれば生じる損耗の費用
ex.) 経年劣化(寿命)により壊れた場合

Q 3-41

契約期間が満了したら出ていかなきゃいけない？

住んでいる賃貸アパートの契約期間が半年後に満了するのですが、先日、アパートの大家さんから、「賃貸借契約の更新はしないから出て行ってほしい」と言われてしまいました。私はまだこのアパートに住んでいたいと思っているのですが、契約期間が満了したら出ていかないといけないのでしょうか。

A

❖ 更新拒絶とは

　土地や建物の賃貸借についてのルールを定める借地借家法においては、当事者（たとえば貸主）が期間満了の1年前から6か月前までの期間に、相手方（たとえば借主）に対して賃貸借契約の更新をしない旨の通知（「更新拒絶」といいます）をしなかったときは、従前の契約とほぼ同じ条件で契約を更新したものとされます（同法26条1項）。

　このように、更新拒絶がされない限り、契約期間が満了しても、それまでの契約が更新されることになるので、借りているアパートから出ていかなければならないわけではありません。他方で、正当な更新拒絶がされた場合には、期間満了により出ていかなければなりません。

❖ 解約申入れとは

　建物の賃貸人（貸主）が、賃貸借契約の解約の申入れをした場合においては、建物の賃貸借契約は、解約申入れの日から6か月を経過することによって終了します（借地借家法27条）。

　正当な解約申入れがされた場合には、契約期間にかかわらず、解約申入れから6か月を経過するまでに出ていかなければなりません。

❖ 更新拒絶、解約申入れの要件

　では、更新拒絶や解約申入れは、どのような場合でも行うことができるのでしょうか。

　この点について、賃貸人による更新拒絶や解約申入れは、「正当の事由」がなければすることができません。

　そして、「正当の事由」の有無は、次の❶～❺について、❶を主たる要素とし、❷から❺を補完的な要素として総合的に考慮して判断されます。

❶ 建物の賃貸人および賃借人のそれぞれが建物の使用を必要とする事情

❷ 建物の賃貸借契約における従前の経過

❸ 建物の利用状況

❹ 建物の現況

❺ 財産上の給付（立退料等の提供）

❖ 正当事由の具体例

　たとえば、大家さんが契約を更新してくれない理由が、アパートが老朽化しているため建て替えを予定していることであったとします。このとき、アパートが今にも倒壊してしまうほどに老朽化しているとすれば、大家さんが自己使用する必要性が低くても、正当事由が認められる場合があります。

　一方で、老朽化の程度が上記の場合ほどではないという場合には、借主側の使用の必要性や立退料による正当事由の補完がされているかどうかなどの事情が考慮されます。

　いずれにしても、期間が満了するからといって、必ず出ていかなければならないわけではありませんので、大家さんと話し合いをすることが重要です（なお、定期建物賃貸借の場合については、**Q3-43**を参照してください）。

Q 3-42
退去時の原状回復義務の範囲は？

これまで借りていたアパートを大家さんに明け渡したのですが、大家さんから、「壁紙が汚れているし、フローリングも傷ついているので、すべて張り替える」などと言われ、敷金が返ってこないばかりか、追加の費用を請求されました。このような費用は、アパートを借りていた私が負担すべきものなのでしょうか。

A

❀ 賃借人の原状回復義務とは

賃貸借契約における賃借人の原状回復義務とは、賃借人の居住、使用により発生した建物価値の減少（たとえば、壁紙を汚したり、フローリングを傷つけたりというようなことです）のうち、賃借人がわざと傷つけたり、不注意によって傷つけたり、その他通常の使用を超えるような使用によって傷つけたりした場合のその損傷を復旧する義務のことをいいます。

❀ 原状回復義務の範囲

原状回復の費用は、原則として賃借人が負担します。

もっとも、賃貸借契約が終了したとき、どのような場合であっても賃借人が壁紙やフローリングの張り替え費用のすべてを負担しなければならないわけではありません。

この点、賃貸借契約における原状回復義務については、賃貸人と賃借人とのトラブルが多いことから、国土交通省が、「原状回復をめぐるトラブルとガイドライン」（以下「ガイドライン」といいます）を定めています。

ガイドラインにおいては、賃借人の故意・過失、善管注意義務違反、その他通常の使用を超えるような使用による損耗等については賃借人が負担すべきとされていますが、自然的な劣化、損耗等（経

年変化）および賃借人の通常の使用により生じる損耗等（通常損耗）については賃貸人が負担すべきとされています。

この点については、令和2年に改正された民法621条においても、明確に規定されました。

● 民法621条（賃借人の原状回復義務）

賃借人は、賃借物を受け取った後にこれに生じた損傷（通常の使用及び収益によって生じた賃借物の損耗並びに賃借物の経年変化を除く。以下この条において同じ。）がある場合において、賃貸借が終了したときは、その損傷を原状に復する義務を負う。ただし、その損傷が賃借人の責めに帰することができない事由によるものであるときは、この限りでない。

❀ 原状回復についての特約について

原状回復についての法律上の定めは先に述べたとおりですが、賃貸人と賃借人との間の個別の賃貸借契約においては、通常の使用による損耗・毀損についても賃借人が原状回復義務を負うものとする特約が定められている場合があります。

このような賃借人の義務を重くするような特約を定めることは可能です。もっとも、ガイドラインにおいては、そのような特約は、①特約の必要性があり、かつ、暴利的でないなどの客観的、合理的理由が存在すること、②賃借人が特約によって通常の原状回復義務を超えた修繕等の義務を負うことについて認識していること、③賃借人が特約による義務負担の意思表示をしていることという要件を満たしていなければ、効力を争われる（有効な特約とは認められない可能性がある）ことに十分注意すべきであるとされています。

入居時点で壁紙やフローリングに傷などがある場合には、退去時に争いになるケースに備えて、入居時の建物の状況の写真（傷や汚れがあるところなど）を撮っておくのも有効です。

Q 3-43

定期建物賃貸借って何❓

引っ越しをしようと思って不動産情報サイトを見ていたら、間取り、設備、築年数などは同等なのに、周辺物件の相場よりも家賃の安い物件を見つけました。良い物件なので、賃貸借契約を締結しようかと思うのですが、「定期建物賃貸借」という記載があることが気になります。これはどのような意味なのでしょうか。

A

❈ 定期建物賃貸借とは

　期間の定めがある賃貸借をする場合においては、書面によって契約をするときに限り、契約の更新がないこととする旨を定めることができます。そして、このような定めのある賃貸借契約を「定期建物賃貸借」といいます。この場合、契約の更新はされないため、期間の満了により賃貸借は終了します。

　賃貸人が、期間満了時に賃借人を確実に退去させたい、または期間満了時に契約条件を大幅に変更する可能性を残したいと考えているときに利用されることがあります。

　定期建物賃貸借契約においては、契約書で、①当事者（貸主と借主）、②期間、③建物の賃貸借であること、④賃貸借契約の目的となる建物の特定、⑤契約の更新がないこと（期間の満了により賃貸借が終了すること）が定められていなければなりません。

❈ 定期建物賃貸借契約は契約の更新がない

　通常の賃貸借契約においては、当事者の合意があった場合には、合意した条件で契約が更新されます（「普通建物賃貸借」といいます）。また、当事者が期間満了の1年前から6か月前までの期間に、相手方に対して賃貸借契約の更新をしない旨の通知をしなかったときは、従前の契約とほぼ同じ条件で契約を更新したものとされます（なお、更新拒絶等には正当事由が必要であり、この点についてはQ3-41を参照してください）。

　これに対して、定期建物賃貸借契約においては、普通建物賃貸借契約のように更新がされることはなく、契約期間の満了により賃貸借は終了します。なお、再契約がされることもあり得ますが、貸主は正当事由がなくても再契約を拒否することができるので、借主の権利はとても弱くなっています。

　なお、このように、契約の更新がなく期間の満了により賃貸借が終了することについては、貸主は借主に対して、この旨を記載した書面（賃貸借契約書とは別途の書面が必要であると考えられています）を交付して説明しなければなりません。この説明がない場合には、「契約の更新がない」という約束は無効になります。

❈ 定期建物賃貸借契約における期間の定め

　定期建物賃貸借契約においては、1年未満の期間を定めることも可能ですから、賃貸借の期間が、借りることを希望する期間を下回っていないかについて十分注意する必要があります。

　他方で、定期建物賃貸借契約により住居を借りている借主は、やむを得ない事情がある場合に限り解約を申し入れることができ、いつでも自由に解約できるわけではないことにも注意が必要です。

❈ まとめ

　定期建物賃貸借契約をするときには、以上のことをよく理解したうえで、契約終了後の住居のこともよく考えておくことが大切です。

● **賃借人にとっての定期建物賃貸借契約のメリット**
  ・賃料が低い場合がある

● **賃借人にとっての定期建物賃貸借契約のデメリット**
  ・契約の更新がない
  ・自由に解約できないことがある

第4章

事故に関する法律知識

Q 4-1

保険って何？

一口に保険といっても、いろいろな種類があります。し、内容も難しそうです。代表的な保険の種類と特徴をわかりやすく教えてください。

A

❁ 保険の仕組み

現代社会では、天災・人災を問わず、偶然発生する災害のリスクが多く存在しています。保険制度は、大数の法則に基づく確率論により、一定の集団に属する人々があらかじめ資金を拠出して、リスクを分かち合うことで不安を取り除く仕組みです。「一人は万人のために、万人は一人のために」という標語は、保険の仕組みのイメージを表わしたものです。

保険を活用することで、将来の不安を軽減させることができます。「備えあれば憂いなし」という言葉があります。保険をかけても災害のリスクがゼロになるわけではありませんが、適切に保険を活用してリスクをコントロールできれば、「憂いあれども備えあり」とすることができるでしょう。

❁ 保険の種類

「リスクあるところ保険あり」と言われるように、保険の種類はさまざまです。主なものを紹介します。

① 公的保険

政府や地方自治体が主体となって運営する保険です。国民健康保険、雇用保険（失業保険）等があります。

② 生命保険

人の死亡や疾病による入院を対象に一定額が支払われる保険です。

③ 損害保険

偶然の事故（火災、台風、地震、自動車事故、日常生活上の事故等）を対象とする保険です。事故が発生すると一定額が支払われるタイプ（定額給付型）と、損害の程度に応じて支払われる金額が変わるタイプ（実損填補型）があります。

身近なリスクへの対処という観点から、損害保険の種類をもう少し詳しく紹介します。

❁ 自動車保険

自動車事故による損害を補償します。他人を死亡させたりケガをさせた場合に備える「対人賠償保険」、他人の車両や家屋を傷つけたり壊したりした場合に備える「対物賠償保険」、交通事故で自らがケガをした場合に備える「人身傷害保険」、自らの車両の損傷や盗難に備える「車両保険」、等があります。

対人賠償保険と対物賠償保険は、加害者になった場合に被害者に対する補償資力を確保することにつながるものです。対人賠償保険には、法律で加入が義務づけられている自賠責保険（強制保険）と、その上乗せ補償となる任意保険があります。人身傷害保険や車両保険は、賠償請求できる加害者がいてもその加害者からの賠償が受けられない場合や単独事故の場合等に備えるものとなっています。

保険料（掛け金）は自動車の車種や運転者の年齢、過去の事故歴等によって異なります。

事故の際に必要となるレッカーの手配や、相手方との示談交渉の代行、弁護士に依頼する際の費用の補償等、さまざまなサービスを特約として付帯することもできます。誰も事故を起こそうと思って車の運転をするわけではないですが、万一事故を起こしてしまった場合にどのような補償が必要になるのかをよく確認して契約することが大切になります。

❁ 火災保険、地震保険

火災、落雷、台風、地震、津波等を対象に、家屋や家財の損害に備える保険です。通常の火災保険では地震や津波による損害は補償されませんので、注意が必要です。

❖ 個人賠償責任保険

　日常生活における賠償責任（自動車事故は除く）に備える保険です。自転車を運転して他人にケガをさせた場合、ベランダから植木鉢等が落下して通行人に当たりケガをさせた場合、不注意でマンションの下の階に水漏れを生じさせた場合等、自動車事故以外で賠償責任を負う場面は多々あります。

　特に自転車運転中に歩行者や他の自転車運転者にケガをさせる事故は多く発生していますし、死亡や後遺障害の残存といった重大な結果が生じるケースも珍しくありません。賠償金額が高額になるケースも少なくないことから、多くの自治体（都道府県）では自転車にも賠償保険への加入を義務づけています。自転車を運転する人は、自動車と同様に賠償責任保険への加入は必須と考えるべきでしょう。

❖ 海外旅行傷害保険

　海外旅行中のケガをはじめ、病気や賠償責任、携行品の盗難等、海外旅行にまつわるさまざまなリスクに備える保険です。

損害保険の種類

自賠責保険		他人を死傷させた場合の賠償責任を補償(強制保険)
自動車保険	対人賠償責任保険	他人を死傷させた場合の賠償責任を補償(任意保険)
	対物賠償責任保険	他人の車両や家屋を損傷させた場合の賠償責任を補償
	人身傷害保険	交通事故で自らがケガをした場合の補償
	車両保険	自らの車両の損傷・盗難等を補償
火災・地震保険		火災・地震等による損害を補償
個人賠償責任保険		日常生活における賠償責任を補償
海外旅行傷害保険		海外旅行にまつわるリスクを補償

Q 4-2
交通事故の被害者になったらどうする？

次のような交通事故に遭った場合、どのように対応したらよいでしょうか。

1. 自転車で歩道を走っていたら、駐車場に入ろうとして歩道を横断してきた自動車に衝突されてケガをした。
2. 歩道を歩いていたら、前から走ってきた自転車に衝突されてケガをした。

A

❖ 自転車事故の特徴

警察庁の統計によると、近年の交通事故件数のうち自転車事故は2割程度と高い割合を占めています。自転車乗車中の事故でケガをする場合もあれば、自転車運転者が歩行者等にケガをさせてしまう場合も少なくありません。

道路交通法上は、自転車も「車両」であり、原則として自動車と同じ規制の対象ですが、歩道走行が認められている等、自動車とは異なる扱いをされることもあります。

設例のように自転車が関係した事故の被害者になった場合に、どのように対応すればよいかをみていきましょう。

❖ 事故現場での対応

まず、警察に連絡することが必要です。交通事故があったときは、運転者等は、負傷者を救護し、警察へ報告する義務があります（道路交通法72条）。この義務は、加害者が自動車であっても自転車であっても変わりません。事故の程度が軽いといった理由で報告がされないと、交通事故証明書の交付が受けられず、損害賠償請求に支障が生じることになります。警察への連絡（通報）は必須と考えて、加害者任せにしないことが大切です。

事故の現場では、加害者に運転免許証等の身分証明書の提示を求め、氏名や連絡先を確認します。

保険加入の有無も確認しておくとよいでしょう。また、後日の損害賠償請求に備えて、事故の証拠の確保に努めることも必要になります。事故現場の状況や、双方の車両や自転車の衝突部位、破損状況等を写真や動画に残すことにより、後日双方の言い分に食い違いが生じた際に証拠とすることができます。

❖ 相手方への損害賠償請求

自動車運転者の多くは強制保険（自賠責保険）の他に任意保険（対人賠償保険）に加入しています。また、最近は、自転車事故を対象にする保険に加入する人も増えています。保険会社名を確認するだけではなく、確実に事故の報告をしてもらうこと、担当部署・担当者名・連絡先まで確認しておくことが必要です。

近年、ドライブレコーダーが設置されている車両も多くなっていますが、すぐに保存しておかないとどんどん上書きされて映像記録データが消えてしまう場合がありますので、相手方の車両にドライブレコーダーが設置されていることが確認できた場合には、保存しておくよう申し入れます。

相手方が保険に加入していない場合でも、自身の加入している保険で、被害事故の際の損害がカバーされる場合もあります。保障内容が不明であれば、保険会社に相談してみるとよいでしょう。

具体的な損害賠償請求の方法等については、**Q4-5**を参照してください。

交通事故の被害者になったときは……

➡ ① 必ず警察に連絡する
　② 加害者の氏名・連絡先等を確認する
　③ 事故現場や事故状況等の証拠を確保する
　④ 加害者の加入している保険情報を把握する

Q 4-3
交通事故の加害者になったらどうする？

次のように交通事故の加害者になった場合、どのように対応したらよいでしょうか。

1. 休日にサイクリング中、脇見をして歩行者に衝突してケガをさせてしまった。
2. 食品デリバリーのバイトで自転車を運転中、小学生に衝突してケガをさせてしまった。

A

❖ 自転車運転者の責任

交通事故の加害者になってしまうのは、自動車を運転している場合に限りません。自転車で走行中に、歩行者等にケガをさせたり、他人の持ち物を破損させたりする事故は多く発生しています。

自動車事故に比べて軽く考えがちですが、自転車事故も「交通事故」であることに変わりはありません。負傷者の救護措置義務、危険防止措置義務（他の交通の妨げにならない安全な場所に自転車を移動すること等）と並んで、警察への連絡（通報）義務を負っていることを忘れてはいけません（道路交通法72条）。

❖ 事故現場での対応

事故を起こしてしまったら、ただちに警察に連絡するとともに、負傷者の救護にあたります。必要であれば、119番通報して救急車を呼びます。

被害者と話をする際は、誠意をもって対応することが大切です。「保険会社にすべて任せるから、自分は何もしなくてよい」という態度が被害者に伝わると、不信感を募らせてしまい、その後の話し合いがこじれる原因となりかねません。自分の氏名・連絡先等を伝えるとともに、保険会社に連絡したうえで、保険会社名や担当者名・連絡先についても被害者に伝えます。事故に遭って苦しんでいる被害者の思いを受け止める姿勢が求められます。

❖ 自動車事故との違い（刑事責任）

自動車事故の場合は、加害者は自動車運転過失致死傷罪（自動車運転死傷行為処罰法5条）の対象になります。自転車事故の場合はこの法律の適用はなく、刑法の過失致死傷罪（刑法209条、210条）の対象となります。いずれも被害の程度に応じて刑事罰が科される可能性があります。

❖ 自動車事故との違い（民事責任）

自転車事故では自動車損害賠償保障法（自賠法）の適用がなく、自動車事故における最低限度の補償である自賠責保険の適用もありません。民法の「過失責任の原則」に従って、自転車運転者に過失があれば、賠償責任を負わなければなりません。自転車事故を対象とする保険に加入していなければ、賠償金はすべて加害者が自己負担することになります。自転車事故だからといって、被害が小さいとは限りません。自転車を運転する人は賠償責任保険に加入することは必須の時代になったといってよいでしょう。

❖ 業務従事中の事故の場合

事業のために他人を使用する者には、「使用者責任」（民法715条）が発生します。指揮監督関係があれば「使用」にあたるとされ、雇用関係がある場合には限定されません。

設例2のケースでバイト先の会社にこの責任が発生するかどうかは、業務の実態に即して判断されます。バイト先の会社にも事故の事実を速やかに報告しておくべきでしょう。

交通事故の加害者になったときは……

➡ ① 負傷者を救護（119番通報を含む）する
② 警察に連絡する
③ 被害者に対し、真摯に対応する
④ 業務中の事故では、会社へも報告する

交通事故に遭って自転車が壊れた。どんな賠償を求められる？

道路を自転車で走行中、乗用車に衝突されました。幸いケガはなかったのですが、２か月前に買ったばかりの自転車が壊れてしまったので新しい自転車に買い替えてほしいと思います。そのような請求は認められますか。

A

❖ 物損事故の損害賠償の仕組み

物損事故で加害者に対して損害賠償請求をする場合、人身損害とは異なり自動車損害賠償保障法（自賠法）や自賠責保険の適用はありません。多くの場合、加害者が加入している対物賠償保険が適用されますが、加害者が保険に入っていないまったくの無保険ということもあり得ます。

❖ 損害額の算定方法

物損事故での損害賠償では、修理費用を請求するのが原則になります。もっとも、どのような修理方法でも認められるわけではなく、「相当な方法」である必要があります。

修理が不可能な場合（物理的全損）や、修理自体は可能でも買い替えるより高額の修理費用がかかる場合（経済的全損）には、修理費用ではなく買い替えに要する費用が損害額として認められることになりますが、新車に買い替えるために要する費用を全額請求することはできず、損害額は事故直前のその物の時価を金銭的に評価して決定されます。被害物が自動車であれば中古車市場での価格等が参考にされますが、中古品の入手が困難な場合には、減価償却を考慮し、購入時の価格と耐用年数から、事故当時の時価を算定することになります。購入後２か月の自転車について、購入価格24,000円の90％である21,600円を損害額として算定した裁判例があります（大阪高等裁判所平成28年３月24日判決）。

❖ 慰謝料の請求は難しい

慰謝料とは、事故により被った肉体的・精神的苦痛を金銭に評価するものです。人身損害ではケガの程度に応じた慰謝料が認められますが、物損事故では原則として慰謝料は認められません。過去の裁判例をみても、深夜に自宅家屋に車が飛び込んだケースや家族同然に飼ってきたペットを死亡させたケース等、特別な場合に限って認められており、単に「愛着があるものを壊された」という理由では慰謝料を請求することは難しいでしょう。

❖ 過失相殺という考え方

被害者にも過失（落ち度）がある場合に賠償額が減額されることを「過失相殺（かしつそうさい）」といいます。物損事故では、人身事故に比べて加害者対被害者という関係が相対化し、「双方が被害者でもあり加害者でもある」という状況が生じます。たとえば、事故の当事者A、Bのどちらかが一方的に責任があるとはいえないような場合、事故の責任をAが70％、Bが30％と決定したとすると、「AはBの損害の70％を賠償し、BはAの損害の30％を賠償する」というように相互に自分の責任分を賠償し合う形で解決されます。

● **物損事故の損害賠償請求の特徴**

・自賠法・自賠責保険の適用がない

・修理費用の請求が原則。全損の場合は時価額での請求ができる

・新しく買った場合でも減価償却分が考慮される

・慰謝料請求は認められにくい

・双方の当事者に過失（落ち度）がある場合、過失相殺が問題になる

Q 4-5

交通事故でケガをした。どんな賠償を求められる？

自転車で横断歩道のない道路を斜めに横断していたら、道路を走行してきた車に衝突されるという事故に遭いました。衝突の衝撃で転倒し、ケガをしてしまい、バイトを休むことになりました。相手方に対し、どのような賠償請求ができますか。

A

積極損害と消極損害

交通事故でケガをすると、病院で治療や検査を受けるための治療費等や、仕事やアルバイトを休んだことで得られなくなる収入等の損害が発生します。交通事故のせいで支出を余儀なくされた損害を「積極損害」、得られるべき収入が得られなくなってしまった損害を「消極損害」といいます。

- **積極損害**
  治療関係費、通院交通費、将来の治療費、将来の介護費、家屋等の改造費、葬儀関係費等
- **消極損害**
  休業損害、後遺障害による逸失利益等
- **慰謝料**
  傷害慰謝料、後遺障害慰謝料、死亡慰謝料等

治療関係費

交通事故の相手方が任意保険に加入している場合には、保険会社が病院に対して、治療費等を支払ってくれる場合（このような対応を「一括対応」といいます）もあります。一括対応されない場合には、立て替えて支払う必要がありますが、その場合には領収書が支払いの証明になりますので、きちんと保管しておきましょう。

通院交通費

通院にかかった交通費も損害となります。公共交通機関や自家用車を利用した場合に問題となることはまれですが、タクシーを利用する場合には注意が必要です。タクシーの利用は、たとえば足を骨折した等の事情により、タクシーでなければ通院できない場合に限って損害と認められます。タクシーでの通院が必要だったと認められる場合はとても限定されているので、不用意にタクシーを利用することは避けましょう。

将来の治療費・将来の介護費

交通事故によるケガのせいで、将来にわたって治療や介護が必要な後遺障害が残ってしまった場合に認められる損害です。特に将来の介護費には、さまざまな算定の仕方があるので、弁護士等の専門家の助言を求めると安心です。

休業損害

交通事故によるケガのせいで仕事やアルバイト、家事労働ができなくなった場合に認められる消極損害の一つです。なお、無制約に認められるわけではなく、医師等の判断で仕事等を休む必要性（身体を休める必要性）が認められる必要があります。

就労やアルバイトをしている場合には、勤務先に「休業損害証明書」を作成してもらい、定められた給与の額や仕事やアルバイトを休業した日数（遅刻や早退の場合には時間数）を証明してもらうことが必要です。他方で、家族と同居して家族のために家事労働を行う専業主婦の場合には、「賃金センサス」（国が作成している国民の賃金に関する統計）を使用して、家事労働ができなかった期間の損害を算定します。休業損害も算定の仕方が複数あり、計算方法によって金額が異なるので注意が必要です。

後遺障害による逸失利益

交通事故によるケガのせいで後遺障害が残ってしまった場合に認められる消極損害の一つです。

後遺障害とは、交通事故によるケガに対して治療をしても今以上に改善せずに、何らかの症状が残ってしまった状態（その残った症状）をいいます。

残存した症状の程度に応じて設定された「後遺障害等級」ごとに「労働能力喪失率」(後遺障害が原因でどのくらい働く能力に影響が生じたかを数値化したもの)が定められています。基本的には、67歳までに後遺障害が原因で得られなくなってしまった利益(損害)を年収や賃金センサスに労働能力喪失率を乗じて算定します。

❀ 傷害慰謝料

交通事故でケガを負い、入院や通院をした場合には、その精神的苦痛を慰謝するために傷害慰謝料(入通院慰謝料)が損害として認められます。

傷害慰謝料の計算方法も複数の方法があり、どの方法を使用するかによって、傷害慰謝料の金額は大きく異なります。裁判所では、算定表(「民事交通事故訴訟損害賠償額算定基準」参照)を用いて傷害慰謝料の金額を算定しており、基本的には入院期間や通院期間、実際に通院した日数等に応じて傷害慰謝料の額が算定されます。

❀ 後遺障害慰謝料

後遺障害が残ってしまった場合には、後遺障害慰謝料が損害として認められます。前述した後遺障害等級ごとに後遺障害慰謝料の金額が定められています。

❀ その他

これらの損害以外にも、入院した際に要する雑費、入院期間が長引いたことで余分にかかってしまった学費、通院に付き添いが必要な場合の付添費用、後遺障害が残存した場合の自宅等の改造費、損害賠償を行うために要した費用等が交通事故による損害として認められる場合もあります。どのような費用が認められるかは専門的な判断が必要になるので、弁護士等の専門家に相談すると安心です。その際、受領したレシートや領収書等があるとスムーズです。後々、相手方に対して賠償請求を行う際にも必要になるので、捨てずに保管しておきましょう。

❀ 過失割合との関係

交通事故により発生した積極損害や消極損害は、交通事故と因果関係が認められる限り、相手方に請求することができます。ただし、相手方に請求できるのは、相手方の過失割合分に限定されます。自分にも過失がある事故の場合には、自分の過失割合分は自己負担となるので、損害額(特に積極損害の額)が高額にならないよう注意が必要です。

たとえば、設例のように自転車で横断歩道のない道路を斜めに横断していて、道路を走行する自動車と衝突した場合には、基本的な過失割合は自動車70%、自転車30%と考えられています。そのため、自転車を運転していた人が自動車の運転者に請求できるのは、損害の70%に限定され、30%は自己負担となります。

例:過失割合が相手方70%、自分30%の場合

損害額合計:35万5,000円	
相手方への請求金額 損害額の70% =24万8,500円	自己負担部分 損害額の30% =10万6,500円

※自己負担額を増やさないためには、損害額自体を増やさないことが大切です。

2 ▶ 医療事故

医療過誤事件って何？

簡単な心臓の手術と聞いていましたが、祖母が手術を受けたところ、容態が悪化し、亡くなってしまいました。医療過誤を疑っていますが、そもそも医療過誤とは何でしょうか。

A

✤ 医療事故と医療過誤

医療機関で生じる医療従事者・患者問わず人身に関する有害な結果を生じるすべての場合を総称して「医療事故」といいます。

医療事故のうち、医師や看護師などの医療従事者が、注意すれば患者の生命・身体に対する有害な結果の発生を予見して避けることができたのに、不注意によりその結果発生を防止できなかった場合を「医療過誤」といいます。たとえば、ワクチンを筋肉注射する際に、通常の手技とは異なる方法で行い、患者の神経を損傷してしまったような場合です。

✤ 医療過誤事件の概要

医療過誤訴訟事件の新規件数は、近年はおおむね年間800件程度で推移していますが、患者側の勝訴率はおよそ20％といわれています。

	判決数	認 容	棄 却
令和元年	247	42	203
令和2年	198	43	150
令和3年	273	55	216

✤ 医療過誤の責任

業務上過失致死傷罪などの刑事責任や医師免許取消しなどの行政上の責任などもあり得ますが、患者側から医療機関に対し民事上の損害賠償請求をされることが大半です。

民事上の損害賠償請求を行う場合、主に、不法行為（民法709条）が認められるために必要な「過失」、「結果の発生」、および結果と損害の「因果関係」の存否が問題となります。

① 過 失

過失とは、注意義務や診療契約上の義務を怠ったことをいいますが、医療従事者におけるこの義務は「人の生命及び健康を管理する業務に従事する者として、危険防止のために経験上必要とされる最善の注意を尽くして患者の診療にあたる義務」とされ（最高裁判所昭和36年2月16日判決）、注意義務の基準となるべきものは、「診療当時のいわゆる臨床医学の実践における医療水準」であるとされています（最高裁判所昭和57年3月30日判決）。

この医療水準については、その医療機関の性質や所在地域の医療環境の特性など諸般の事情が考慮されます。町のクリニックが、一部の大学病院でしか実施されていないような最先端の治療を行わなければならない義務までは求められません。

そして、この医療水準に適合しない治療が行われた場合、不法行為上の過失が認められます。

② 結 果

医療水準に適合しない治療が行われた結果、後遺症が発生したり、亡くなってしまうことがありますが、その損害としては、治療費、通院交通費、介護費用、休業損害、逸失利益、慰謝料（入通院慰謝料、後遺障害慰謝料、死亡慰謝料）などが挙げられます（**Q4-5**参照）。

③ 因果関係

過失が認められたとしても、さらに「その過失が原因で、この結果（後遺症や死亡など）が発生した」といえなければなりません。この点については、経験則に照らして「高度の蓋然性」があれば足り、その判定は、「通常人が疑を差し挟まない程度」に確信が持てるものであればよいとされています。したがって、一点の疑義も許されない自然科学的証明までは求められていません（最高裁判所昭和50年10月24日判決）。

Q 4-7

医療事故に遭ったらどうする？

祖母が冠動脈の疾患のため、冠動脈バイパス手術を受けましたが、術後麻酔から覚めても手足の動きが悪く、意識もはっきりせず、脳神経障害を負ってしまいました。医療過誤を疑っていますが、どのように対応すればよいでしょうか。また、医療事件は、どのような流れで進んでいくのでしょうか。

A

● 医療事件の流れ
① 事故の発生
② 医療過誤の疑い
③ 弁護士に相談
④ 過失・因果関係の有無について調査
⑤ 示談交渉
⑥ 民事裁判

❀ 事故の発生、医療過誤の疑い

医療事故が発生した場合、担当の医師から事故の発生原因などが説明されることがあります。この説明の内容は、損害賠償請求が認められるか（過失や因果関係の有無）の重要な判断要素になり得ますので、しっかり聞いておきましょう。

❀ 弁護士に相談

医療事件は、法的知識のみならず、医療事件の流れを熟知していることや医学的知識にもある程度慣れていることが必要であるため、医療過誤を疑った場合は、患者側・病院側に限らず医療事件を多数扱ったことがある弁護士に相談したほうがよいでしょう。

❀ 過失・因果関係の有無について調査

弁護士は、相談を受けたら、病院側の過失や因果関係の有無について調査します。この調査が、医療事件において特徴的なものであり、その後の

見通しを検討するうえで非常に重要です。その調査の前提として、事実経過を知るために最も重要な証拠が「カルテ」です。

そこで、患者が直接あるいは弁護士を通じて、病院に対しカルテの開示を求めます。任意に開示してくれるケースがほとんどですが、開示を拒んだり、カルテを改ざんしようとする悪質なケースもあり、そのような場合は、裁判所の証拠保全手続を行う必要があります。

カルテを入手したら、カルテの分析や、医学文献（ガイドライン、論文、教科書等）の検討を行い、それらに、協力してくれる医師から意見を聴取します。事案によっては、病院側に改めて説明を求めたりすることもあります。

上記の調査の中でも、特に協力医からの意見聴取が特に重要ですが、医師はそれぞれ専門の科がありますので、事件に応じた診療科の専門医に意見を求めるのが望ましいでしょう。

❀ 示談交渉

調査の結果、医療過誤と判断できる場合は、通常、病院側に対し損害賠償請求をします。

その場合、初めから裁判を起こすのではなく、まずは任意の支払いを求め、示談交渉を行います。

医学的にみて過失や因果関係が明らかな場合には、病院側も誠意をみせ、示談に応じてくれるケースがあります。

❀ 民事裁判

病院側が、任意の話し合いによる解決に応じない場合には、訴訟を提起することとなります。

民事裁判では、争点整理、医学文献等書証（書面証拠）による立証に加え、協力医の意見書の提出、鑑定、当事者や協力医の証人尋問などが行われることもあります。手続が進んだ段階で、ある程度裁判官の心証が開示され、和解に至るケースが多いですが、和解での解決が難しい場合は、判決が下されます。

第一審の平均審理期間は2年を超え、通常の事件と比較して非常に長くなっています。

Q 4-8

インターネットで薬を購入してもいい？

風邪を引いてしまい、病院や薬局に行くのも億劫なのですが、インターネットで薬を購入することはできるのでしょうか。また、その際どんなことに注意すればよいでしょうか。

A

❖ 薬機法の改正

　平成26年の薬機法（医薬品、医療機器等の品質、有効性及び安全性の確保等に関する法律）改正により「第1類医薬品」、「第2類医薬品」、「第3類医薬品」などの一般用医薬品はインターネットで購入できるようになりました。一方で、「医療用医薬品」と「要指導医薬品」は、より身体への影響が大きいと考えられるため、薬剤師による対面販売が義務づけられました。

❖ 医薬品の分類

① 医療用医薬品

　医師が、患者を診断したうえで処方箋を出し、それに基づいて薬剤師が調剤する薬で、高い効果が期待できる一方で重い副作用が生じる可能性があります。

② 要指導医薬品

　医療用医薬品から市販薬に転用されたばかりで使用実績が少なくリスクが確定していなかったり、劇薬などのために、購入の際には必ず薬剤師から対面での指導や情報提供を受けなければなりません。

③ 第1類医薬品

　副作用や相互作用などにより、日常生活に支障をきたす程度の健康被害を生じるおそれがあり、特に注意が必要とされています。薬剤師のみが販売することができ、消費者への情報提供が義務づけられています。

④ 第2類医薬品

　副作用や相互作用などにより、日常生活に支障をきたす程度の健康被害を生じるおそれがあり、注意が必要とされています。薬剤師と登録販売者が販売することができ、消費者への情報提供が努力義務とされています。

⑤ 第3類医薬品

　第1類医薬品や第2類医薬品に該当せず、リスクが比較的低いものです。薬剤師と登録販売者が販売することができ、消費者への情報提供については特に規定はありません。

❖ インターネットでの購入の可否

　医療用医薬品は医師の処方箋が必要ですし、要指導医薬品は薬剤師による対面での指導・情報提供が必要なため、インターネットで購入することはできません。第1類～第3類医薬品は、インターネットで購入できますが、第1類医薬品については、薬剤師による使用者の状態確認義務、情報提供義務が定められているため、消費者は、薬剤師に対し、サイト所定の様式などで、性別、年齢、症状、持病、医療機関の受診の有無等の情報を送り、薬剤師から、用法・用量、服用上の留意点、服用後の注意点などの説明を受けなければなりません。

インターネット購入の可否

医療用医薬品	×
要指導医薬品	×
第1類～第3類医薬品	○

❖ インターネットでの薬の購入の注意点

　薬は、上記の分類にかかわらず、多かれ少なかれ副作用等身体に影響を及ぼすものですし、症状によって効果のある薬も変わってきますので、薬を購入する際は薬局などで症状を説明し、それに対する効果や副作用の説明を受けたうえで購入するのが望ましいでしょう。

　やむを得ずインターネットで薬を購入する際は、一般用医薬品の販売許可を得ていない違法なサイトや、安全性が確認されていない海外医薬品を販売しているサイトもあり、消費者トラブルや健康被害も発生していますので、安心できる販売サイトから購入するようにしましょう。

3 ▷ その他事故一般

散歩中、飼い犬が他人を噛んでしまった。どうしたらいい❓

飼っている犬を散歩させていたら、突然、向こうから歩いてきた通行人に吠え、右腕を噛んでケガをさせてしまいました。私はどのような責任を負うのでしょうか。

A

❀ 民事上の責任

犬が他人を噛んでケガをさせてしまった場合には、民法718条に基づき、その犬の「占有者」は、被害者に対し損害賠償しなければならないことがあります。

> ●民法718条
> 1　動物の占有者は、その動物が他人に加えた損害を賠償する責任を負う。ただし、動物の種類及び性質に従い相当の注意をもってその管理をしたときは、この限りでない。
> 2　占有者に代わって動物を管理する者も、前項の責任を負う。

この「占有者」には、飼い主に限らず、飼い主に頼まれて犬を散歩させていた隣人なども含まれます。

ただし、その占有者が、「動物の種類及び性質に従い相当の注意をもってその管理をしたとき」は、損害賠償責任を負いません。この「相当の注意」とは、異常な事態に対処することまでは求められず（最高裁判所昭和37年2月1日判決）、具体的な注意の程度は、動物の種類や性質など諸般の事情から判断されます。

また、飼い主が他人に飼い犬の管理を依頼していたところ犬が他人にケガをさせた場合においては、その管理していた者が責任を負うばかりではなく、飼い主も、動物の種類および性質に従い相当の注意をもってその散歩を頼んだ者を選任・監督していなければ、そのケガについて責任を負わ

なければならない可能性があります（最高裁判所昭和40年9月24日判決）。

被害者に賠償しなければならない損害の項目としては、治療費、通院交通費、介護費用、休業損害、逸失利益、慰謝料（入通院慰謝料、後遺障害慰謝料、死亡慰謝料）などが挙げられます（**Q4-5**参照）。

❀ 刑事上の責任

散歩していた犬の管理を怠って他人にケガをさせてしまった場合、散歩をさせていた飼い主は、過失傷害罪（刑法209条1項）に問われる可能性があり、30万円以下の罰金または科料が科せられる可能性があります。また、死亡させてしまった場合は、過失致死罪（同法210条）により50万円以下の罰金が科せられる可能性もあります。

過失の程度が重大であり、それによって死傷させてしまった場合は、5年以下の懲役もしくは禁錮（刑法改正により令和7年6月までに「拘禁刑」に変更になる予定）または100万円以下の罰金が科せられる可能性もあります（同法211条後段）。

❀ 行政上の責任

飼い犬が他人にケガをさせた場合の行政上の責任は各自治体によりさまざまですが、東京都においては、飼い主は、被害者に対し適切な応急処置および新たな事故の発生を防止する措置をとるとともに、その事故およびその後の措置について、24時間以内に知事に届け出なければなりません（東京都動物の愛護及び管理に関する条例29条1項）。また、飼い犬が人を噛んだときは48時間以内に、その犬の狂犬病の疑いの有無について獣医師に検診させなければなりません（同条2項）。

Q 4-10

台風で隣家の物置が飛んできた。どうしたらいい？

強風が吹き荒れた台風から一夜明けたら、自宅の庭に物置が飛ばされてきていました。どうやら隣家の物置らしいので撤去してもらいたいのですが、何度お願いしてもまったく応じてくれません。どうしたらよいでしょうか。また、損害賠償の請求もしたいのですが、そのような請求は認められるでしょうか。

A

❖ 法律関係は？

近年、地球温暖化に伴う気候変動の影響もあって、水害・土砂災害等の被害が甚大化していると懸念されています。普段から自然災害に備えた対策をとっておきたいものです。

隣家の物置が飛ばされてきたら、撤去してもらい、損害賠償の請求もしたいところです。法律上は、これら2つの権利は別個に規定されています。

❖ 妨害排除請求権（民法198条）

自宅の土地が自分の名義であれば、所有権という権利と占有権という権利があります。所有権は物を自由に使用したり処分したりできる全面的な支配権です。しかし、庭に物置があったのでは、庭を自由に移動したり使用したりすることができず、権利が侵害されている状態です。そのため、物置の持ち主に対して、撤去を請求することができます。この権利を「妨害排除請求権」といいます。なお、借地だった場合は所有権はありませんが、占有権に基づき同様の請求ができます。

もし隣家側で撤去請求に応じてもらえない場合には、自身で業者に依頼して物置を撤去したうえで、掛かった費用を請求することになります。

❖ 損害賠償請求権（民法709条等）

物置が撤去されるまでの期間に応じて、さまざまな損害が発生することが考えられます。たとえば庭に停めておいた自転車が破損したり、駐車場としていた庭が使用できなくなったために近所に駐車場を借りなければいけなくなったり、家庭菜園がつぶされてしまったり等です。これらの事情に応じて、損害を金銭に換算して賠償請求をすることができます。この権利を（不法行為に基づく）損害賠償請求権といいます。

● **物置を早く撤去してほしい**
→**妨害排除請求権（民法198条）**
相手方の過失の有無に関係なく行使することができる

● **庭を使用できなかったことによる損害の賠償を請求したい**
→**損害賠償請求権（民法709条等）**
原則として相手に過失があることを立証する必要がある

❖ 隣家側の主張

請求を受けた隣家の側では、「天災だから不可抗力であり請求には応じる必要がない」と考えるかもしれません。確かに、通常は加害者は「過失（不注意）」がある場合にしか賠償責任を負いません。これを民法では「過失責任の原則」といいます。しかし、妨害排除請求権を行使する際には、相手方に過失があることは必要とされていません。したがって、隣家側は過失の有無にかかわらず、物置を撤去する義務を負うことになります。

一方、損害賠償請求権を行使するには、原則として相手に過失があることを立証しなければなりません。もっとも、物置が飛んできたような状況であれば、通常は隣家の過失が認められるでしょう。ただ、物置が飛ばないための十分な対策をとっていたのに通常では予測できない自然条件により飛ばされてしまったケースなど、隣家側にまったく落ち度がないといえるような例外的な場合には、撤去は請求できても、損害賠償請求までは認められないこともあり得ます。

サークルで一気飲みを強要された。どうしたらいい？

所属しているテニスサークルの飲み会で、お酒が強くないにもかかわらず先輩からビールの一気飲みを強要されました。強要した側にどのような責任を問えるのでしょうか。

A

💠 刑事上の責任

他人に一気飲みを強要した場合、次のような刑事上の責任を問われる可能性があります。

行為	罪（刑法の条文）	法定刑
嫌がっている者に対し暴言や脅迫などにより無理矢理一気飲みを強要した	強要罪 （223条1項）	3年以下の懲役
酔いつぶすことを意図して一気飲みを強要し、急性アルコール中毒にさせた	傷害罪 （204条）	15年以下の懲役または50万円以下の罰金
上記の結果、死亡させた	傷害致死罪 （205条）	3年以上20年以下の懲役
一気飲みを強要し、急性アルコール中毒にさせた	過失傷害罪 （209条）	30万円以下の罰金または科料
上記の結果、死亡させた	過失致死罪 （210条）	50万円以下の罰金
同じ飲み会で飲んで酔いつぶれていた人を、飲み会終了後に路上に放置し、置き去りにした	保護責任者遺棄罪 （218条）	3か月以上5年以下の懲役
上記の結果、死亡させた	保護責任者遺棄致死罪 （219条）	3年以上20年以下の懲役

※表中の「懲役」は、刑法改正により令和7年6月までに「拘禁刑」に変更になります。

💠 民事上の責任

一気飲みをさせられた人が急性アルコール中毒などになってしまい、病院に緊急搬送され、治療、入院が必要となってしまった場合、一気飲みを強要した人には治療費、入院費、入通院慰謝料、休業損害などの損害を賠償する義務が生じます。また、急性アルコール中毒の結果、高次機能障害などの後遺症が残った場合や亡くなってしまった場合には、後遺障害慰謝料や死亡慰謝料、逸失利益（後遺症や死亡により失った将来の収入分）などの損害までを賠償する義務が生じます（損害の各項目の詳細については、**Q4-5**参照）。

上記のとおり、無理矢理一気飲みをさせた人は損害賠償責任を負う可能性がありますが、それに加えて、飲み会の席に同席していた者がコールなどで一気飲みをはやし立てた場合、一気飲みにより酔いつぶれた人を何ら介抱せず放置した場合、下級生が上級生から一気飲みを強要され、本人はお酒が弱く嫌がっているにもかかわらず他の上級生が止めなかった場合など、状況によっては、飲み会に同席していたサークルの同級生、上級生や代表者などの責任者も損害賠償責任を負わなければならないことがあり得ます。

💠 最後に

東京消防庁のWebサイトによれば、令和元年中に急性アルコール中毒で救急搬送された人数は18,212人で、そのうち20代は8,802人（全体の48%）と他の年代に比べ突出しています。その理由としては、経験の浅さから自分の適量がわからず、無謀な飲酒をしてしまうことが挙げられています。飲む人も周囲の人も、その人の許容量を知り、注意する必要があります。

一気飲みの強要は、刑事罰を科されたり、多額の損害賠償責任を負うばかりでなく、何よりも、被害者に重い障害を残したり死亡させたりする可能性もある極めて危険な行為ですので、絶対に行わないようにしましょう。また、強要する側に非があることは当然ですが、強要された側も自分で身を守ることが大切です。他の参加者やお店の従業員に助けを求めるなどして、一気飲みの強要は断固として拒否しましょう。

第 **5** 章

インターネットに関する
法律知識

Q 5-1
SNSでの著作物の使用は
どこまで許される？

大好きなアニメのキャラクターの画像をTwitter
のアイコンにしたり、漫画のある1コマを紹介す
るためにショート動画をYouTubeにアップロー
ドしたりしたいのですが、特にお金をもらってい
なければ、著作権法上の問題はないでしょうか。

A

❖ 著作権法とは

　著作権法とは、ある人が創作した著作物（絵や
音楽に限られません）を保護する法律です。たと
えば、有名なYouTuberが投稿した動画について、
それを無断転載した場合には、その転載が止めら
れてしまう可能性があります。また、著作権を侵
害する行為（無断転載等）が止められるだけでなく、
一定の金銭を支払う（「損害賠償」といいます）必
要もあります。

　そのため、他人の著作物を使用する際には十分
注意する必要があります。

❖ キャラクター画像と漫画は代表的著作物

　設例にあるアニメキャラクターの「画像」や、「漫
画」の1コマは典型的な著作物です。したがって、
それらをコピー（「複製」といいます）したり、ネッ
トに上げたり（「公衆送信」といいます）した場合
には、アニメ制作会社や漫画家、出版社などから
著作権法に基づき、投稿の差止めおよび損害賠償
の警告がなされる可能性があります。

　したがって、原則的にはTwitterやYouTube
上に他人の著作物を転載することは、著作権法上、
違法となります。

❖ 無料だったらいいの？

　「Twitterへの投稿であれば無償でしょ？ なら
問題ないじゃない？」という疑問もあるかもしれ
ませんが、残念ながら、複製と公衆送信に限って

いえば、「無償であれば問題がない」という規定
は著作権法にありません。

　なお、ショート動画がいわゆる「バズった」場
合にはYouTube側から広告収入が入るため、厳
密に無料といえるかという問題はあります。

❖ 漫画の投稿よく見かけるけど？

　確かに、漫画の1コマを切り抜いて投稿するツ
イートや動画はよく見かけます。もちろん、すべ
てを適法・違法と断定することは難しいですが、
著作権法上よく使用される規定として「引用」が
あります。

　「引用」とは、簡単に言えば、他人の著作物を
自らの作品に使用することです。自身が制作した
動画に、他人の漫画の1コマを入れ込むことは「引
用」となり得ます。

　もっとも、「引用」の範囲内と認められるため
には、あくまで自分の作品が「主」（大部分）であっ
て引用部分は「参照」される程度の分量しかない
こと、引用部分を明確に区別すること、あくまで
「そのまま」引用すること、引用元（出典）をしっ
かりと示すことなど種々の制約があります。

　他方で、Twitterのアイコンについては、画像
を単に利用しているだけであるため、著作権侵害
になると思われます。

● ポイント

- 著作権法は著作物を保護する法律
- 他人の著作物を勝手に複製したり、ネットに
  上げたりする行為は、原則的には著作権法
  違反
- 自身の作品で紹介する目的で他人の著作物
  を引用する場合には、一定の要件のもと適
  法となる場合がある

Q 5-2
CD音源のBGMとしての利用はどこまで許される？

CD 音源をアルバイト先の飲食店の店舗で BGM として利用したいと考えています。どのような場合に許可が必要で、どのような場合は許可が不要でしょうか。

A

❖ CD音源の権利は誰のもの？

CDに記録された音楽には、著作権法上の権利者が多く関わっています。

まず、音楽の作曲家と作詞家には、それぞれ曲・歌詞について著作者として著作権、著作者人格権（著作者の精神的な利益を保護する権利）が発生します。また、音楽に合わせて歌う実演家と、レコード製作者等には、それぞれ著作隣接権（著作物の情報伝達に貢献したものに与えられる権利）が発生し、実演家には実演家人格権（実演家の精神的な利益を保護する権利）も発生します。

もっとも、CDに記録されている音楽の利用に際して、そのつど複数の権利者の許可を必要とすることは、その音楽の利用を妨げることになり、権利者としても望む結果とはなりません。そこで、CDの音楽に権利を持つ著作者たちは、著作権管理団体（JASRAC等）に著作権を信託して管理を任せることが多く、この場合、著作権の第三者の利用により入った著作権使用料は、著作権管理団体を通して分配されることになります。

❖ BGM利用により侵害する可能性のある権利

CD音源をBGMとして利用する場合、これが公衆に聞かせることを目的とする場合には、原則として著作権者の有する演奏権を侵害するため、その音楽の著作権管理団体または著作者の許可が必要です。逆に言えば、公衆に聞かせる目的のない場合、すなわち、不特定の者または特定かつ多数の者へ聞かせる目的のない場合には、演奏権を

侵害しません。したがって、家族・友人数名と聞く目的でBGMとして音楽を流す行為は演奏権侵害にはなりません。

ここで、近時の裁判例の中で注目すべきものとして、音楽教室での音楽演奏が演奏権侵害にあたるかを判断したものがあります。この事案では、教師側の演奏は、不特定多数の生徒を相手にするため「公衆に聞かせる目的」があり演奏権侵害にあたるとした一方で、生徒側の演奏は、公衆への演奏ではなく演奏権侵害にあたらないと判断されました（知的財産高等裁判所令和3年3月18日判決。なお、上告審として最高裁判所令和4年10月24日判決）。

なお、実演家やレコード製作者の著作隣接権には演奏権は存在しないため、CD音源のBGM利用にあたって著作隣接権者の演奏権侵害の問題は生じません。

❖ 営利を目的としない利用

CD音源をBGMとして利用し、公衆に聞かせることを目的とする場合には、原則として著作権者の演奏権を侵害することは前述のとおりです。しかし、営利を目的とせず、かつ聞いている者から料金を受けない場合には、例外的に演奏権侵害が成立しません（著作権法38条1項）。このような場合に例外を認めても、著作権者へ与える影響は少ないと考えられるため、著作物利用の自由を優先したものです。

具体的には、学校の学芸会でのCD音源のBGM利用は、営利目的や料金の徴収は伴わないと考えられ、例外的に利用が認められるでしょう。一方で、飲食店やデパート等でのCD音源のBGM利用は、集客のためという営利目的が認められ、許可を得なければ著作権者の演奏権侵害となると考えられます。

CD音源のBGM利用が、演奏権を侵害せずに許可なく行える場合は……

① 公衆に音源を聞かせる目的のない場合
② 営利を目的とせず、かつ聞いている者から料金を受けない場合

Q 5-3
動画撮影の写り込みはどこまで許される?

SNS等のインターネット上で公開をする予定の動画を撮影しました。動画に人や物、音楽等が写り込んでしまいましたが、後で問題になることはありますか。

A

❖ 動画の権利者

「動画」とは、映像と音声が組み合わされたもので、さらに厳密に言えば、映像は静止画1枚1枚を組み合わせたものです。

現在の技術では、動画は誰でも簡単に撮影が可能となっていますが、動画も一つの著作物であり、その動画の著作者(著作権者)は、原則として撮影したその人です。ただし、動画制作にあたり、動画の内容を決定し、映像撮影、編集作業の全般を指示した人がいれば、その人が動画の著作者となります。

こうした動画の撮影にあたっては、人、物、音楽等が写り込んでしまうことがあり、以下のような問題が生じる可能性があります。

❖ 人が写り込んだ場合の問題

人は、みだりに容ぼう等を撮影・公表されない権利である「肖像権」を有しています。したがって、その人の許可なく動画に人の顔が写り込んでしまった場合は、その人の肖像権を侵害する可能性があります。ただし、顔の写り込みすべてが肖像権侵害となるわけではなく、写り込んだ人の地位や活動内容、撮影の場所・目的・態様・必要性等を総合的に考慮して、社会生活上の受忍限度(生活をしていくうえで耐えるべき限度)を超える写り込みであれば、肖像権の侵害となります。

具体的には、顔の特定ができない程度の写り込みや、観光地等の撮影が頻繁に行われている場所で一瞬写り込んだにすぎない場合等には、肖像権

侵害の可能性は低いといえます。一方で、はっきりと顔が特定でき、人の少ない場所で目立つ態様で写り込んでいた場合には、肖像権侵害の可能性が高まり、損害賠償請求をされてしまう危険があります。このような事態を防ぐために、人の顔が写り込んだ場合には、モザイク等の加工をすることが無難であるといえます。

❖ 物が写り込んだ場合の問題

物については、絵画や彫刻等の著作物である場合、写り込んだ著作物について複製権や公衆送信権の著作権侵害となる可能性があります。

しかし、著作物の写り込みにも例外があり、屋外に恒常的に設置されている美術品や建築物等の著作物については、たとえ写り込んだとしても例外的に著作権侵害となりません。

また、撮影に付随的に写り込んでしまった著作物で、写り込んだ著作物の利用によって利益を得る目的がなく、動画から分離することも困難である等の事情がある場合には、当該著作物の写り込みも例外的に著作権侵害を免れることになります。

❖ 音楽が写り込んだ場合の問題

音楽は、基本的に創作性があり著作物となるため、映像に写り込んだ際には著作権侵害となる可能性があります。ただし、物の場合と同じく、付随的な利用であれば例外的に著作権侵害を免れます。

● 動画への写り込みがあった際の問題
① 人の場合 ➡ 肖像権侵害の可能性
　ただし、受忍限度を超える場合のみ
② 物の場合 ➡ 著作権侵害の可能性
　ただし、公開美術・建物、付随的利用の場合は例外的に著作権を侵害しない
③ 音楽の場合 ➡ 著作権侵害の可能性
　ただし、付随的利用は例外

Q 5-4

パロディ動画はどこまで許される?

有名なアニメの一場面やロゴを利用して、ネタ動画を制作したいのですが、著作権法上は問題ないでしょうか。どのような場合であれば許されますか。

A

❀ パロディとは

「パロディ」とは、他人の著作物を模して、社会を風刺するもの、原作を批判・揶揄等するものと考えられています。

パロディは、著作者（著作権者）に、著作物が勝手に利用され茶化されたと受け取られ、トラブルになることがあります。他方で、パロディがより興味深い作品を提供するという社会的に有用な面があることは否定できず、日本だけでなく世界中で頻繁に作成されているものです。

しかしながら、著作権法上、「パロディ」とは何かについては、まったく定義がありません。したがって、今後の立法による手当てを待つ必要がありますが、現状の著作権法の理解について概説します。

❀ 著作権侵害の可能性

著作権法上、他人の著作物をそのままコピー（複製）した場合だけでなく、一定の変更を加えた場合でも著作権侵害（厳密には「翻案権」の侵害といいます）となります。著作権侵害というと、コピー（複製）した場合が例として挙げられることが多いですが、一定の変更を加えた場合でも著作権侵害となり得ることに注意が必要です。

❀ 著作者人格権侵害の可能性

また、著作者には、自己の著作物を勝手に改変されない権利（「同一性保持権」といいます）があり、著作物に勝手に変更が加えられた場合には、この権利の侵害も問題となり得ます。

著作物を創作した著作者には、著作権だけでな

く、著作者人格権も帰属しており、これは、著作権とは別の独立した権利と考えられています。

❀ 基本的には違法

パロディの場合、基本的には元の著作物であることが理解できる形で創作されることが通常と思われます。そうすると、パロディの制作は、著作者の有する翻案権または同一性保持権の侵害となり、著作権法上、違法であるという評価が一般的です。

❀ どういう場合に許されるの?

パロディを禁じることは、憲法上保障されている「表現の自由」に対する制約であることは理解が共有されており、かつパロディは前述したとおり社会的に一定の意義があることは確かです。しかしながら、判例（最高裁判所昭和55年3月28日判決）は、あくまで「引用」（**Q5-1**参照）のケースにおける判断として、以下の写真について、右の写真が左の写真に関する同一性保持権を侵害するものと評価しました。これにより、現在の著作権法では、パロディを適法化することは困難であると解されています。

※左の写真は著作権者が撮影した写真であり、右の写真は左の写真を切り抜いたうえでスノータイヤの写真を合成して作成されたものです。

パロディを適法化する議論はさまざまですが、一つだけ確かなのは、原作の考え方（著作権法上「思想」といいます）をまねただけでは著作権侵害とはならないということです。たとえば、「宇宙を舞台とし、ロボット同士が戦う戦争もの」や、「赤色のズボン、黄色の靴を履いたネズミ」という「思想」をまねても著作権侵害とはなりません。

ネットで商品をPRするときの
ルールは？

働いているお店の商品やお店自体について、店長から「インターネットでPRをしてほしい」と頼まれました。何かルールはあるのでしょうか。

A

❀ 基本ルール

インターネットでのPRに限らず、あらゆるPR表示（広告や店頭POP・商品ラベル等の商品説明を含みます）については、法律でルールが決まっています。実際よりも著しく良い品質だと思わせたり（優良誤認）、実際よりも著しくお得だと思わせたり（有利誤認）する表示をすることは、違法です。優良誤認表示とは、たとえば松阪牛ではない牛肉を「松阪牛」と表示したり、実際には効果を証明できない商品について「誰でも7日間で必ず痩せる！」と表示したりすることをいいます。また、有利誤認表示とは、たとえば実際には他店のほうが安いにもかかわらず「日本一安い！」と表示したり、必須の追加料金があることを隠して値段を表示することをいいます。

これらのルールは「不当景品類及び不当表示防止法」（景品表示法）で定められており、ルールに反した場合、その表示をしたお店が、違反したことを周知されるなどの「措置命令」を受けたり、売上の3％を納める必要のある「課徴金命令」を受けたりすることになります。

PRを作成するときは、「嘘をつかない」「根拠のないことを書かない」「重要なことを隠さない」ということに特に注意するとよいでしょう。

❀ SNS・口コミサイト等でPRするときの注意

SNS・ブログ・口コミサイト等で自分の勤務先の商品やお店自体をPRする場合、基本ルールを守ることに加えて、特に注意するべきことがあります。

「ステマ」という言葉を聞いたことはありませんか。ユーザーの純粋な感想だと思って読んでいた文章が、実はお店の人や、お店の人からお金をもらっている人によるPRだったら、だまされたような気持ちになりますよね。そういった、PRと気づかれないようにPRしたり、口コミを投稿したりする行為を、「ステルス・マーケティング」、略して「ステマ」といいます。

お店の人やお店の人からお金をもらっている立場で、SNS・ブログ・口コミサイトでPRするときは、そのお店自身によるPRであることを明記して、ステマにならないようにする必要があります。

❀ 最後に

これまでに説明したルールについては、「景品表示法」で調べると出てくる消費者庁のWebサイトにも詳しい情報が掲載されています。特に「事例でわかる景品表示法」というパンフレットはわかりやすいので、参考にしてみてください。

インターネットでPRするときに注意すべき点をまとめると、以下のとおりです。

● **基本ルール**
- 嘘をつかない
- 根拠のないことを書かない
- 重要なことを隠さない

● **ステマをしないためのルール**
- PRであることを明記する

● **その他**
- わからないことがあったら、消費者庁のWebサイトを確認する

Q 5-6

ネット掲示板上の
誹謗中傷への対処法は？

ネットの掲示板を見ていたら、私のことを誹謗中傷する投稿がありました。このまま投稿がいろいろな人に見られてしまうと思うと不安です。誰に対してどのような責任を問えますか。

A

❖ 投稿の削除を求める

誹謗中傷の投稿をそのままにしてしまうと、いろいろな人がその投稿を見てしまうかもしれません。そのため、投稿を放置したままだと、あなたの名誉が傷つく可能性があります。そこで、まずは問題となっている投稿の削除を求めることが考えられます。

では、誰に対して投稿の削除を求めればいいのでしょうか。

まず、投稿した人（投稿者）に対して、投稿の削除を求めることが考えられます。しかし、掲示板によっては、投稿者に投稿を削除する権限がない場合もあります。その場合には、掲示板の管理者、あるいはサーバー管理者に対して、問題となる投稿の削除を求めることになります。

なお、次に説明する損害賠償を請求しようと考えている場合には、削除を求めることと並行して、投稿内容を保存しておくことも大切になります。

❖ 損害賠償を請求する

掲示板上で誹謗中傷を行った投稿者は、他人の名誉を傷つけたことになります。そのため、誹謗中傷をされた人は、投稿者に対して、名誉毀損の不法行為に基づく損害賠償を請求することが考えられます（民法709条、710条）。しかし、投稿者を特定することは容易ではありません。特に、匿名の掲示板であれば、どこの誰が投稿したかわからないことのほうが多いでしょう。そのような場合には、プロバイダに投稿者の情報を教えてもらう

「発信者情報開示請求」（詳しくは**Q5-8**参照）により、投稿者を特定することが重要になります。

また、誹謗中傷する投稿を放置した掲示板の管理者に損害賠償を請求することも考えられるでしょう。ただし、掲示板の管理者には常に責任が認められるわけではありません。掲示板の管理者に対して損害賠償を求めるには、一定の要件を満たす必要があります。

❖ 刑事上の責任追及をする

誹謗中傷する投稿が、刑法上の名誉毀損罪（刑法230条）や侮辱罪（同法231条）にあたる場合があります。その場合、民事上の責任追及だけでなく、告訴をするなどして、刑事上の責任を追及することも考えられます。なお、侮辱罪は、SNSなどインターネット上の誹謗中傷が社会問題となったことをきっかけに改正され、令和4年7月7日に施行されました。これにより法定刑が引き上げられ、懲役・禁錮刑（法改正により令和7年6月までに「拘禁刑」に変更になる予定）と罰金刑が追加されました。

また、告訴をする場合にも、投稿者の特定が重要になります。

❖ まとめ

以上をまとめると、次のとおりです。

● **投稿自体に対する対処**
→投稿者や管理者に投稿の削除を求める
※投稿の保存もしておく

● **民事上の責任追及**
→投稿者や管理者に対して損害賠償を請求する
※発信者情報開示請求を利用する

● **刑事上の責任追及**
→告訴をして捜査をしてもらう

掲示板での誹謗中傷は、素早く対処しないと、広く多くの人に知られてしまう可能性があります。もし見つけたら、弁護士に相談するなど、すぐに対応するようにしましょう。

Q 5-7
過去の不祥事がネットに記載されている。削除を要求できる❓

ネット掲示板を見ていたら、私の過去の不祥事に関する投稿がありました。私の過去の不祥事がネットで拡散されてしまうのが怖いです。この投稿を削除してもらうことはできるのでしょうか。

A

🍀 投稿の削除を求める方法

Q5-6で述べたとおり、あなたの過去の不祥事を暴露するような投稿の削除を、投稿者本人や掲示板管理者等に対して求めることができます（「人格権」という権利や、民法723条〔名誉毀損における原状回復〕を根拠とします）。

削除を求めるときの具体的な方法は、①Webサイトのメールフォーム等から削除を求める、②ガイドラインに基づき削除を求める、③裁判で削除を請求するという3つがあります。

🍀 ①について

インターネットの掲示板には、削除を依頼するためのフォームが用意されていることがあります。このフォームに必要事項を入力し、掲示板管理者等に対して任意の削除を求めることができます。この方法は、手軽に削除を求めることができる点がメリットとなります。しかし、あくまで任意ですから、必ずしも管理者が対応してくれるとは限りません。

🍀 ②について

任意の削除が期待できないときは、一般社団法人テレコムサービスという団体が作成したガイドラインに基づき、削除を求めることができます。「プロバイダ責任制限法 関連情報Webサイト」からダウンロードできる書式を参考に書面を作成し、プロバイダ等に郵送します。この書面を受領したプロバイダ等は、投稿者に削除してもよいか確認し、投稿者から7日以内に反論がなければその投稿を削除します。この方法は、次に説明する裁判による方法よりも早い解決を期待できる点がメリットになります。しかし、投稿者から反論があったり、削除を拒否されたりすると、削除されない可能性があります。

🍀 ③について

①や②の方法による削除が期待できないときは、裁判によって削除を求めます。裁判手続のうち、「仮処分」という手続を踏むことが多いです。「訴訟」にした場合は、削除されるまで長い時間がかかることがあるからです。この方法は①や②とは異なり強制力がある点がメリットです。しかし、「仮処分」の手続を踏んだとしても、数か月の時間がかかるうえ、担保金として数十万円程度必要となるなど、お金もかかります。

🍀 3つの方法の選び方

これまで説明してきたとおり、削除要求には3つの方法があります。各項目で説明したメリットとデメリットを比較して、自分に合った方法を選びましょう。たとえば、不祥事の内容について公開されたくないという気持ちが非常に強いのであれば、時間とお金をかけて裁判をするということになるでしょう。

手段	メリット	デメリット
①メールフォームから削除を求める	手軽にできる	削除可能性が低い
②ガイドラインに基づき削除を求める	①よりは削除可能性が高い	・書面の郵送が必要 ・反論、拒否される可能性がある
③裁判手続で削除を求める	勝訴すれば、最も削除可能性が高い	時間と費用がかかる

🍀 注意点

上記の方法によったとしても、必ず投稿の削除を実現できるわけではありません。たとえば、その投稿があなたに関するものだと特定できない場合（このことを「同定可能性がない」といいます）などには、裁判の方法であっても、削除されない可能性があるという点に注意してください。

Q 5-8

匿名掲示板の投稿者をどうやって特定する？

掲示板を閲覧していたら、私の名誉を毀損するような投稿を見つけました。投稿した人に責任を追及したいのですが、匿名掲示板なのでどこの誰が投稿したのかわかりません。どのように投稿者を特定すればよいのでしょうか。

A

❀ どのような責任追及ができる？

名誉を毀損されるような投稿には、その投稿を削除してもらうほかに、不法行為に基づいて損害賠償を請求する（民法709条、710条）、刑事告訴をするなどの措置をとることが考えられます。詳しく知りたい人は、**Q5-6**を参照してみてください。

投稿の削除であれば、その投稿があなたの名誉を傷つけていることがわかれば十分でしょう。しかし、損害賠償を請求するためには、「どこの誰が投稿したか」を特定する必要があります。そのため、投稿者の特定が重要になるのです。

なお、法律では、投稿者のことを「発信者」といいますので、以下では「発信者」と表記します。

❀ 発信者情報開示請求

掲示板に書き込みをすると、どこの誰が書き込みをしたかについて記録が残ります。これを「ログ」といいます。このログは、プロバイダに３か月〜６か月間ほどを目安に保存されます（ずっと残るわけではないので注意が必要です）。

そのため、ログを持っているプロバイダに対し、発信者の情報を提供するよう求めていくことになります。この手続を、「発信者情報開示請求」といいます。

なお、プロバイダとは、掲示板の運営者であったり、インターネットの回線の提供者などを指します。

❀ 発信者情報開示請求の流れ

発信者情報開示請求をするためには、どこの掲示板で問題の投稿がされているかを特定しなければなりません。そのため、まずは掲示板のURLと、そのURLで表示されるページのどの投稿が対象となるのかを特定します。

対象が特定できたら、裁判所に申立てをします。申立ては、裁判所からプロバイダに対して、「発信者の情報を開示せよ」との命令を出してもらうことが目的です。裁判所から開示命令が出たら、プロバイダから発信者の情報を教えてもらうことができます。

なお、発信者の情報開示の申立てと併せて、プロバイダに対して、発信者の情報を消去しないように求める、消去禁止命令の申立てをすることもできます。これにより、発信者の情報が開示される前に、プロバイダが持っている発信者の情報が消去されることを防ぐことができます。

教えてもらえる情報は、発信者の氏名、住所、電話番号、メールアドレス、IPアドレス（ネット上の住所）、タイムスタンプ（いつ発信したか）などです。

これらの情報をもとに、損害賠償を請求していくことになります。

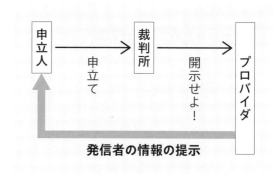

匿名掲示板で名誉を毀損される書き込みがされたからといって、諦める必要はありません。発信者情報開示請求ができるかどうか、検討してみてください。

Q 5-9
ネット上で職場の情報を漏えいすると、どのような責任を問われる？

ネット上で、リリース前の新商品を公開し、職場の機密情報を漏らしてしまいました。私は今後、何か責任を問われることになるのでしょうか。

A

❖ 従業員としての地位への影響

職場（勤め先である会社）には、通常、従業員が守らなければならない決まりを定めた就業規則が存在します。就業規則の中には、職場で知り得た情報を外部には公表してはならないという秘密保持義務の条項や、会社に不利益を生じさせるような行為を禁止する条項等が定められていることが通常です。

ネット上に職場の情報を漏えいした場合、その情報の内容にもよりますが、上記のような就業規則違反をしたことを理由に、懲戒処分として、会社から戒告や減給等の処分を受ける可能性があります。また、故意に会社の機密情報を公開し、大きな損害を会社に与えてしまった場合には、懲戒解雇のように重大な処分がなされてしまう可能性もあります。

❖ 会社からの民事上の責任追及

職場の情報をネット上に漏えいしたことにより、会社に損害が生じてしまったときには、民事上、会社から損害賠償請求をされる可能性もあります。たとえば、職場の会社の取引先との取引内容を公開したことで会社が取引先を失った場合や、未公開のサービスや商品の情報を先に公開してしまったことで、会社の広告宣伝活動等に悪影響が出た場合が考えられます。このような場合、会社が取引先から得られたはずの利益分の損害、広告宣伝活動のための外部業者との契約を再締結するための損害等、多額の損害賠償請求をされてしまうおそれがあります。

❖ 刑事上の責任

さらに、漏えいさせた情報が、会社の営業秘密にあたる場合には、その営業秘密の取得方法によっては、不正競争防止法上の不正競争行為に該当し、会社からの侵害行為の差止請求、損害賠償請求、信用回復のための措置の請求を受ける可能性があります。

営業秘密に該当するためには、その情報が秘密として管理されていて、事業活動に有用な技術上または営業上の情報で、公然と知られていないことが必要です。営業秘密に該当するかどうかをめぐっては、裁判上でも争われることがよくあります。

❖ 会社側に発生する責任

職場の情報を漏えいさせた場合には、従業員のみならず会社側にも責任が生じる可能性があります。たとえば、漏えいさせた情報の中に取引先等の第三者の情報が含まれていた場合には、第三者から会社に対して「従業員の使用者としての責任」に基づく損害賠償請求をされることがあります。また、漏えいした情報の中に顧客等の個人情報が含まれていた場合には、被害者個人からの損害賠償を使用者である会社が受けるほかに、個人情報保護委員会から個人情報の取扱いについての是正勧告、改善命令等を受ける可能性もあるでしょう。

● 職場の情報漏えいをした場合の責任
① 従業員の地位への影響
② 民事上の損害賠償請求
③ 職場も損害賠償請求等を受ける可能性

※いずれにせよ重大な責任が生じ得るため、職場の情報は慎重に取り扱いましょう。

Q 5-10

動画投稿サイトにある動画をダウンロードすることに問題はある？

YouTube に大好きなアニメがアップロードされているのですが、時間が経つと削除されてしまいます。いつでも見返せるようにダウンロードしたいのですが、家庭内で視聴するだけであれば問題ないでしょうか。

A

❀ 私的使用目的複製とは

他人の著作物を勝手にダウンロードする行為は、著作権法上、複製権侵害（ダウンロードとは自身のPC等に著作物を保存することであるため、他人の著作物を複製しているといえます）にあたり違法です。もっとも、その例外として、私的使用目的（たとえば、家庭内での視聴を目的とした場合など）での複製は著作権侵害とはならないとされています。

しかしながら、著作権法が改正され、違法にアップロードされた動画をダウンロードする行為は、私的使用目的であっても、一定の要件のもと民事上、刑事上違法とされるようになりました。

❀ 民事上の責任

違法にアップロードされた著作物について、それと知りながらダウンロードする行為は著作権侵害とされます。

従来は、映画や音楽のダウンロードに限り違法とされていましたが、法改正により漫画や画像等の静止画コンテンツについてもダウンロードが禁止されることになったため、注意が必要です。

あくまで違法アップロードであることを知ってダウンロードした場合のみ違法となりますが、「知らなかった」と主張することは事実上困難です。なぜなら、正規のサブスクリプション・サービス（たとえば、Amazon Prime や Netflix など）以外でアップロードされている動画については、違法にアップロードされている可能性が高いといえることから、それをダウンロードする行為が違法であることを認識していたと推定されてしまうからです。

そのほか、静止画コンテンツのダウンロードについては、画質が荒かったり、漫画の1コマにすぎなかったりするような場合には、例外的に適法となることがあります。もっとも、判断は個々の事例により異なるため、基本的にはダウンロードは避けたほうがよいでしょう。

❀ 刑事上の責任

刑事上の責任については、民事と比較して、違法となる場合の要件が追加されています。

まず、あくまで正規版著作物が「有償」で提供されているもののみがダウンロード規制の対象となり、無償コンテンツ（映画のトレーラーなど）のダウンロードは規制対象になっていません。

また、静止画コンテンツについては、「常習性」が必要とされ、単発のダウンロードも規制対象外です。

なお、違法ダウンロードを行った場合には、2年以下の懲役（法改正により令和7年6月までに「拘禁刑」に変更になる予定）、200万円以下の罰金またはその両方が科せられます。

現時点で違法ダウンロードによる検挙事例はないようですが、犯罪であることは確かですので、十分注意が必要です。

- ● 違法にアップロードされた著作物のダウンロードは民事、刑事ともに違法となり得る

- ● 従来は映画や音楽のみだったが、現在は漫画や画像等のダウンロードも違法となり得る

- ● サブスクリプション・サービス以外のWebサイトからのダウンロードは基本的に避けるべき

Q 5-11

サブスクを解約できず、課金されてしまったら？

アプリのサブスクを解約しようとしましたが、解約方法の案内に従って手続を進めても解約することができず、そのまま翌月課金されてしまいました。返金を求めることはできますか。

A

❖ サブスクとは

サブスクリプション・サービス（サブスク）とは、買い切りではなく、料金を支払う（課金する）ことによって一定期間利用できるサービスをいいます。

近年では、インターネットブラウザ上で利用できるサブスクや、アプリケーション（アプリ）で利用できるサブスクも増えていますが、これらには、その手軽さから、簡単にトラブルに巻き込まれてしまうというリスクもあります。たとえば、無料お試し期間の後に課金が発生すると知らずに契約をして、気づいたら課金されていたケースや、解約は電話でしかできない旨記載されているにもかかわらず電話がつながらない等のケースが多発しています。特にアプリのサブスクの場合は、アプリ自体を削除してもサブスクは継続している可能性がありますので、注意しましょう。

❖ どんな場合に返金を求められる？

インターネット上でサブスクを提供する業者は、「特定商取引に関する法律」（特定商取引法）により、申込者が契約をするか否かを判断するために必要な事項を画面に表示する義務を負っています（特定商取引法12条の6第1項）。ここでいう必要な事項とは、具体的には次のとおりです。

- ● 申込みによって得られる商品・サービスの分量
- ● 価格
- ● 価格の支払時期・支払方法
- ● 商品・サービスの提供時期
- ● 申込期間に制約がある場合（たとえば期間限定）、その内容の表示
- ● 解約に関する事項（条件・方法・効果等）

申込者は、業者がこれらの表示義務に違反したことによって契約内容を誤認し、それによって申込みを行った場合には、契約を取り消すことができます（同法15条の4第1項）。

設例では、アプリのサブスク事業者が解約に関する事項を正しく表示しておらず、申込者がその表示を正しいと誤認して申し込んでしまったものですので、契約を取り消すことができます。

そして、取り消された場合、契約は申込時にさかのぼってなかったことになるため、発生した料金については、事業者の不当利得として返還を求めることができます（民法703条）。

また、事業者が契約上、解約自体を禁止する規定や法外な額のキャンセル料を求める規定を設けている場合には、その規定自体が消費者契約法等によって無効となる可能性があります。このような場合でも、発生した料金については事業者の不当利得として返還を求めることができます。

❖ 解決しない場合は？

サブスク業者への問い合わせで問題が解決しない場合には、消費者ホットライン「188番」に電話で相談することができます。それでも解決しない場合には、弁護士に相談することも検討しましょう。

Q 5-12

アカウントを停止されても料金を支払う必要がある？

SNS の有料サービスを利用していたところ、アカウントを停止され、利用できなくなってしまいました。料金は引き続き支払わないといけないのでしょうか。また、後から、アカウントが使えなかった間の料金の返還を求めることはできますか。

A

❖ 契約をチェックしよう

アカウント停止は、基本的にはシステム提供会社と利用者との間の契約に基づいて行われますので、まずは契約内容を確認することが重要です。インターネット上の申込みで完結する契約の場合、申込時に同意した規約や約款が契約の内容となります。申込時に確認した規約・約款から更新された最新のものが適用される場合もありますので、注意しましょう。

今回のケースの場合、契約確認にあたって主にチェックすべきポイントは次の３つです。

❶ なぜアカウントが停止されたのか
❷ アカウント停止期間中、システム利用料等の料金は発生するのか
❸ 通常発生する料金以外を支払うべきか

❖ なぜアカウントが停止されたのか？

まずはどのような場合にアカウントが停止されるのか、その条件を契約内容から確認し、何がアカウント停止の原因になったのかを検討しましょう。たとえば、そのアカウントで人を傷つけるような発言をしていたり、誰かになりすますような行為をしていた場合、アカウント停止原因になる可能性があります。アカウントが停止された原因を知ることができれば、その原因を解消すること

でアカウントを復活させることができるかもしれません。

自分のこれまでの使い方がどのアカウント停止条件にも引っかからないと思われる場合には、システム提供会社に問い合わせてみましょう。

実際には契約上のアカウント停止条件に該当しないにもかかわらずアカウントが停止されていた場合には、アカウント停止中に支払った料金の返還を求めることができる可能性があります。

❖ 料金は発生するか？

次に、アカウント停止中も料金が発生するのかについて契約で確認しましょう。アカウントが停止しても利用できる機能がある場合、その機能の利用料金が発生する場合があります。また、契約によっては、アカウントが停止することによって一切システムが利用できなくなっても、システム利用料が発生する場合もあり得ます。これらの場合、アカウント停止中に契約どおりに支払った料金は、返還されない可能性が高いです。申込時点で契約内容をよく確認しておくことが重要です。

一方で、アカウント停止中は料金が発生しないという契約になっているにもかかわらず、アカウント停止中も料金を請求され支払っていた場合には、システム提供会社に対して料金の返還を求めることができる可能性があります。

❖ 通常発生する料金以外を支払うべきか？

最後に、アカウント停止期間中のシステム利用料等の料金以外のお金を支払わなければならない場合にあたらないかを確認しましょう。たとえば、アカウント停止の原因になった利用者の行為が、システムの基盤に影響を与える等によりシステム提供会社に損害を与えた場合には、同社から損害賠償を請求されることがあります。この場合、契約に明記されていなくても、法律上、同社の請求が認められる可能性もありますので注意が必要です。

普段利用しているクレジットカード会社からWebサイトへのリンクが記載されたメールが届き、促されたとおりクレジットカード番号と暗証番号を入力しました。しばらく時間が経った後、クレジットカードの請求書を見ると、想像よりもはるかに大きな金額が請求されていました。法律上、どのような対応が可能でしょうか。

A

❖ フィッシング詐欺とは

設例のように、メールとWebサイトを利用してクレジットカード番号等の情報を収集することを「フィッシング詐欺」といいます。

しばしば見受けられる手口として、有名なショッピングサイトやクレジットカード会社、銀行の名前を使ってメールを送信し、そこに記載されたリンクから、本物のWebサイトに似せた偽物のWebサイトに誘導したうえで、クレジットカード番号や口座番号、ID・パスワードを入力させるという巧妙なものが用いられます。

❖ フィッシング詐欺の法規制

フィッシング詐欺は、「不正アクセス行為の禁止等に関する法律」（不正アクセス禁止法）で禁止されています。同法により、フィッシング詐欺を行った者には1年以下の懲役（懲役とは、刑務所に入り、「刑務作業」といわれるさまざまな作業を行う刑罰のことをいいます。なお、法改正により令和7年6月までに「拘禁刑」に変更になる予定です）または50万円以下の罰金が科されます。

❖ フィッシング詐欺の種類

不正アクセス禁止法上、フィッシング詐欺は2種類に分けられます。本物のWebサイトに似せた偽物のWebサイトである「フィッシングサ

イト」を公開する手口（同法7条1号）と、「フィッシングサイト」を用いずに、電子メールによってID・パスワードの情報を取得するという手口（同条2号）です。

最初に説明した、偽物のWebサイトのリンクを電子メールで送る行為は、通常、前者の手口にあたるとされています。

フィッシング「詐欺」というと、お金をだまし取られてはじめて犯罪になると思う人もいるかもしれません。しかし、不正アクセス禁止法では、「フィッシングサイト」をインターネットに公開した時点、あるいは電子メールを送信した時点で、犯罪が成立するとされています。

❖ フィッシング詐欺の対策

繰り返し説明しているとおり、フィッシング詐欺の手口は、メールに記載されたリンクにアクセスさせ、重要な情報を入力させることです。したがって、メールに記載されたリンクにむやみにアクセスしないことが重要です。身に覚えがあるメールであっても、リンクのURLが「https://」で始まっているかを確認したり、先出人企業のWebサイトや「マイページ」でそのようなメールが届く可能性があるかを調べたりするなど、慎重に対応することが望ましいです。

❖ もし被害を受けたら

フィッシング詐欺の被害を受けてしまった場合には、金融機関やカード会社に連絡して暗証番号を変更したり、ショッピングサイトなどのWebサイトにアカウント停止を申し出たりするなど、早急に対応することが必要です。そのうえで、警察やフィッシング対策協議会への情報提供を行うとよいでしょう。

Q 5-14
リベンジポルノについては、どんな法規制がある？

私の元交際相手は、私のことをよくスマートフォンで撮っていました。デートの時だけじゃなく、私が裸の状態の写真も撮られてます。最近、リベンジポルノが問題になっていることを知り、元交際相手が私の裸の写真をネットに公開しないか心配です。リベンジポルノは、法律でどのように規制されているのでしょうか。

A

❖ リベンジポルノとは

リベンジポルノとは、嫌がらせ目的などで、元交際相手等の性的な写真や動画をインターネット上に公開することを指します。スマートフォンの普及に伴い、リベンジポルノの被害が深刻になったため、これを規制するために「私事性的画像記録の提供等による被害の防止に関する法律」（リベンジポルノ防止法）が制定されました。

❖ 対象になる写真・画像

リベンジポルノ防止法では、他の人に見せることの同意を得ないで撮影された私事性的画像記録の提供等を禁止しています。この私事性的画像記録というのは、性行為を撮影した写真・動画や、性器等（性器、肛門または乳首）を触ったり触られたりしている写真・動画などが対象になります。そのほか、性器等やその周辺、お尻や胸を露出したり強調している、性的に興奮させるような写真や動画についても対象になります。

基本的には、他人に見せたくない、性的な写真や動画がリベンジポルノ防止法の対象になる可能性があると考えてよいでしょう。

❖ 規制の対象となる行為

リベンジポルノ防止法では、私事性的画像記録の提供等を禁止しています。この「提供等」とは、撮影されている人が特定できるような方法で、多くの人にインターネット等で公表すること（以下「公表罪」といいます）と、公表させることを目的に、公表を考えている人に提供すること（以下「提供罪」といいます）が対象になります。

❖ リベンジポルノ法に違反した場合の刑罰

リベンジポルノ防止法に違反した場合、公表罪は3年以下の懲役または50万円以下の罰金となります。また、提供罪は、1年以下の懲役または30万円以下の罰金となります。

ただ、リベンジポルノ防止法は、親告罪となっています。そのため、リベンジポルノの被害に遭ったとき、警察等に、被害を受けていて処罰を求めることを伝える告訴をすることが必要になります。

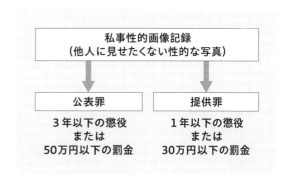

❖ 他の法律との関係

私事性的画像記録の公表行為は、リベンジポルノ防止法以外にも、わいせつ物頒布罪（刑法175条）、名誉毀損罪（同法230条）にあたる可能性があります。

罰則があるとはいえ、拡散されると完全に消すことは困難ですから、交際相手だからと安易に性的な写真を撮らせないよう注意が必要です。

※なお、文中の「懲役」は、法改正により令和7年6月までに「拘禁刑」に変更になります。

スキミングの被害に遭ったら補償を受けられる？

春からの新生活に備え、クレジットカードを契約しようと思っているのですが、調べてみたらスキミングという行為で被害に遭うこともあるそうで不安に思ってます。そもそもスキミングって何ですか。また、スキミングの被害に遭ったらどうすればいいでしょうか。

A

❖ スキミングとは

「スキミング」とは、クレジットカードやキャッシュカードの磁気ストライプ（黒い線の部分です）にある情報をスキマーという機械などで盗み取り、カードを偽造することをいいます。

スキミングされる場合、カードの情報だけでなく、カードの暗証番号も盗もうとしてきます。カードの情報と暗証番号が合わさることで、偽造カードを使うことができるようになるのです。

❖ スキミングによる被害

スキミングをされると、自分の知らないところで不正にショッピングなどで使われていたり、口座からお金を引き落とされたりするなどの被害に遭う可能性があります。

❖ スキミング被害を防ぐためには

スキミング防止のために、まず、カードを放置しないことが大切です。ちょっとだけだから大丈夫と、財布やカードを置きっぱなしにしないようにしましょう。

また、最近のクレジットカードはタッチ決済ができるものもありますので、これを使うことも考えられるでしょう。

偽造カードを使うには暗証番号も必要になります。万が一に備えて暗証番号を定期的に変えておくのもよいでしょう。

そして、クレジットカードの利用明細や銀行口座の入出金記録を定期的に確認し、覚えのない買い物の記録や引き出しの記録がないかチェックしましょう。

❖ もしスキミング被害に遭ったら

もし、スキミング被害に遭って不正にショッピングで使われたり、口座からお金を引き出されたりした場合、補償を受けられる可能性があります。

クレジットカードについては、会員規約に補償についてのルールが定められています。基本的には、不正使われたのがわかったら、速やかにクレジットカード会社に連絡し、警察に被害を届け出れば、不正利用の支払いが免除されたり、支払ってしまった代金の補填を受けられる可能性があります。

キャッシュカードについては、預金者保護法が補償について定めています。こちらも不正利用の事実を銀行に報告し、事情を説明し、警察に被害を届け出ることで補償を受けられる可能性があります（預金者保護法5条1項、2項）。

ただし、補償を受けられる期間は、クレジットカードだと多くの場合60日、キャッシュカードだと30日（同条6項）とされています。また、あなたに落ち度があったと認められた場合、補償が受けられなかったり、補償の割合が変わってしまう可能性がありますので注意が必要です。

カードの不正利用を発見したら……

① カード会社や銀行に連絡をする
② 警察に被害を届け出る

➡ 補償を受けられる可能性あり
　※補償期間に注意

第**6**章

仕事に関する
法律知識

Q 6-1

会社って何？

学校を卒業すると、多くの人が会社で働くことになりますが、「会社」とは具体的にどのようなものなのでしょうか。

A

会社にはどんな種類がある？

法人とは、法律に基づき人と同様に権利義務の主体になることが認められた存在のことを指します。法人には、国や地域のための活動を行う公法人と私人が設立する私法人があります。私法人には、営利（事業活動によって利益を得て、構成員に分配すること）を目的とする営利法人と、営利を目的としない非営利法人があり、会社は営利法人に分類されます。「会社」という言葉から、会社が所在しているオフィスなどの建物を想像するかもしれませんが、「会社」は、人とお金の集合体のことを指します。

株式会社はどういう仕組み？

株式会社を運営していくためには、従業員が会社の指示に従い働くこと（労務の提供）に対する対価としての給料、商品の材料を仕入れるための費用、会社のオフィスを借りるための賃料などの資金が必要です。

その資金を集めるために、会社は株式と呼ばれるものを発行します。株式は、1株○円といった形で価格を付けることができ、その株式を購入してもらうことで資金を集めます。株式を購入した人のことを株主といい、株式を持つこと（「出資」といいます）によっていくつかの権利を持ちます。

たとえば、会社に利益（会社が儲けたお金から、会社の運営に必要なお金を支払った後に残ったお金）が発生している場合には、保有している株式数に応じて利益の分配を受けること（配当）ができます。また、会社の役員（会社の運営に対して責任を持つ

人）の選任や解任などの重要な事項を決める会議（株主総会）において、賛成や反対の投票をすることができます。会社の重要な事項については株主総会において多数決で決定するため、株式を多く持っている株主の意見が反映されやすい仕組みになっています。

なお、日常用語では「社員」は会社の従業員のことを指すことが多いですが、会社法等の法律では「社員」は会社の株主のことを指します。

株主と取締役の関係性

株式会社では、会社の構成員である株主が株主総会の決議により取締役を選任し、取締役に会社の運営（経営）を任せる仕組みになっています。この仕組みにより、財産を持っている人はその財産を会社に出資して株主になり、経営の才能を持つ者を取締役として選任することで事業を行うことができます。取締役の中で会社を代表する役割を担う者が代表取締役です。会社の取引は、代表取締役が会社を代表して行います。

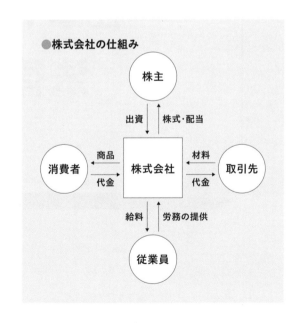

●株式会社の仕組み

Q 6-2

正規雇用と非正規雇用って何が違う？

私は契約社員として働いています。職場で同じ仕事をしている正規雇用の人だけに通勤手当（交通費）が支給されているようです。私は契約社員なので交通費が支給されなくても仕方がないのでしょうか。

A

◈ 正規雇用と非正規雇用

正規雇用とは、期間に制限がなく、フルタイムで働く労働契約を締結して働くことをいいます。

非正規雇用とは、正規雇用以外の働き方すべてを指す言葉です。具体的には、契約社員、派遣社員、アルバイト、パートタイマー、日雇いなどの働き方があります。

◈ それぞれの雇用形態

正規雇用は契約期間に制限がないので、退職しない限りは同じ会社で働くことになります。基本的にはフルタイム（「1日8時間、週5日」など、職場で定められている勤務時間の全部）で、長期間働くことが想定されています。

非正規雇用の場合は契約期間や業務内容が制限されていることもあります。出勤日数が1週間に2日や3日程度と少なかったり、1日の労働時間が正規雇用の人よりも短かったりすることがあります。正規雇用に比べると、さまざまな働き方が選択できることが多いのが特徴です。

◈ 同一労働同一賃金とは

日本では、非正規労働者の割合が約4割近くにのぼりますが、これまで、正規雇用の人も非正規雇用の人もまったく同じ仕事をしているのに、待遇に大きな差があるという実態がありました。そこで、このような差を解消し、どのような働き方（雇用形態）であっても公正な待遇を確保することを目指すことになりました。公正な待遇が確保されることで、自分に合った働き方を柔軟に選択できるようになることが期待されています。

このような正規雇用と非正規雇用との間の不合理な待遇差を解消することを総称して、「同一労働同一賃金」と呼んでいます。

◈ 同一労働同一賃金の具体的な内容

同一労働同一賃金の具体的な内容は、均衡待遇と均等待遇の2つに分けることができます。

均衡待遇は、正規雇用と非正規雇用の働き方が異なる場合には、その違いに応じた待遇のバランスをとる必要があるというものです（不合理な待遇差の禁止）。

均等待遇は、正規雇用と非正規雇用の働き方が同じなのであれば、同じ待遇が必要であるというものです（差別的取扱いの禁止）。

不合理な待遇差かどうかは、待遇ごとによって、①職務の内容（業務の内容と業務に伴う責任の程度）、②職務の内容や配置の変更の範囲、③その他の事情から、待遇の性質・目的に照らして考慮要素を選択して判断することになります。正規雇用の人との間に不合理な待遇差があった場合には是正してもらうようにしましょう。

● 不合理な待遇差の具体例

- 通勤手当を正規雇用には全額支給し、非正規雇用には支給しない
- 給食手当（食事を補助する費用）を正規雇用には支給し、非正規雇用には支給しない

派遣は直接雇用と何が違う？

働いている職場に「派遣」の人と「直接雇用」の人がいます。同じ職場で働き、一緒にお昼ご飯を食べたりしているので、具体的に何が違うのかがよくわかりません。派遣と直接雇用にはどんな違いがあるのでしょうか。

A

❖ 派遣と直接雇用

派遣社員と直接雇用社員の大きな違いは、雇用主（雇用している者）です。

直接雇用の社員の場合、働いている会社との間で、直接、雇用契約を締結しています。そのため、雇用主は働いている職場の会社になります。従業員は雇用主から仕事の指示（指揮命令）を受けて働き（労務の提供）、雇用主から給与が支払われます。

派遣社員の場合、派遣会社との間で雇用契約を締結して働いています。そのため、雇用主は派遣会社になります。もっとも、派遣社員は、雇用主である派遣会社の職場で働くのではなく、派遣会社と派遣契約を締結している会社（派遣先企業）に派遣され、派遣先企業から仕事の指示（指揮命令）を受けて働くことになります。給与は働いている職場ではなく、派遣会社から支払われます。

❖ なぜ派遣社員が必要とされるの？

会社の業務量は一年中すべて同じではなく、時期によって業務量に波があることも多いです。また、急に社員が辞めたり、一定期間仕事を休む（休職する）人が発生したりすることもあります。必要な時だけ働いてほしいという会社の要望があるため、派遣社員は会社から必要とされています。

❖ 派遣社員にはどんなメリットがあるの？

派遣社員として働く場合、直接雇用の社員に比べると、自分に合った働き方を選択できる可能性が高いです。家庭の事情で長時間働くことが難しい人や、働く日数や時間を調整した人に向いている働き方です。

また、派遣社員の場合、派遣会社が、働く場所の候補を探してきてくれます。自分の給与や待遇などに関する交渉も派遣会社が代わりに行ってくれます。働く場所を探すことや給与や待遇に関して派遣先企業と直接話すことが苦手な人には負担が少なくなります。

❖ 派遣社員にはどんなデメリットがあるの？

派遣社員の場合、基本的には同じ職場の同じ部署で働くことができる期間は最大3年間です。それ以降も同じ職場で働き続けたい場合には、派遣先の会社と直接雇用契約を締結したり、別の部署で働いたりする必要があります。そのため、一つの職場で長期間働きたい人にとっては不向きな働き方になります。また、業務内容が制限されていることにも注意が必要です。なお、一定期間後に派遣先企業で直接雇用に切り替えることを前提とした「紹介予定派遣」というものもあります。

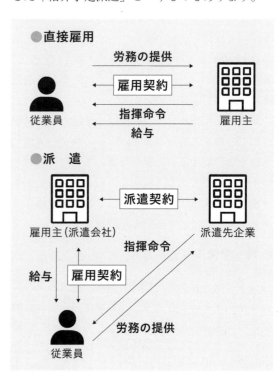

●直接雇用

労務の提供 →
← 雇用契約 →
指揮命令 ←
給与

従業員　　　　　雇用主

●派遣

← 派遣契約 →
雇用主（派遣会社）　　　派遣先企業
指揮命令
給与　雇用契約
従業員
労務の提供

Q 6-4

フリーランスと直接雇用は何が違う？

友人が特定の会社には雇われずに、フリーランスとして働いています。自分で仕事を選び、自分が決めた場所や時間で働いているそうです。とても自由な働き方だと思ったのですが、フリーランスと会社員は何が違うのでしょうか。

A

♣ フリーランスとは

フリーランスとは、誰かを雇うことなく一人で働いている人（個人事業主）や、法人ではあるものの、自分が社長で、そのほかには従業員を雇用していない会社を経営している人のことを指します。いずれも、自分個人の専門的な知識やスキル、経験を活かして報酬を得ている点が特徴です。

♣ 会社員とは何が違うの？

会社員は、会社の指示に従い働く必要がありますが、安定的な報酬が期待できます。フリーランスは、仕事の内容や量を自分で調整できますが、仕事を受注しないと報酬を得ることができないため報酬の安定性が劣ります。

♣ フリーランスの保護はどのようになされるの？

フリーランスは、取引先と請負契約や準委任契約などの業務委託契約を締結して働いているため、雇用契約に基づき働く労働者ではありません。そのため、原則として労働関係法令の適用を受けず、労働者としての保護を受けることはできません。もっとも、形式上は業務委託契約であっても、取引先から（従業員と同様に）指揮命令を受けたりするなどして実質的には労働者であると判断される場合には、フリーランスであっても労働関係法令が適用され、それらによる保護を受けることができます。

フリーランスに労働関係法令が適用されない場

合には、独占禁止法や下請法が適用され、それらによって不公正な取引から保護されることになります。もっとも、下請法が適用されるのは一定の金額以上の資本金の会社が発注者になる場合に限られるため、不公正な取引を防止することが難しいなどの実情がありました。このような現状を踏まえ、フリーランスとの取引の適正化及び就業環境の整備を目的とした法律（フリーランス新法）が令和 5 年 4 月に成立しました。

フリーランス新法により、取引の適正化の観点から、仕事の内容や報酬の金額等の契約条件の書面または電磁的方法による明示や、仕事の完了・納品から60日以内の報酬の支払いなどが義務化されます。また、一定の期間以上の取引については、一方的な受領拒否・報酬減額・返品、相場よりも著しく低い報酬額の設定、発注者が正当な理由なく指定する役務・商品の利用強制が禁止されます。さらに、発注者のために金銭や役務などの利益を提供させることや、フリーランスの責めに帰すべき事由なく内容の変更をさせたり、やり直しを求めることによってフリーランスの利益を不当に害したりしてはならないとされました。

一方で、就業環境の整備の観点からは、仕事の募集事項の正確性や最新性の維持、育児介護等への配慮、ハラスメントに関する相談対応などの必要な体制整備、契約を中途解除する場合などには30日前までの予告が求められることになりました。

● フリーランスのよくあるトラブル

- 仕事を受ける際に、仕事の内容の詳細や報酬の金額を教えてもらえない
- 報酬が支払日までに払ってもらえない
- 報酬を一方的に減額される
- 仕事の内容を一方的に変更される

Q 6-5

ブラックバイトって何？

時間に余裕が出てきたので、SNSで偶然見つけたアルバイトに応募しました。実際に働き始めてみると、休憩時間もまともにとれず、シフトの希望も無視されてしまいます。もう辞めたいのですが、どうしたらよいでしょうか。

A

❀ ブラックバイトとは

知識や経験の少ない学生や若年層に対して過酷な環境で働かせるアルバイトのことを「ブラックバイト」と呼びます。ブラックバイトによって本来の学生生活や日常生活に支障が生じてしまうこともあるため問題になっています。多くの場合、会社の働かせ方は違法行為です。

● ブラックバイトの具体例
 ・シフトの希望を無視される
 ・労働時間が長すぎる
 ・休みがもらえない
 ・給料が支払われない
 ・最低賃金未満の給料しか支払われない
 ・残業代がもらえない
 ・給料の支払いが遅れる
 ・業務で失敗した場合に損害賠償として給料から天引きされる
 ・厳しい目標（ノルマ）が設定されるなど過剰な要求をされる
 ・パワハラやセクハラなどのハラスメントが横行している
 ・代わりの人を見つけるまで辞められない

❀ どうやったら辞められるの？

ブラックバイトを辞めるときは、勤務先の会社に対して辞める意思を率直に伝えましょう。法律上、期間の定めがないアルバイトの雇用契約であれば、辞めたい日の2週間前までに会社に連絡を

することで、会社の承諾を得ずに辞めることができます。給料が支払われない場合やハラスメントがひどい場合等は、会社の働かせ方は違法行為ですから、退職日までの2週間を待たずすぐに出勤をやめることも考えて構いません。

「自分が辞めてしまうと他の人に迷惑がかかってしまうかもしれない…」と悩む必要はありません。誰かが辞めても職場が困らないような状態にしておくことは会社の責任だからです。

辞める意思を伝える方法に特に制限はありません。口頭で伝えても法律上は有効ですが、「辞めたいという連絡は受けていない」と会社から反論されてしまう可能性があります。そのため、LINEや書面などの証拠が残るもので伝えるようにしましょう。

【退職届の記載例】

株式会社〇〇　御中

退職届

　このたび、一身上の都合により、〇年〇月〇日をもって退職いたします。

〇年〇月〇日
〇〇〇〇（氏名）

❀ ブラックバイトで悩んだときは？

アルバイトに応募する段階でブラックバイトを見分けることができるのが一番良いですが、実際には働いてみないとわからないことも多いです。

少しでも「おかしいな？」と思ったら、まずは一人で悩まずに周りの人に相談してみることが大事です。学生課（大学生や専門学生の場合）、労働基準監督署（労基署）、弁護士、労働組合などに相談してみましょう。

相談する際には、「おかしいな？」と思ったことに関する証拠を保存するようにしましょう。具体的には、アルバイト先からの仕事に関する連絡内容をスクリーンショットなどで保存したり、会話内容を録音したりしましょう。そういったことが難しい場合には、出来事をできる限り詳細にメモするという方法もあります。

Q 6-6

内定は辞退できる？

私は就職活動中の大学4年生です。先日第2志望の企業から内定をもらいました。すぐに返事が欲しいといわれ、第1志望の結果が出るのはまだ先で、受かるかどうか不安もあったことから、その場で内定を受諾してしまいました。しかし、今日になって第1志望の企業から内定の連絡が…。一度受諾してしまった内定を辞退しても大丈夫でしょうか。

A

❖ 内定とは

「内定」というのは法律で使われている用語ではなく、その実態は多様です。したがって、内定が法的にどのような意味を持つかは、個別の事情に応じて判断されることになります。

ただし、次の図のように一般的な採用プロセスの場合、企業の募集は「労働契約の申込みの誘引」にあたり、これに対する学生のエントリーは「労働契約の申込み」にあたると考えられます。

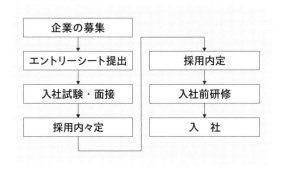

企業の募集	
エントリーシート提出	採用内定
入社試験・面接	入社前研修
採用内々定	入　社

そして、企業からの内定通知は、この学生の労働契約の申込みに対する承諾とみることができることから、一般的には、内定通知の時点で労働契約が成立すると考えられています（契約は申込みと承諾により成立します）。なぜなら、内定通知の後には企業から労働契約締結のための意思表示をすることが予定されておらず、また、内定をもらっ

た学生は、その時点で他の企業への就職の機会と可能性を放棄するのが通常であり、その法的地位を早期に安定させる必要があるため、このように考えるのが妥当だからです。

なお、正式な採用内定日よりも前に、企業の採用担当者が学生に対して採用が決まった旨を伝えるケースも多くみられます（採用内々定）。やはり個別の事情次第にはなりますが、一般的には採用内々定には法的な意味はなく、この時点ではまだ労働契約は成立していないと考えられています。正式な内定通知がその後に予定されている以上、正式な内定時までは労働契約締結の確定的な意思表示はされていないと考えるのが自然だからです。

❖ 内定辞退の可否

以上のように、内定時点から労働契約が成立しているとすると、内定辞退は内定者側による「労働契約の解約」にあたるということになります。そして、民法上、労働者側からの労働契約の解約は、2週間前までに予告すれば理由を問わず自由にできることとされていますので、原則として内定辞退をしても問題ありません。

辞退にあたり企業側の承諾を得ることも不要ですので、企業側が内定辞退を拒絶することもできませんし、法的に許容されている以上、内定辞退により生じた損害について損害賠償請求されることも基本的にはありません。ただし、たとえば入社前研修等に参加しておきながら、入社日直前になって特に理由もなく内定辞退を申し出るなど、内定辞退が著しく信義に反する態様でなされたときは、例外的に、企業側が新たな採用活動をするために必要となる費用等について内定者側に損害賠償責任が生じる可能性があります。そのため、当然のことではありますが、内定を受諾する際にはよく考え、受諾後に辞退すると決めたらできるだけ早めに誠意をもって伝えることをお勧めします。

Q 6-7

内定を取り消されてしまったら？

私は、無事第一志望の企業から内定をもらい、入社前研修にも参加しました。しかし、先日会社から「実は面接時の印象が悪く、不適格と思っていたが、研修中の様子を見ていてもその印象が打ち消されなかった」として、内定を取り消されてしまいました。到底納得できないのですが、このような内定取消しは適法なのでしょうか。

A

❖ 内定取消しができる場合

一般的に、内定の時点で労働契約が成立すると考えられていることは**Q6-6**のとおりですが、より厳密に言うと、誓約書や内定通知に記載された一定の取消事由などが生じた場合に解約できる権利が会社に残された（解約権が留保された）労働契約が成立すると考えられています。

内定者側に生じた事由を理由とする会社による内定取消しは、この留保された解約権の行使による労働契約の解約であり、客観的に合理的な理由を欠き、社会通念上相当であると認められない場合は無効となります。

裁判例によれば、「採用内定当時知ることができずまた知ることが期待できないような事実」を理由として「解約権留保の趣旨、目的に照らして客観的に合理的と認められ社会通念上相当として是認できる」場合に限り、内定取消しが認められるとされています。

そうすると、設例のように、面接時の印象が悪かったというのは採用内定段階で知ることができた事情であることから、それが打ち消されなかったことを理由とする内定取消しは無効である可能性が高いと考えられます。

内定者側に生じた事由を理由とする内定取消しが適法なのは……

「採用内定当時知ることができずまた知ることが期待できないような事実」を理由として、「解約権留保の趣旨、目的に照らして客観的に合理的と認められ社会通念上相当として是認できる」場合

● 面接時の印象が陰鬱だったことを理由とする取消し
　→ 認められない可能性が高い

● 成績不良等による卒業延期、健康状態の著しい悪化、企業秩序を乱し信頼関係を損なうような経歴等の虚偽申告・非行等を理由とする取消し
　→ 認められる可能性が高い

なお、業績悪化など会社側の都合による採用内定取消しについては、整理解雇（会社の業績の悪化等を理由とする解雇。**Q6-25**参照）の場合と同様に、①人員削減の必要性、②解雇回避努力義務の履行、③人選の合理性、④手続の相当性という要件を満たす必要があるとされており、簡単に認められるものではありません。

❖ 内定が取り消された場合の対応

設例のように内定取消しが合理的な理由を欠いている場合は、内定者は、内定取消しの無効を主張して、企業に対し、自身がその会社の従業員であることの確認を求めることができます。

また、内定取消しがなければ得られたであろう利益（賃金相当額）や、違法な内定取消しによって著しい精神的苦痛を被った場合は、その慰謝料について損害賠償請求が認められる可能性があります。

企業側がこれらの主張を認めない場合は、最終的には訴訟や労働審判により解決を求めることになります。

Q 6-8

残業代はどんなときにもらえる？

私の勤め先の会社は激務で、毎日のように終電近くまで働いていますが、少ししか残業代が出ていないようです。そもそも残業はしなければならないのでしょうか。また、残業代はどんなときにもらえるのでしょうか。

A

❀ 残業はしなければいけないの？

労働基準法において、労働時間の上限は原則として１日８時間、週40時間と決められています（法定労働時間）。会社は法定労働時間の範囲内で、その会社における通常の勤務時間を定めています（所定労働時間）。

本来、法定労働時間を超える労働は許されず、一定の要件を満たした場合にのみ会社は従業員に時間外労働をさせることができます。多くの会社では、「36（サブロク）協定」と呼ばれる労使協定を締結して労働基準監督署（労基署）に届け出たうえで、業務上の必要がある場合に時間外労働をさせることができることを就業規則等に定めておくことにより、従業員に時間外労働を行わせています。

これらの手続がされ、適法に時間外労働を命じられた場合、労働者はこれに従う必要がありますが、36協定で決められた上限を超える場合や、業務上の必要性がまったくない、あるいは嫌がらせのように不当な目的でなされたなど時間外労働命令が権利濫用にあたるといえるような場合には、時間外労働命令は違法であり、従う必要はありません。

❀ どのような場合に残業代が発生するか

残業代は、所定労働時間を超えて働いた場合に発生します。ただし、「所定労働時間」が「法定労働時間」よりも短い場合には、法定労働時間内にとどまるのか、法定労働時間も超えたのかによって、発生する金額が異なります。

「所定労働時間」を超えて働いたとしても、それが法定労働時間内にとどまる限り、割増賃金は発生せず、通常の賃金のみ発生するのが原則です。

一方、「法定労働時間」を超えて働いた場合には、労働基準法に基づき、通常の賃金に加え、通常の賃金の25％（月60時間を超えた部分については50％）分の割増賃金が発生します。

また、深夜に働いた場合は、さらに深夜業の割増賃金が発生します（深夜・休日の割増賃金の詳細については **Q6-10** 参照）。

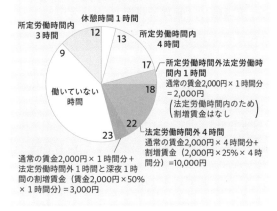

たとえば、所定労働時間９時〜17時（７時間勤務＋休憩１時間）、通常の賃金１時間あたり2,000円で17時から23時まで残業した場合……

❀ 残業代を払ってもらえない場合

残業したにもかかわらず、会社に残業代の支払いを求めても応じようとしない場合は、労基署に相談することが考えられます。それでも効果がなければ、最終的には労働審判や民事裁判などの法的手段をとることが考えられます。残業代の支払いを受ける権利は、何もしないでいると３年で消滅してしまいますので、過去の分をさかのぼって請求する場合は、早めに対応することが必要です。

Q 6-9

管理職になったら残業代は出ない？

私は先日課長に昇進しましたが、これまでの仕事に管理業務も加わって、今まで以上に長時間労働をしています。管理職手当の支給や昇給もなく、部下の人事についても部長の指示どおり動いています。今まで以上に長時間労働をしているにもかかわらず、残業代は支払われていません。「管理職になったのだから残業代はつかない」と言われましたが、実態はこれまでと変わらないのに、残業代ももらえなくなるのでしょうか。

A

❖「管理職」と「管理監督者」

よく、管理職になると残業代は出ないといわれますが、これは正確ではありません。確かに、労働基準法上、「管理監督者」には労働時間、休憩、休日に関する規定が適用されないとされており、「管理監督者」が時間外労働や休日労働をしても、会社は残業代（時間外割増賃金）や休日割増賃金を支払う必要はありません（**Q6-8**、**Q6-10**参照）。しかし、会社内で「管理職」とされている者が、必ずこの「管理監督者」にあたるわけではないのです。

たとえば、部門責任者として、部員の指導や労務管理を行ったり、会社の重要な会議に出席しているような者であれば、「管理監督者」にあたることが多いと考えられますが、「管理監督者」にあてはまるかどうかは、役職名にかかわらず、職務内容、責任、権限、勤務態様等の実態によって判断されます。具体的には、次の点がポイントになります。

❶ 職務内容が、少なくともある部門全体の統括的な立場にあること
❷ 部下に対する労務管理上の決定権等につき、一定の裁量権を有しており、部下に対する人事考課、機密事項に接していること
❸ 管理職手当等の特別手当が支給され、待遇において、時間外手当が支給されないことを十分に補っていること
❹ 自己の出退勤について、自ら決定し得る権限があること

権限や報酬の実態からすれば「管理監督者」にあたらないにもかかわらず、多数の従業員に管理職としての肩書を与えて管理監督者として扱い、残業代の削減等を行おうとする企業が現れ、「名ばかり管理職」として社会的にも問題になりました。

設例のケースのように、企業内で「管理職」として扱われている場合でも、その部門の採用や人事考課などについて上司の指示にそのまま従う必要があったり、労働時間を厳密に管理されていたり、賃金面でも残業代が支給されている従業員と大差がないというような場合には、労働基準法上の「管理監督者」にはあたらない可能性が高いと考えられます。この場合、会社が時間外労働や休日労働について割増賃金を支払わないのは違法であり、その労働者は、休憩時間を要求したり、時間外割増賃金や休日割増賃金の支払いを求めたりすることができると考えられます。

❖「管理監督者」にあたる場合

労働基準法上の「管理監督者」に該当する場合でも、適用されなくなるのは労働時間、休憩、休日に関する規定のみであり、深夜割増賃金や年次有給休暇などに関する規定は適用されます。したがって、「管理監督者」にあたる場合でも、深夜（原則22時から翌朝5時まで）に働いた場合は深夜割増賃金の支払いを受けることができ、年次有給休暇も一般労働者と同じように取得できます。

Q 6-10

深夜・休日に働くとお金が多くもらえる?

最近仕事が忙しく、終電まで働いたり土日に出勤したりすることが続きました。そのことを同僚に話すと、「深夜や休日に働くと給料は増えるはずだから好きな物でも買ってストレス発散すれば?」と言われました。深夜や休日に働くとお金が多くもらえるというのは本当でしょうか。

A

❖ 深夜業の割増賃金について

原則午後10時から翌日午前5時までの間に労働させることを「深夜業」といいます。

18歳未満の労働者を対象とする場合や妊産婦が請求した場合などを除き、深夜業を行わせること自体についての規制はされていません。ただし、深夜業をさせた場合、会社は通常の賃金に加え、通常の賃金の25%分を割増賃金として支払わなければなりません。したがって、深夜に働くとお金を多くもらえるというのは本当です。

❖ 休日労働の割増賃金について

労働基準法により、会社は「週1日」または「4週を通じて4日」の休日を労働者に対して与えなければなりません(法定休日)。この法定休日に労働させることを「休日労働」といい、36協定(**Q6-8**参照)の締結など一定の要件を満たした場合にのみ、会社は従業員に休日労働をさせることができます。

休日労働をさせた場合、会社は通常の賃金に加え、通常の賃金の35%分を割増賃金として支払わなければなりません。したがって、法定休日に働いた場合、お金を多くもらえるというのは本当です。

ただし、振替休日が与えられた場合には、休日労働の割増賃金は発生しません。「振替休日」とは、前もって、法定休日を労働日とする代わりに、ほかの労働日を休日として定めることをいいます。これにより、本来の法定休日が労働日となり、代わりに休日として定められた日が法定休日となるため、本来の法定休日に働いても休日労働にはならず、休日労働の割増賃金は発生しません(ただし、本来の法定休日に働くことで週40時間の法定労働時間を超えてしまう場合、時間外労働の割増賃金は発生します)。一方、前もって休日を振り替えるのではなく、法定休日に休日労働を行った後に、代わりの休日を決めた場合は「代休」と呼ばれ、通常どおり休日労働について割増賃金が発生します。

なお、よく土日休みの週休2日制としている会社がありますが、上記のとおり法定休日にあたるのは「週1日」または「4週を通じて4日」ですので、残りは法定休日以外に会社が与えている休日(所定休日)となります。土日のどちらが法定休日となるのかについては、通常は就業規則などで定められています。所定休日に働いたとしても休日労働の割増賃金は発生しませんが、所定休日に働くことにより、週40時間の法定労働時間を超えることになる場合は、時間外労働の割増賃金が発生します。

なお、各割増賃金は重なって発生するため、割増賃金率は以下のとおりになります。

	割増賃金率
時間外	25%（60時間超50%）
深夜業	25%
休日	35%
時間外＋深夜	50%（25%＋25%）
休日＋深夜	60%（35%＋25%）
時間外＋休日	法定休日には法定労働時間というものが存在しないため、時間外労働の割増賃金は発生せず、休日労働の割増賃金のみが発生する

Q 6-11

会社は自由に給料を減らすことができる❓

私はフルタイムで働く会社員です。一時期営業成績が振るわず、会社から能力不足を理由に一方的に給料を減らされました。私は自分なりにまじめに頑張っていたのに、私に何の断りもなく、会社が勝手に給与を減らすことはできるのでしょうか。

A

❖ 原則、一方的な変更はできない

会社に雇用されて勤務する労働契約は、労働者と会社の「合意」によって成立します。給料も労働条件の一部ですから、一度決まった給与は、会社と労働者の合意がなければ、原則勝手に変更することはできません。

もっとも、会社が一方的に労働者の給料を減らすことができる場合もあります。

❖ 会社側から減給ができる場合

会社が、合理的な理由があることを前提に、一方的に減給をすることができる例として、次のような場合があります。

① 懲戒処分による減給
② 人事異動などの降格に伴う減給
③ 就業規則の給与規定改定に基づく減給
④ 賞与の減額
⑤ ノーワークによる減給

① 懲戒処分による減給

懲戒処分とは、パワハラや無断欠勤を繰り返す等、従業員の規律違反や問題行動に対して、会社が行う制裁措置のことをいいます。処分には、戒告、減給、出勤停止、降格、解雇等の種類があり（**Q6-12**参照）、給料が下がる状況としては、処分として減給を受ける場合と、処分として降格を受け、それに伴い給与が下がる場合があります。

もっとも、懲戒処分としての減給の金額には制限があります（**Q6-12**参照）。

② 人事異動などの降格に伴う減給

能力不足等を理由に、人事評価が悪化し、それによって降格したために給与を減らされるということも考えられます。もっとも、職務等級制度が社内にない会社の場合は、降格したとしても、給与を減額すると違法となる場合もあります（**Q6-19**参照）。

③ 就業規則の給与規定改定に基づく減給

労働者に不利益な就業規則の変更は、会社とそれぞれの労働者全員との同意が必要なのが原則です。もっとも、労働契約法10条により、変更後の就業規則を労働者に周知させており、その変更が合理的なものであれば、会社が労働者と合意なく就業規則の変更ができることとされています。

この条件を満たした場合、就業規則は変更することができますので、就業規則上の給与規定が改定されたことによって、給与が減給されてしまうということがあり得ます。

④ 賞与の減額

賞与は毎月支払われる基本給とは異なり、就業規則において、「企業の業績と連動し、業績不振の際には賞与を減額もしくはカットする」という規定を設けておけば、労働者の同意は不要であるため、業績の不振を理由に賞与を減額ないしカットされることが考えられます。

⑤ ノーワークによる減給

労働をしなければ、企業は給料を支払わなくてもよいという「ノーワークノーペイの原則」に基づいて、働かなかった分の給与を差し引かれる場合があります（欠勤控除）。

❖ 減給はそう簡単ではない

いずれの減給のパターンでも、合理的かつ公平な判断でなければ、減給自体が違法となる場合もありますので、減給の理由は慎重にみておく必要があります。

Q 6-12
遅刻したら給料から「罰金」を引かれるのは当然❓

私はフルタイムで働く会社員です。先日、電車が遅れて3分遅刻してしまいました。その月の給与明細を見ると、月給20万円から罰金5万円が天引きされていました。勝手に給与から罰金を天引きされるのは納得できませんし、3分遅刻しただけで罰金5万円はおかしいです。これは許されるのでしょうか。

A

❖ 賃金全額払いの原則

会社は、給与などの賃金は全額を支払わなければいけないというルールがあります（労働基準法24条）。ただし、法令で天引きが認められている場合や、従業員の過半数が加入する労働組合等と会社との協定がある場合等は、例外的に賃金からの天引きが許されます。

- ● 賃金からの天引きは原則NG
- ● 例外的にOK
  - ① 法令で定められている場合
    - 【例】税金や社会保険料等の天引き
  - ② 過半数組合等と会社が協定を結んでいる場合
    - 【例】組合費の天引き

遅刻した場合は、その分の給与はもらえませんので、遅刻した時間分の給与が支払われていないだけであれば、そもそも給与の天引きではありません。

しかし、「罰金」（法律用語としての罰金は、刑事罰である罰金を意味しますが、ここでの「罰金」はペナルティの意味での一般用語です）5万円はあなたが遅刻した3分間の給与を超えており、本来支払われるべき給与から5万円が天引きされていることは明らかです。この天引きが例外的に許されるかがポイントになります。

❖ 制裁としての減給

会社は、ルールに違反した従業員に制裁を与えることができます。これを「懲戒処分」といいます。懲戒処分の一つとして減給処分があり（労働基準法91条）、この減給処分ができる場合は、給与からの天引きが許されます。

- ● 懲戒処分の種類

軽	① 戒告・譴責…注意	
	② 減給	
	③ 出勤停止	
	④ 降格	
重	⑤ 諭旨解雇	
	⑥ 懲戒解雇	

会社が遅刻したあなたに減給処分を行うには、就業規則に、遅刻の場合に懲戒処分ができることや減給処分ができることが書いてある必要がありますし、あなたの言い分を聞く機会（弁明の機会）を与えなければいけない等の厳しいルールを守る必要があります。

そのルールの一つに、「懲戒処分としての減給は、一回の額が平均賃金の1日分の半額を超えてはいけない」、「減給の総額が1度に支払われる賃金の10分の1を超えてはいけない」というルールがあります（同条）。

「罰金」5万円は、あなたの月給の4分の1ですから、このルールに違反していることは明らかです。ですので、会社があなたの遅刻を理由に懲戒処分として5万円減給することはできず、「罰金」5万円を天引きすることは違法です。

懲戒処分として減給できる金額を超えて減給した場合、賃金から違法に天引きした場合は、いずれも30万円以下の罰金（この罰金は、刑事罰としての罰金です）に処せられる可能性があります（同法120条）。会社には、違法で許されないことを説明して5万円の支払いを求めてみてください。会社が応じない場合は、最寄りの労働基準監督署（労基署）に相談するのもよいでしょう。

Q 6-13

アルバイトでも有給休暇は とれる？

居酒屋のアルバイトをしていて、毎週3日程度の シフトで、これまで半年間以上働き続けているの ですが、アルバイトでも有給休暇をとることはで きますか。

A

❖ 有給休暇とは

有給休暇（正式には「年次有給休暇」といいます） は、給与をもらいながら休みをとれる制度であり、 労働基準法で定められた労働者の権利です。会社 は一定の条件を満たす労働者全員に対し有給休暇 を付与する必要があり、有給の取得に際して、会 社側が労働者の不利益になるようなことを行って はいけないルールとなっています。

❖ 有給休暇をとれる人は

有給休暇は、労働基準法39条に規定されており、 労働者の雇入れ日から6か月継続して、全労働日 の8割以上の日数を出勤した場合は、必ず10日以上 の有給休暇を与えなければならないとされています。

つまり、有給休暇をとれる人の条件は、正社員 や契約社員などの雇用形態によって変わるもので はなく、アルバイトであったとしても、この条件 を満たすのであれば有給休暇をとれることになり ます。

「アルバイトだと有給休暇をとれないんじゃな いか」と考えている人たちも多いですが、実はア ルバイトをしている人であっても上記の条件がそ ろっていれば、会社はその人に対して有給休暇を 与えられなければならないということになってい ます。

❖ アルバイトの場合

アルバイトやパートタイムの人たちは、多種多 様な働き方をしています。中には週5日以上働く

など、フルタイムで働く正社員と同じような働き 方をしている人もいます。

しかし、多くの場合は、フルタイムで働く正社 員と比べて短時間しか働いていない場合も多いた め、アルバイトやパートタイムの人は、必ずしも フルタイムの正社員と同じ日数の有給休暇が与え られるわけではありません。

アルバイトやパートタイムの場合は、フルタイ ムで働く従業員とは異なり、所定労働日数に応じ て有給休暇が与えられることとなりますが、この 有給休暇の付与方法を「比例付与」といいます。

❖ アルバイトの有給休暇の日数の決まり方

アルバイトの有給休暇の付与日数は、以下のよ うに決まっています。

① 所定労働日数が週5日以上もしくは年間217日以 上、または、週所定労働時間が30時間以上の場合

この働き方をしている場合、フルタイムで働く 人と同じだけの有給休暇がとれます。

② 所定労働日数が週4日以下または年間216日以下、 かつ、所定労働時間が週30時間未満

この働き方をしている場合、比例付与の対象と なります。週あたりの所定労働日が何日に設定さ れているかで有給休暇の日数が変わってきます。 ここでは詳細な日数の紹介は割愛しますが、厚生 労働省が公表している比例付与の日数一覧を参照 することで、有給休暇の付与日数を確認すること ができます。

なお、シフト制で働く環境等で、所定労働日数 が定まっていない場合は、「過去平均して週何日 働いたか」という観点で決定されることが多いです。

● アルバイトの有給休暇付与日数
週所定労働日数4日以下
または
年間所定労働日数216日以下
＋
週所定労働時間が30時間未満
➡ 比例付与の対象
※これら以外は通常の有給休暇の付与

Q 6-14

出産後も仕事を続けられる？

最近結婚し、妊娠していることがわかったのですが、仕事をやめなければならないのでしょうか。会社をやめさせられないか不安です。

A

妊娠・出産に伴う問題

女性の社会進出や共働き夫婦の増加によって、家庭とキャリアを両立している人も多くなりました。しかし、妊娠・出産となると、どうしても仕事を休まざるを得ないケースがほとんどです。

そして、会社によっては、残念ながら、職場を離れずに継続して働いてくれないのなら退職してほしいと考えたり、結婚や妊娠をきっかけとして、会社の意に沿わない従業員を退職に追い込もうと考えたりする例もあり、このように妊娠・出産に理解のない会社では、労働者との間でトラブルに発展することもめずらしいことではありません。

妊娠・出産を理由とした解雇は違法

そもそも妊娠・出産に関してどのような制度があるのでしょうか。

妊娠・出産を機に休業することができる制度として産前産後休業（いわゆる「産休」）があります。産休は労働基準法で定められている制度であり、会社は、入社年数や正社員・契約社員・アルバイトなどの雇用形態にかかわらず、産休取得を許可しなければなりません。産前休業期間は6週間であり、出産予定日から6週間を逆算した日を開始日とします。産後休業期間は8週間となります。産休後は当然に職場復帰ができます。

また、産後休業が終了した後でも、一定の要件を満たす場合には育児休業（いわゆる「育休」）を取得することができます。育休は、原則、子どもが1歳に達するまでの最大1年間取得でき、保育園に入所できないなど一定の条件を満たせば、最長で子どもが2歳になるまで取得することができます。

そして、妊娠・出産や産休・育休の取得を理由とする解雇など労働者に対する不利益な取扱いは法律により禁止されています。詳しくは、厚生労働省によるガイドライン「妊娠・出産・育児休業などを理由とする不利益取扱い」をご参照ください。

● 産前産後休業の日数
- **産前休業の日数**
  出産予定日を含む6週間（双子以上は14週間）以内
- **産後休業の日数**
  産後8週間以内
  ※本人の希望に関係なく、6週間までは就業することができない

会社から解雇された場合

会社から解雇を言い渡された場合の対応方法を紹介します。

① 社外の人に相談する

妊娠・出産に関係する問題について対応している機関や専門家に相談することが考えられます。具体的には、「マタニティハラスメント対策ネットワーク」や「はたらく女性の全国センター」等の団体や、都道府県労働局の雇用環境・均等部、また、法律の専門家である弁護士に相談することが有用です。

② 社内の相談窓口に相談する

直属の上司から不利益な取扱いを受けた場合には、会社内の相談窓口に相談することも考えられます。もっとも、解雇を言い渡された場合は、人事部を含めた会社が判断をしている可能性が高いため、あまり効果はないケースが多いと思われます。

③ 解雇の無効を主張する

これまで述べたとおり、妊娠・出産を理由にした解雇は違法ですから、解雇は無効であることを主張しましょう。会社が前向きな姿勢を示さない場合には、労働局へ申告する、紛争調整委員会によるあっせんの制度を利用する、労働審判や訴訟を申し立てるなどの手段が考えられます。

Q 6-15

男性も育休をとれる？

妻が妊娠し、子どもが産まれることになったのですが、私が育休をとることはできるのでしょうか。

A

育児休業とは

まず前提として、育児のために仕事を休む制度には、育児休業と育児休暇の2つがあります。「育休」の略語は、一般的には「育児休業」を指します。

「育児休業」とは、子どもを養育する義務のある労働者が、1歳未満の子を養育するための休暇として、法律で定められた制度です。正規労働者であれば無条件に、有期労働者であっても子どもが1歳半になるまで契約が満了することが明らかでない場合には取得できます。休業期間は、原則、子どもが1歳に達する日まで（最長2歳まで）です。育児休業は2回まで分割で取得することもできるため、一度職場復帰して再度育児休業を取得することも可能です。また、一定の受給資格を満たせば、育児休業中に給付金を取得することもできます。

これに対して「育児休暇」は、育児・介護休業法において、企業による設置が努力義務とされているものです。そのため、育児休暇制度を採用するかは、それぞれの企業によるところとなります。また、育児休暇の内容の大部分が企業や事業主の判断に委ねられており、厳格な決まりはありません。そのため、育児休暇の内容も企業によってさまざまです。

育児休業給付金とは

育児休業給付金は、1歳未満の子（原則）を養育するために育児休業を取得し、次の要件を満たす場合に受け取ることができる給付金です。

なお、育児休業給付金は、当然男性でも受給可能です。ただし、申請をしないと受け取れないので注意しましょう。

① 雇用保険に加入している被保険者である

② 育児休業開始日前2年間に、賃金支払基礎日数が11日以上または就業時間数が80時間以上の完全月が12か月以上ある

③ 育児休業期間中の1か月ごとに、休業開始前の1か月あたりの賃金の8割以上の賃金が支払われていない

④ 支給単位期間（1か月ごとの期間）の就業日数が10日（または就業時間が80時間）以下である

⑤ 有期雇用契約の場合は、同じ事業主のもとで子が1歳6か月に達する日までにその労働契約が満了することが明らかでない

育児休業は男性も取得できるの？

育児休業は性別に関係なく取得できます。当然、男性であっても取得できる制度となっています。

厚生労働省の調査によると、令和3年度の育児休業取得率は男女ともに増加していますが、女性の85.1％に対して男性は14.0％と依然低い状況です。そのため、男性が育児休業を取得できることすら知らない人も多いかと思われます。また、給付金をもらえることを知らずに、「稼ぎがなくなり生活に困窮する」と考えて育休をとらないというケースもあるようです。

男性の育児参加への法改正の動き

男性の育児参加への取組みとして、令和4年の育児・介護休業法改正では、「産後パパ育休（出生時育児休業）制度」が創設されました。産後8週間以内に4週間（28日）を限度として2回に分けて取得できる休業で、子どもが1歳になるまでの育児休業とは別に取得できる制度となります。

また、育児休業や産後パパ育休の取得促進のため、事業主には、これらの制度に関する研修や相談窓口の設置など、法律で定められた措置を行うことが義務づけられました。

社会の動きとしても、男性の育児参加への関心が高まっている中で、今後、男性も育児休業が取得しやすくなっていくことが期待されています。

Q 6-16

職場でセクハラの被害に遭ったら？

この春から事務職として、地元の会社で働き始めました。今は仕事を覚えるため仕事に専念したいのに、先輩から仕事後にしつこくデートに誘われたり、来客時に取引先の社長から見た目や体型について嫌なことを言われたりします。どのように対応したらよいのか悩んでいます。

A

❖ セクシャル・ハラスメントとは

セクシャル・ハラスメント（セクハラ）とは、厚生労働省の資料によれば、「労働者の意に反する性的な言動に対する労働者の対応によりその労働者が労働条件につき不利益を受けたり、性的な言動により就業環境が害されること」と定義されています。

典型例は、男性から女性に対するセクハラですが、女性から男性に対する行為や同性間の行為もセクハラになることがあります。

セクハラには、なされた性的な言動への対応により、被害者が労働条件面での不利益を受ける「対価型」と、被害者の就業環境が悪化する「環境型」があります。対価型の例としては、上司から性的な関係を求められたことに対し、それを拒んだ場合に減給されたり、不快感や嫌悪感のある性的な発言に対して抗議した場合に配置転換されたりすることなどが挙げられます。環境型の例としては、上司からしつこく性的な関係を求められて働く意欲が下がったり、職場内で交際していた同僚に自分の性的な情報を広められることによって仕事が手につかなくなったりすることなどが挙げられます。

❖ 会社のセクハラ防止措置義務

セクハラは被害者に不利益や就業環境の悪化をもたらすため、法律（男女雇用機会均等法）により、会社が「職場」におけるセクハラ防止措置をとる

ことが義務づけられ、国が会社のとるべき措置の指針を定めています。

「職場」とは、業務を遂行する場所をいい、会社の事務所以外でも、たとえば出張先や取引先との接待の場等も「職場」にあたります。

そして、上記指針の概要としては、①会社の対処方針等を定めて会社内にそれを周知し、教育すること、②セクハラ相談や苦情に対応するために必要な体制を整えること、③セクハラの申し出等があった場合に素早く適切に対応すること、④被害者のプライバシーの保護やセクハラの申し出等をしたことを理由とする不利益取扱いの禁止を定め、労働者に周知すること等が定められています。なお、セクハラの申し出等を理由とする解雇を含む不利益取扱いの禁止は、法律にも定められています。

❖ セクハラ被害に遭ったら…

設例の場合、会社の先輩からの誘いや取引先の社長の言葉によって嫌な思いをしていることを直接伝えることができないようであれば、会社は上記指針の②により、セクハラに関する相談窓口を設置することになっていますので、その相談窓口に相談してみる方法もあります。

また、相談窓口の人にセクハラ被害を知られたくない等の事情がある場合には、労働局や労働基準監督署等に相談してみる方法もあります。

さらに、弁護士に依頼し、行為者や会社に対して損害賠償請求をすることや、セクハラ被害を申し出たことにより転勤などの不利益処分がなされた場合にはその処分の無効を争う等の法的措置をとることも考えられます。

セクハラの場合、密室で行われることが多いため、録音や詳細なメモを作成しておくことが大切です。

● **対応方法のまとめ**
① 直接伝える
② 相談窓口を利用する
③ 外部専門家に相談する
④ 法的措置（損害賠償請求等）をとる

Q 6-17

職場でパワハラの被害に遭ったら?

友人が会社でパワハラ被害に遭っていると言っていました。話を聞いている限り、上司から仕事上の指導を受けているだけのようにも思いました。そもそもパワハラってどのような行為をいうのでしょうか。もし被害に遭ってしまったら、どうしたらよいのでしょうか。

A

❀ パワー・ハラスメントとは

パワー・ハラスメント(パワハラ)は、厚生労働省の資料によれば、「優越的な関係を背景とした言動であって、業務上必要かつ相当な範囲を超えたものにより、労働者の就業環境が害されるもの」と定義されています。

この「優越的な関係」は、会社の仕事をするにあたり、相手の行為に対して抵抗や拒絶することが困難である関係を意味します。

「就業環境が害される」とは、平均的な人を基準にして、見過ごせないと感じるほどに働く環境が悪い状態を指します。

最後に、「業務上必要かつ相当な範囲」とは、一般的に見て、会社の仕事をするうえで必要がないし、相応しくもない範囲を意味します。

典型例は、上司から部下に対するパワハラですが、部下から上司、同僚間の行為もパワハラとなることがあります。

パワハラの代表的なパターンには、次の6つがあるといわれています。

① 身体的な攻撃(暴行・傷害等)
② 精神的な攻撃(脅迫・侮辱・ひどい暴言等)
③ 人間関係からの切り離し(隔離・無視等)
④ 過大な要求(不要・不可能な仕事の強要等)
⑤ 過小な要求(仕事を与えない等)
⑥ 個の侵害(私的なことへの過度な干渉等)

しかし、客観的にみて、仕事上適切な範囲で行われる指導については、パワハラにあたりませんので、個々の状況に応じた判断が必要になることも少なくありません。

❀ 会社のパワハラ防止措置義務

会社は、パワハラに関し、法律(労働施策総合推進法)により、「職場」におけるパワハラ防止措置をとることが義務づけられ、国が会社のとるべき措置の指針を定めています。

「職場」の範囲もセクハラの場合(**Q6-16**参照)と同様、会社の事務所のほか、事務所の外でも業務を行う場所であればこれに含まれます。

上記指針の概要として、①会社の対処方針等を定めて会社内にそれを周知し、教育すること、②パワハラ相談や苦情に対応するために必要な体制を整えること、③パワハラの申し出等があった場合に素早く適切に対応すること、④被害者のプライバシーの保護やパワハラの申し出等をしたことを理由とする不利益取扱いの禁止を定め、労働者に周知すること等が定められていること、パワハラ等の申し出を理由とする解雇を含む不利益取扱いの禁止が法律にも定められていることは、セクハラの場合(**Q6-16**参照)と同様です。

❀ パワハラ被害に遭ったら…

この点もセクハラの場合と基本的には同じですので、**Q6-16**をご参照ください。

とはいえ、パワハラの場合は仕事上なされる指導とも関係してきますので、第三者に相談する場合には、なされた言動や前後の状況を録音しておいたり、詳細なメモを作成しておいたりすることが大切です。

Q 6-18

転勤には従わないといけない？

入社以来、生まれ育った地域にある会社の工場で技能職として勤務してきましたが、先日、来月から遠く離れた別の出張所で営業職として勤務するように会社から命じられました。このような会社の命令には従わないといけないのでしょうか。

A

※ 配転命令の根拠

会社が労働者の職務内容や勤務場所を長期間変更することを「配置転換」、略して「配転」といいます。このうち勤務地の変更を伴うものを「転勤」といいます。

設例では、会社から別の職種で遠く離れた出張所での勤務を命じられたということですから、会社にこのような配転命令をする権限があるのかを確認する必要があります。なぜなら、あなたと会社との間では労働契約が締結されているため、会社はその契約内容に拘束されるからです。

会社の就業規則には、通常、「業務上の必要に応じ、出張や転勤を含む配置転換を命じることができる」など配転に関する定めが置かれ、就業規則で定めた事項は労働契約の内容になるのが原則です。したがって、この定めを根拠に会社は配転命令をすることができるのが通常です。また、面接や採用決定のタイミングで示される労働条件通知書等により、配転の可能性を示されることもあるでしょう。

※ 配転命令の限界

就業規則上、会社に配転命令をする権限があったとしても、あなたと会社の労働契約において、従事する仕事の職種や勤務地について限定が付されている場合には、会社はその限定に拘束されます。したがって、その限定に反する配転命令をすることは、原則としてできません。

たとえば、労働契約上、従事する仕事の職種が工場の技能職に限定されていたり、勤務地が特定の地域に限定されていたりするのであれば、営業職への職種変更や別の出張所への配転命令は認められないのが原則です。

しかし、労働契約上、職種や勤務場所についての限定が付されていない場合、会社は、就業規則上の権限により、裁量の範囲内で職種変更や転勤等の配転を命じることができます。したがって、あなたが会社の命令に従う必要があるかどうかは、就業規則や会社との労働契約の内容を確認することが必要です。

また、仮に会社に配転命令をする権限があったとしても、その命令が「権利の濫用」として無効になることがあり、その場合は配転命令の効力を争うことができます。

最高裁判所は、会社の転勤命令の効力が争われた事案において、「当該転勤命令の業務上の必要性があるかどうか、その必要性があるとしても、その命令が他の不当な動機・目的をもってなされたものであるとき、もしくは転勤命令を受けた者が通常甘受すべき程度を著しく超える不利益を負わせるものであるとき等特段の事情がない限り、権利の濫用になるものではない」と判断しています。

言い換えると、会社に配転命令の権限がある場合、業務上の必要性と上記の特段の事情があるかどうかを確認し、転勤命令が権利の濫用になるときは、それを断ることができます。

● **配転命令の根拠**
→ 就業規則や労働契約の内容を確認

● **配転命令の限界**
① **業務上の必要性の有無**
（①があったとして……）
② **他の不当な動機・目的の有無**
③ **通常甘受すべき程度を著しく超える不利益の有無**

などの特段の事情の有無を確認

Q 6-19

降格に納得できない場合に何ができる？

3年前から会社の営業課長として勤務してきましたが、先日、会社から突然、一般職に降格させると命じられました。業績への貢献度が低いことが理由のようです。自分としては納得できないのですが、会社に対して何ができるでしょうか。

A

❖ 降格の種類

降格には、次の3種類があります。

● 降格の種類
① 役職や職位を下げる降格
（いわゆる昇進の反対）
例：課長から一般職への降格
② 資格や等級を下げる降格
（いわゆる昇格・昇級の反対）
例：社内的な役割や能力を細分化して設定した階層の降格（階層の種類は会社によって違うものの、一例として、M等級からS等級への降格）
③ 懲戒処分としての降格

まず、①は、人事権の行使として会社の独自の判断で行われます。役職や職位を引き下げるだけなら、就業規則上の根拠は必要ないとされています。次に、②は会社の人事制度としての職能資格制度（従業員の職務遂行能力を細かく分けた階層としての「資格」を序列化したもの）や役割等級制度（従業員に求められる役割を細かく分けた階層としての「等級」を序列化したもの）における資格や等級を下げるもので、会社が就業規則等で定めた制度の中で行われます。最後に、③は懲戒処分（社内での制裁）として降格が行われるもので、懲戒事由や手段（種類）が会社の就業規則に定められているのが通常です。

❖ 降格処分への対応方法

設例における降格は、営業課長の役職を外すものですから、①にあたるものと思われますが、それとともに資格や等級も下げられるものであれば、②にもあたります。

降格は、役職手当が支給されなくなったり、資格や等級が下がることに伴って、給与が減額されたりすることが多いです（なお、給与の減額一般についてはQ6-11参照）。降格の効力を争うには、降格が①から③のどれにあたるのかを確認することが必要です。

①の場合、会社との労働契約で、役職や職位がある水準以上のものとすることが決められていたり、就業規則等で役職や等級の見直しに関する定めがあったりするとき等を除き、降格は、会社がその判断によって行うことができます。とはいえ、降格が会社の人事権の濫用にあたるときにはその効力を争うことができます。

②の場合、会社の人事制度として資格や等級が定められているわけですから、降格がなされるとしても、その制度の枠内で行われる必要があります。したがって、降格が制度の枠内から外れたものであるときや、制度の枠内であったとしても会社の人事権の濫用にあたるときには、その効力を争うことができます。

③の場合、理由とされた懲戒事由が事実でなかったり、処分としてなされた手段（種類）が就業規則上に定められていなかったりしたときは、その効力を争うことができます。また、降格自体が「客観的に合理的な理由を欠き、社会通念上相当であると認められない場合」には、法律（労働契約法）により、懲戒権の濫用として無効とされますので、その効力を争うことができます。

● 対応方法
降格の種類により、効力の争い方が異なるため、まずはその種類を確認する

Q 6-20
副業を会社に黙ってやっても大丈夫？

私は会社の勤務時間後や休日に、ネット上で副業をしています。会社にはそのことを告げていません。先日、仲の良い会社の先輩にそのことを話したところ、「うちの会社、副業禁止だと思うけど、大丈夫？」と言われました。会社が禁止と言ったら、副業をしてはいけないのでしょうか。黙ってやってバレたら、私は会社をやめさせられてしまうのでしょうか。

A

❖ 労働時間外の副業は原則として自由

雇用契約は、労働者が労働時間内に労働を提供して、それに対して会社が賃金を支払う契約です。労働者は本業の労働時間内は本業の職務に専念する義務があり、そこで副業をしたら契約違反になることは当然です。

一方、労働時間外の時間は、原則として雇用契約に拘束されない、自由なプライベートの時間です。遊んでも、勉強しても、あるいは副業しても、原則として会社があなたの行動を拘束することはできません。

❖ 本業の労働に悪影響を及ぼしてはダメ

しかし、労働時間内にきちんと労働するためには、労働時間外にきちんと休息をとることも必要です。副業をしすぎて必要な休息をとらず、本業の労働が十分にできないなど悪影響を及ぼすほどになると、それは雇用契約に基づく労働提供義務への違反として、懲戒処分や（程度がひどければ）解雇の対象にもなります。

❖ 本業の会社の利益を損ねてはダメ

また、本業の会社の利益を損ねるような言動をすること、たとえば本業の誹謗中傷をしたり、本業の信用を落とすような職種に就くことは、服務

規律違反などにあたり、同様に懲戒や解雇の対象になったり、信用毀損罪など刑法に基づく刑事罰の問題となることがあります。

さらに、本業のスキルを活かした副業をするときは、秘密保持に要注意です。会社の秘密情報をうっかり副業に利用したり漏えいしたりしてしまうと、雇用契約上の懲戒処分や解雇に加え、不正競争防止法に基づく刑事罰の問題となることがあります。同業他社で仕事をすることも、雇用契約に基づく競業避止義務違反として、同様の法律効果が生じ得ます。

❖ 就業規則の定め

このような問題が発生するのを防止するために、会社が就業規則で「副業するときは、会社への届出を要する」「会社の許可を要する」という趣旨の定めをおいてリスク管理していることは多い一方、「禁止」まで定めている会社は、最近はあまりみられません。自分の会社の就業規則を確認してみましょう。

就業規則で副業に届出・許可が必要とされているにもかかわらず、違反して黙って副業をした場合、懲戒処分で正されることはあるでしょうが、上記のような問題を発生させていない限り、突然解雇ということは考えにくくはあります。

正しい副業は、収入だけでなく、広い経験や人間関係が得られます。それは本業の会社にとってもメリットであることが少なくないため、むしろ副業を推進する企業が多くなってきているのも実情です。なお、副業で一定額を超える収入を得た場合は、確定申告が必要になります。

労働時間外の副業は、届出制・許可制とされている就業規則が多い。

また、次のような副業は許されない。
　・本業の労働に悪影響を及ぼす
　・本業の会社に害を及ぼす
　・本業の秘密を不正利用する

仕事中にケガをしてしまったら❓

私は大学生で、ホテルで宴会のアルバイトをしています。アルバイトの時間中に重い荷物が自分の足に落ちてケガをしていまい、病院で治療する必要が生じました。この場合、治療費を自腹で出さないといけないのでしょうか。

A

❀ 労災補償とは

　就業時間中のこのような事故については、労災補償によりケガの治療を受けることが考えられます。労災補償は、業務上の負傷、疾病、傷害または死亡が生じた際に、政府に対して請求を行うことで法律に規定されている補償が給付されるものです。使用者である会社は、雇っている労働者の正社員、パート・アルバイト等の雇用の区分にかかわらず、労災保険に加入しなければならないため、業務上の災害が起きたときは、アルバイトの場合でも労災補償の対象となります。

❀ 労災補償の給付

　「業務上」というためには、①業務遂行性と②業務起因性の2つの要件を満たす必要があります。今回のように作業時間中であれば、使用者である会社の支配下で災害が生じているため、①が認められます。②は、業務に内在する危険が現実化することで災害が発生したといえるときに認められます。たとえば、私的な怨恨から他の労働者とケンカをしてケガをした場合など、業務と無関係な場合は、②の要件が否定され、労災補償が認められません。設例では、まじめに業務にあたっている中で生じたものであれば①②ともに認められ、業務上の災害として労災補償の対象になると考えます。

　また、これとは別に、労働者の故意による災害については、政府は補償給付を行わず、労働者の重過失による災害については、補償給付を行わ

なくてもよいとされています。

　労災補償により治療を受ける療養補償給付は、原則、診察や治療等の療養そのものの給付が内容となるため、あなたは、所定の手続をとったうえで診療を受けることとなります。

　使用者である会社において、労災認定の申請を拒否する場合も考えられます。労災補償を受けるには、国による労災認定が必要ですが、認定の申請は労働者自身もできるため、どうしても会社が労災認定の申請をしない場合は、専門家（弁護士、社会保険労務士）または労働基準監督署に相談しつつ自身で労災認定の申請を行うことが考えられます。

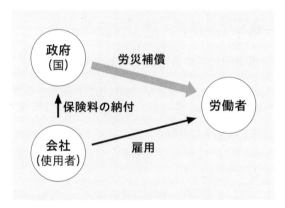

　労災補償は、給付の種類により、2年または5年の経過で時効消滅するため（療養補償給付は2年）、労災が生じてから早めに手続をとることが必要です。

❀ 民事上の損害賠償請求

　労災補償の内容は法律で決まってるため、すべての損害をカバーできないことがあります。この場合は、会社は任意の賠償責任保険に入っていることが多いため、まずは会社にその保険を確認してもらい、加入していれば保険会社に保険金を請求してもらうことが考えられます。

　会社が保険に入っていない場合または保険会社に請求できない場合は、別途民事上の損害賠償を会社などに対して請求する必要があります。もっとも、この場合、相手方の故意または過失を立証しなければならず、労災補償より請求のハードルが高い点に注意が必要です。

Q 6-22

仕事中にケガをさせてしまったら？

私は、レストランでアルバイトをしている大学生です。今日、昼の忙しい時間帯に慌てて料理を運んでいて、スープをお客さんにかけてしまい、お客さんにやけどをさせてしまいました。お客さんに治療の必要が生じたとき、自分で責任をとらないといけないのでしょうか。

A

❊ 個人的に損害賠償を請求されるの？

従業員がその業務中にお客さんなど第三者にケガを負わせた場合、治療費等の損害が生じているとすれば従業員は第三者に対し不法行為責任を負うため（民法709条）、第三者は従業員に対し、治療費等の損害賠償請求を行うことも可能ですが、通常は雇い主に対して請求がされます。なぜなら、使用者である会社（設例ではレストラン）には、従業員に対する監督義務があり、この義務に違反している場合、お客さんに対して損害賠償義務が生じるからです（「使用者責任」といいます。民法715条）。

アルバイト先としては、お客さんに損害を賠償した後、お客さんに支払った治療費等をあなたに請求することが考えられます（「求償請求」といいます）。ただし、会社はこのような場合に備えて任意保険に入っていることがあるため、まず、会社が加入している保険での対処の可否を確認してみましょう。保険で対応できず求償請求する場合でも、判例は、事業の性格、規模、施設の状況、被用者の業務の内容、労働条件、勤務態度、加害行為の態様、加害行為の予防もしくは損失の分散についての使用者の配慮の程度その他諸般の事情に照らし、損失の公平な分担という見地から信義則上相当と認められる限度で、労働者に求償の請求ができる旨判示し、会社の請求が制限されるとしています（最高裁判所昭和51年7月8日判決）。これは、設例のような事故は、会社の運営自体に付

随するもので、従業員の使用者である会社自身がそのリスクを負うべきと考えられているためです。

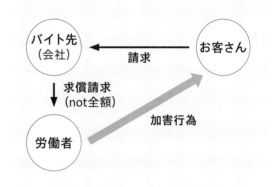

上記の判例では、労働者の責任分担額は4分の1と判断していますが、このように、使用者である会社が従業員に対して責任を追及することがあっても、通常は、従業員個人がその全額を負担する義務は認められにくいといえます。

なお、賃金から、負担する金額を一方的に差し引くことは認められません。

❊ 同じ職場の同僚をケガさせた場合は？

同じ職場の同僚をケガさせた場合は、労災補償の対象となり、同僚は療養補償給付を受けられるため（Q6-21参照）、まずは、労災補償により損害がカバーされることとなります。また、労災補償でカバーできない部分についても、会社の任意保険で対応できる場合があります（詳しくは、Q6-21参照）。

❊ 刑事上の責任を負うことはある？

設例のように、故意がなく、かつ、相手の被害が大きくないケースにおいて、刑事責任を問われることは考えにくいですが、たとえば、従業員がお客さんとケンカをしてお客さんにケガをさせてしまった場合において、お客さんが警察に相談したときは、刑事上の責任が問題となる可能性があります。その場合は、逮捕されるなど身柄拘束をされる危険性もあるので、なるべく早い段階で弁護士に連絡をとり、対応について相談したほうがよいでしょう。

Q 6-23

病気になったら仕事を退職しないといけない？

私は新卒一年目で、ある会社で働いていますが、当たりのキツいお客さんと接触するのがストレスで、うつ病にかかってしまいました。療養のためしばらく休みたいのですが、仕事を辞めないといけないのでしょうか。

A

🔲 休職の制度

労働者が病気等で働くことができなくなったとき、休職の制度を使って復職に必要な期間休職することで、傷病状態からの回復を待つことが考えられます。休職するには、会社の命令が必要になりますので、会社に休職を認めてもらうために、「労務に就くことができず、一定期間の療養を要する」旨の医師の診断書をもらいましょう。

休職の制度は、法律に規定がなく、通常会社の就業規則に規定されているものです。そのため、就業規則に休職の規定があることが大前提になります。また、休職の規定があっても、その扱いは会社ごとに異なるため、あらかじめ就業規則を確認しておいたほうがよいでしょう（就業規則は、会社で希望すれば内容を閲覧することができます）。

🔲 休職しても回復しなかった場合

会社から休職命令を得ることで、労働者は一定期間出勤せず療養することができますが、休職期間満了時の扱いについては、各会社に自動退職条項の定めがあることがほとんどであり、この場合、休職命令時に会社の定めた期間が経過した時点で、休職事由である傷病から回復していなかった場合には、自動的に退職の効果が生じます。復職する場合でも、主治医が診断すればよいわけではなく、会社の産業医の診断が必要になることもあるため、この点に注意が必要です。

もっとも、判例は、「労働者がある業務を行う

ことができなくても、他の業務に配置可能性があり、労働者が当該業務に就くことを申し出ているときは、労務の提供があったといえる」としているため、この場合は、期間満了による退職の効果が生じないこととなります。そのため、休職期間満了時に元の業務には復帰できない場合でも、他の業務で復職できないかを会社に積極的に相談すべきです。

なお、業務上の傷病、つまり、傷病の原因が業務による場合は、その療養のための休業期間とその後の30日間は、原則として解雇が禁止されますので、これに違反する自動退職は無効になります。

🔲 会社に休職の規定がなかった場合

休職の規定がない場合には、病気で仕事を休み続けた場合、会社は労働者の解雇を検討することになります。もっとも、解雇は会社側にとっても難しいことですから判断に躊躇することが考えられます。そのため、まずは一定期間の休暇取得や負担の軽い他の職務への転換を相談してみるとよいでしょう。また、一時的に未消化の有給休暇を使って対応することも考えられます。

🔲 休職中の法的保護

休職中は、原則給料が出ませんが、休職の原因となる傷病が会社の帰責事由による場合、労働者は、休職期間中、賃金の100％を受領できます。また、会社に帰責事由がない場合であっても、業務上の傷病の場合には、労災補償の休業補償により、給料の6割の補償を受けることができます。

これに対し、業務外の傷病の場合で、賃金が支払われない場合、健康保険（**Q6-28**参照）の傷病手当金により、おおよそ1か月あたりの賃金の3分の2の割合の補償を受けることができます。また、障害年金を受けることができる場合もあるので、年金事務所に相談してみましょう。

	業務上の傷病	業務外の傷病
会社に帰責性あり	休業期間中100％賃金支給	
会社に帰責性なし	労災補償としての休業補償（賃金の6割）	・健康保険の傷病手当金 ・障害年金

Q 6-24

仕事を辞める場合はどうすればいい❓

私は新卒一年目で、ある会社で正社員として働いています。今の仕事の内容はやりがいがありますが、上司の当たりがキツくて、一緒に過ごしていてとてもストレスを感じます。転職を検討しているのですが、どうすれば仕事を辞められるでしょうか。

A

🌸 退職の自由

　正規雇用等、会社との間で期間の定めのない雇用契約を締結している場合には、法律上、いつでも解約を申し入れることができ、解約申入れから2週間で雇用契約が終了します（民法627条1項）。労働者には「退職の自由」があり、理由を問わず、辞めたいと思ったときに辞めることができます。

　もっとも、引継ぎ不足などで、会社から損害賠償を請求される場合もあるため、あらかじめ会社の就業規則の退職規定を確認しておきましょう。また、やむを得ない事由があり、すぐに辞めたい場合は、会社にその旨を伝え、会社から同意を得られれば即日辞めることもできます。

　退職の申入れは、その時点で申入れを行ったことを明確にするために、日付入りの書面で申し入れることが通常です。

　なお、退職の意思表示なく無断欠勤を続けると、普通解雇や懲戒解雇となる可能性があります。懲戒解雇されると、再就職の際に不利になることに加え（懲戒解雇の履歴は、離職票、雇用保険被保険者証および退職証明書の記載により明らかになります）、失業保険をもらえる日数が短くなり、また解雇予告手当（解雇の30日前に予告をせずに即時解雇をする場合、会社は、解雇予告手当として30日分の給料を支給する必要があります）が受領できなくなる可能性があります。そのため、退職する際は、きちんと意思を表示するべきです。

🌸 退職の際に問題となる権利・退職後の手続

　退職の際に問題となることとして、残業代や未払賃金があります。賃金に関する権利は3年で時効消滅するため、注意が必要です。

　また、未消化の有給休暇については、退職することで、その権利が消滅します。そこで、退職前に計画的に取得するか、会社が応じてくれる場合は有給休暇を買い取ってもらうことが考えられます。

　退職時に、就職先の会社に提出する必要がある書類や社会保険の手続に必要な各種書類を交付してもらうことも忘れずに行う必要があります。具体的には、離職票、退職証明書、雇用保険被保険者証、年金手帳、源泉徴収票を受領しておきましょう。

🌸 退職代行

　近年、これらの退職の手続を労働者に代わって行う「退職代行」というサービスがあります。利用する場合には、いくつかの点について注意する必要があります。

　弁護士法により、弁護士の資格がない者は、有償で本人に代わって法律事件に関する交渉をすることができません。そのため、非弁護士による退職代行では、退職に関して会社と揉めた場合、代理で交渉してもらうことは不可能です。したがって、残業代など揉める要素があるケースでは、非弁護士の業者に依頼すると会社から交渉を拒絶され、退職手続が前に進まなくなることもあり得るため、注意が必要です（なお、労働組合による退職代行は、適法に交渉を行うことができます）。

Q 6-25

解雇されてしまったら、どうすればいい？

私は、正社員として勤務していましたが、昨日、社長から「君は仕事が遅いからクビ。明日から来ないでいい」と言われ、その日までの給料を渡されて即日解雇されました。「仕事が遅い」と言われたのは初めてです。急に解雇と言われても新しい仕事がすぐに見つかるわけもなく、会社に戻りたいです。どうすればよいでしょうか。

A

❈ 解雇には厳しいルールがある

会社が労働者を一方的にクビにすること（雇用契約の解消）を、「解雇」といいます。

解雇は、労働者の生活に大きな影響を与えるので、法律でさまざまな厳しいルールが定められています。

❈ 解雇は最終手段

最も重要なルールとして、「解雇に合理的な理由があって、社会通念上相当といえなければ、権利の濫用として無効にする」というルール（解雇権濫用法理）があります（労働契約法16条。有期雇用契約の解雇については、**Q6-26**参照）。わかりにくい表現ですが、簡単に言うと、解雇は、労働者の勤務態度が悪い等の理由（解雇事由）があるだけでは足りず、他にとり得る手段がない場合の最終手段としてやむを得ず行うものでなければならないということです。

このルールによって解雇が無効になるかを判断するには、まず、解雇の合理的理由として、解雇事由があるかを確認する必要があります。通常は、就業規則に定められた解雇事由に該当するかを判断します。

就業規則には解雇事由として勤務成績等の不良が定められていることが通常なので、設例の「仕事が遅い」という事実があれば、これに該当する

可能性があります。なお、「仕事が遅い」といっても程度はさまざまなので、その点も確認する必要があるでしょう。

仮に就業規則上の解雇事由に該当するとしても、それだけで解雇が有効になるわけではありません。次のステップとして、解雇が社会通念上相当であったといえるかを確認する必要があります。

設例の会社は、少なくとも従業員に対して「仕事が遅い」という課題を指摘して、適正なスピードで業務を行えるように指導する必要があったといえます。

したがって、設例における解雇は、少なくとも社会通念上相当とはいえず、無効です。

❈ 整理解雇

設例とは異なり、会社が業績の悪化等を理由に解雇することを「整理解雇」といいます。整理解雇は、労働者に非がないにもかかわらず、会社の都合で解雇するため、設例のような通常の解雇より厳しく判断されます。

具体的には、次の4つを満たしているかがチェックされます。

● **整理解雇の4要件（要素）**

①**人員削減の必要性があること**
　例：業績悪化により赤字

②**解雇を回避する努力を尽くしたこと**
　例：希望退職者の募集等の実施

③**解雇対象者の人選に合理性があること**
　例：勤務成績不良者を選定

④**解雇手続が妥当であること**
　例：労働者や労働組合（**Q6-27**参照）に対する十分な説明・協議

❈ 解雇の禁止

また、一定の場合に解雇してはならないという解雇禁止のルールが法律でいくつも定められています。たとえば、次のようなものがあります。

● **一定期間中の解雇禁止**
・業務上の負傷・疾病による療養のための休業期間とその後30日間の解雇の禁止
・産前産後の休業期間とその後30日間の解雇の禁止

● **一定の理由による解雇禁止**
・国籍、信条、社会的身分を理由とする解雇
・性別を理由とする解雇
・女性の婚姻、妊娠、出産、産前産後休業等を理由とする解雇
・障がい者であることを理由とする解雇
・労働組合の組合員であること等を理由とする解雇
・年次有給休暇の取得を理由とする解雇
・育児休業、介護休業の取得等を理由とする解雇
・労基署に申告したことを理由とする解雇
・公益通報をしたことを理由とする解雇

❖ 解雇予告・解雇予告手当

　解雇をするためには、30日前に予告（解雇予告）をするか、これをしない場合は30日分の給与を解雇予告手当として労働者に支払わなければならないというルールがあります（労働基準法20条）。

　設例では、30日前の予告をせず、解雇予告手当を支払うこともなく、その日に解雇されていますから、会社はこのルールにも違反しています。

❖ 会社に戻るには…

　以上のとおり、設例の解雇は無効です。つまり、雇用契約は終了せず、続いていることになります。

　したがって、まずは、会社に対して、解雇は無効であるとして、労働者として職場へ復帰させるよう求めてみてください。

　会社が、解雇は有効だとして職場復帰に応じない場合は、解雇の理由を明確にするために、会社に作成義務がある解雇理由を書いた証明書を出すよう求めてみてください（労働基準法22条）。それを持って、労働基準監督署（労基署）に相談したり、弁護士に相談したりして、会社と交渉してもらってください。

　また、会社から解雇予告手当を受け取っている場合は、解雇を受け入れるわけではないという意思を明確にするため、労働者から、解雇予告手当としてではなく、給料として受け取ることを手紙やメール等の記録に残る形で伝えるとよいでしょう。

　職場復帰を求めて交渉しても会社が一向に応じない場合は、裁判所を利用した手続である労働審判（最大3回で終わる裁判手続）や訴訟（1年以上かかることも珍しくありません）を行うのがよいでしょう。裁判手続には専門的な知識が必要不可欠なため、弁護士に相談することをお勧めします。

　裁判まではしたくないという場合は、都道府県労働局のあっせん手続（話し合いによる解決を目指す手続）を利用することも考えられます。ただし、裁判手続と違って強制力がないので、その点は注意が必要です。

　解雇が無効である場合は、労働者が解雇されてから出勤していない期間の給料を会社は支払わなければなりません。そのため、職場復帰を求めるとともに、未払いとなっている給料の支払いも求めるのが通常です。

　もっとも、会社が解雇は有効と主張する限りは給料は支払われませんので、当面の生活のために雇用保険（**Q6-28**参照）の「仮給付」という制度を利用して、失業給付をもらうことも検討してください。

Q 6-26

雇止めと解雇は何が違う？

私は2年前から有期の契約社員として働いています。これまで2回更新しましたが、先日、会社から「次の更新はしない」と言われ、2か月後には会社を辞めさせられることになりました。解雇は簡単には認められないと聞いたことがあるので、私の場合も認められず、会社に残れるのではないかと思うのですが、難しいでしょうか。

A

❖ 雇止めとは

雇用契約には、契約期間の定めがない無期のものと、契約期間の定めがある有期のものがあります。一般的に、正社員は無期の雇用契約であり、契約社員は有期の雇用契約になっています。

有期の雇用契約は、契約期間の定めがありますから、契約期間が満了すると契約が終了することになります。もっとも、有期の雇用契約を終わらせずに、契約を「更新」すると、そのまま続けて働くことができることになります。そして、会社がこの「更新」をしないことを「雇止め」といいます（無期の雇用契約には「雇止め」はありません）。

❖ 雇止めと解雇の違い

このように「雇止め」は、有期の雇用契約を、会社が更新をしないで期間満了で終わらせることをいいます。

これに対して、「解雇」は、会社が期間満了でないにもかかわらず、雇用契約を一方的に途中で終了させることをいいます。

したがって、有期の雇用契約を会社側から終了させる方法には、期間満了で更新をしない「雇止め」、期間の途中で一方的に終了させる「解雇」の2つがあります。設例では、会社から「次の更新はしない」と言われているので、「解雇」ではなく「雇止め」をされたということになります。

❖ 雇止めにもルールがある

解雇の場合は、厳しいルールがあります。契約期間の定めがない無期の雇用契約（正社員等）の場合については、**Q6-25**で解説しているとおりです。契約社員のような期間の定めのある有期の雇用契約のほうが簡単に解雇できると思うかもしれませんが、実はそうではありません。有期の雇用契約を契約期間の途中で終了させる解雇には、「やむを得ない事由」が必要とされ、正社員の解雇よりも厳しいルールがあります（労働契約法17条）。

ですが、「雇止め」にはこの厳しいルールは適用されません。

もっとも、「雇止め」は自由にできるかというとそうではありません。有期の雇用契約が何度も更新されてきたような場合は、「また更新されるだろう」という労働者の期待を保護するために、次のような正社員の解雇に似たルールがあります。（同法19条）。

---

① 労働者が更新を申し出たこと
② これまで何度も更新されて、雇止めが無期雇用の解雇と同じといえること
　　または
　更新への期待に合理的な理由があること
③ 雇止めに合理的理由がなく社会通念上不相当であること

➡ **すべて満たすと、雇止めは認められない**

❖ 雇止めへの対応

まずは、更新したいと会社に伝えてください。あなたの意向が認められないかもしれませんが、上記①と②が認められるかについては、具体的な事情を踏まえた難しい法律的な判断が必要です。弁護士等の専門家に相談してみてください。

Q 6-27

労働組合って何？

先日、友人が会社の労働組合に入ったそうです。私が勤めている会社には労働組合はなく、私は入っていません。労働組合に入ると何かいいことがあるのでしょうか。

A

❖ 労働組合とは

労働組合とは、給料等の労働条件をより良くしたり、今より悪くならないようにする等のために労働者が作る団体のことをいいます。労働基準法や最低賃金法等で、労働条件の最低基準が定められていますが、それより良い条件にしてもらうためには、会社と交渉しなければなりません。しかし、労働者が一人で交渉しても、通常は会社のほうが力関係が強いため、対等な交渉は困難です。そこで、会社と対等に交渉することができるように、労働者が団結して労働組合を結成するのです。

憲法28条で、労働者が団結する権利や、団体交渉する権利、団体行動する権利（争議権）が保障されており、労働組合法によっても労働組合への保護が与えられています。

❖ 団体交渉

労働組合が、会社に団体交渉を申し込むと、会社は原則としてこれを拒否することはできません。会社には、労働組合の要求を受け入れる義務はありませんが、交渉のテーブルについて、誠実に交渉する義務があります。団体交渉では次のようなテーマについて話し合われます。

● 団体交渉のテーマ（例）
・賃金アップ、賞与、減給の撤回
・労働時間や休日・休暇の改善
・待遇格差の解消（同一労働同一賃金）
・職場環境の改善（ハラスメント対応等）
・解雇や雇止めの撤回等

団体交渉の結果、会社が給料アップ等を受け入れた場合、会社と労働組合との間で合意した内容を書面で取り交わします（この合意を「労働協約」といいます）。

❖ 団体行動（争議行為）

団体交渉によっても会社が要求を受け入れない場合、労働組合はその要求を受け入れるよう圧力をかける非常時の最終手段として、ストライキ（労働しないこと）等の団体行動（争議行為）を行うことができます。最近は日本でストライキを見ることはあまりありませんが、海外の事例で「鉄道員がストライキを行い、鉄道が止まっている」といったニュースを見たことがあるのではないでしょうか。本来は労働しないと懲戒処分や損害賠償の対象となりますが、労働組合が正当な団体行動（争議行為）としてストライキを行う場合は、法的な保護が与えられ、こういったペナルティを与えることができません。

❖ 団体行動（組合活動）

争議行為は非常時の最終手段ですが、労働組合は平時でも団体行動として、ビラを配布したり、組合集会を開催するといった組合活動をすることができます。もっとも、組合活動は就業時間内にはできないのが原則です。

❖ 労働組合への加入

以上のとおり、労働組合に入ると、労働組合は労働者の労働条件の維持・改善のために活動してくれるメリットがあります。他方で、組合費を支払う必要があります。労働組合は会社単位で結成されることが多いですが、地域単位や産業単位で結成される労働組合もありますので、会社に労働組合がない場合でも労働組合に加入することは可能です。なお、日本の労働組合への加入率は低く、約16％（令和4年）に留まっています。

Q 6-28
社会保険料や年金保険料を支払う意味は？

私はフルタイムで働いています。毎月の給与明細を見ると、社会保険料や年金保険料がたくさん引かれており、「これがなければもっと手取りがあるのに…」といつも思ってしまいます。正直社会保険料や年金保険料を支払いたくないとさえ思ってしまうのですが、支払って何か意味があるのでしょうか。

A

🍀 社会保障とは

　ある人の生活が不安定になったときに、国や地方公共団体等が一定の保障をして、社会全体で支える仕組み（セーフティネット）を社会保障制度といいます。

　社会保障制度は、社会保険、社会福祉、公的扶助、保健医療・公衆衛生からなります。

　社会福祉は、高齢者や障がい者、母子家庭など社会生活をするうえでハンディキャップがある人々が、それを克服して生活できるように支援する制度です。

　公的扶助は、生存権（憲法25条）に基づき最低限度の生活を保障するため、生活保護法によって生活に困窮した人を助ける制度です。

　保健医療・公衆衛生は、人々が健康に生活できるように予防や衛生環境を整える制度です。たとえば、予防接種の実施はこの一環です。

🍀 社会保険とは

　働く人が、病気やケガ、出産、高齢で働けなくなったり、解雇で失業したりした場合には収入が途絶えてしまいます。こういった場合に備えて、あらかじめ（税金ではなく）保険料を出し合って、お金やサービス（給付）を受けられるように国が運営する制度が社会保険制度です。

　社会保険には、以下のものがあります。

名　称	内　容
❶ 健康保険 （40歳以上になると介護保険も）	私生活（仕事以外の場面）で病気やケガをしたとき、出産をしたとき等に医療費や手当てをもらえます。
❷ 厚生年金保険等	① 高齢になったとき ② 病気・ケガで障害が残ってしまったとき ③ 家計を支えていた人が亡くなったとき 等に年金をもらえます。
❸ 労災保険	仕事中や通勤中に病気やケガをした場合に、治療費や休んでいる間の給料に代わるお金等をもらえます。
❹ 雇用保険	失業した場合に失業給付等のお金をもらえたり、再就職する場合に職業訓練を受けることができます。

　このうち、❶〜❷を指して「社会保険」、❸〜❹を指して「労働保険」と呼ぶこともあります。

　また、健康保険料、年金保険料、雇用保険料は、労働者であるあなただけでなく、会社も支払っています。一方で、労災保険料は会社が全額負担しています。

　ですので、会社は、給与明細に書かれているお金以外にあなたの保険料を支払っているのです。

　なお、会社に勤めていないフリーランス等の個人事業主は、労災保険や雇用保険には加入できず、健康保険や厚生年金保険についても、別の種類の保険に加入することになります。

🍀 リスクに備えるための社会保険

　このように、社会保険制度は、働く人々が直面し得る「働けなくなる」「職を失う」といったリスクに備えるための制度です。

　そういったリスクが生じた場合に困らないように社会保険料等を払っています。もし、そのような事態が起こった場合は、社会保険のことを思い出して、お金やサービスが受けられるように会社の協力も得て手続をするようにしてください。

第 **7** 章

民事裁判に関する
法律知識

Q 7-1

被告になったら有罪判決を受ける？

先日、お金を借りている知人から「裁判を起こすぞ！」と言われました。このまま裁判を起こされてしまうと有罪になるのでしょうか。

A

❖ 裁判とは

「裁判」という用語を辞書で調べると「裁判所・裁判官が具体的事件につき公権に基づいて下す判断」と書かれていますが（『広辞苑［第6版］』岩波書店）、我々国民が経験する可能性の高いものとしては、大きく分けて「民事裁判」と「刑事裁判」の2種類があります。

❖ 民事裁判とは

民事裁判とは、個人の間で争いがある場合において、一方がその相手方に対して起こす裁判のことをいいます。

たとえば、AさんがBさんにお金を貸したのにBさんが返してくれないケースで、Aさんが裁判所に判断を求めたいと考えた場合、この民事裁判がスタートすることになります。

民事裁判の登場人物は、争っている2者と裁判所（裁判官）の3者になります。裁判を起こした人を「原告」、起こされた人を「被告」と呼びます。

そして、民事裁判における裁判所の判断は「判決」という形で下されますが、Aさんの言い分が正しければ、「被告（Bさん）は原告（Aさん）に○○円を支払え」という内容（認容判決）になり、Aさんの言い分が正しいと認められなければ、「原告（Aさん）の請求は棄却する（認められない）」という内容（棄却判決）になります。

❖ 刑事裁判とは

刑事裁判とは、民事裁判とは異なり、国民がある犯罪を行った場合、その行為に対してどのような罰を与えるべきかを裁判所が判断する裁判のことをいいます。

たとえば、AさんがBさんの財布を盗んだ場合、これは「窃盗罪」という犯罪にあたりますが、この行為について、Aさんにどのような刑罰を与えるかを裁判所で審理するのです。

刑事裁判で裁判を起こす人は、民事裁判とは異なりBさんではなく、検察官と呼ばれる公務員です。そのため、刑事裁判の登場人物は、Aさん、検察官、裁判所（裁判官）の3者になり、Aさんは刑事裁判では「被告人」と呼ばれます。なお、テレビなどでは、刑事被告人のことを、民事裁判と同様に「被告」と呼ぶことがありますが、これは誤りです。

そして、刑事裁判でも「判決」が出ますが、その内容は、実際にAさんが犯罪を行ったと裁判所が認めた場合は、「被告人（Aさん）を懲役○年とする」など具体的に科される刑罰が記載され、Aさんが犯罪を行っていないと判断された場合は、「被告人は無罪」という判決になります。

❖ 設例の場合

設例のケースは、借金をめぐる知人との争いであり、この場合、知人が「裁判を起こす」と言っているのは、民事裁判のことを指します。そのため、裁判を起こされても「有罪判決」になることはありません。ただし、単なる借金ではなく知人からお金を盗ったり、だましたりしたというケースであれば、検察官によって裁判を起こされる（起訴）可能性があり、その結果、「有罪判決」になることはあり得ます。

- **民事裁判**
  個人間の争いについて裁判所が判決を出す手続

- **刑事裁判**
  ある犯罪を行った者に対して、その行った行為に対してどのような刑罰を与えるべきかを、裁判所が判決という形で決める手続

Q 7-2

裁判所から訴状が届いたらどうすればいい？

自宅に地方裁判所を差出人とする封筒が届き、中には「訴状」と書かれた書類が入っていました。どうすればよいでしょうか。

A

❀ 民事裁判がスタートする流れ

「訴状」が届いたということは、民事裁判を起こされたということです。

民事裁判は、①裁判を起こしたい人（原告）が裁判所に訴状を提出する、②裁判所が訴状の内容を見て、記載事項に不足がないかなど手続的な誤りの有無を確認する、③裁判所から、裁判を起こされた相手方（被告）に訴状を送達する、④裁判所が決めた期日に裁判が開かれるという流れで進みます。

❀ 訴状を受け取ったらするべきこと

訴状を受け取った場合、まずは訴状の内容を見ましょう。その中には、誰があなたに裁判を起こした「原告」なのか、どういう内容で裁判を起こされたのかが書かれています。

また、訴状とは別に、裁判所が同封した書類が必ず入っているはずです。その中には、最初の裁判期日がいつか、どの裁判所のどの法廷で裁判が行われるか、裁判所の連絡先などが書かれています。

❀ 訴状を見たら次にするべきこと

訴状の中身を見て、誰があなたに裁判を起こしたのか、いつ、どの裁判所に行くべきかがわかったら、次にどうするべきなのでしょうか。

ここで最も気をつけなければいけないのが、裁判の最初の期日までに「答弁書」という書類を出さず、裁判にも欠席した場合、仮に訴状に書いている内容が事実ではなかったとしても、あなたは裁判に負け、原告の言い分どおりに判決が出てしまうということです。そのため、訴状に書かれていることが間違っていると考えるのであれば、原告の主張することが書かれている訴状に対する反論文書として「答弁書」を作成し、裁判所宛に提出しなければなりません。答弁書の書き方については、裁判所から送られた訴状に説明書が同封されていますが、もしわからない場合は、同封の書類に記載された裁判所の連絡先に電話して聞くことも可能です。

また、訴状に書かれていることに間違いがないと考えた場合でも、そのままにして放置することが得策とはいえません。たとえば、「お金を借りたのに返さない」ということが書かれており、それが真実であったとしても、裁判所に赴き、分割で支払えないか、支払日を延ばしてもらえないかという話もすることができます。この場合、原告がそれを聞いてくれるかはわかりませんが、もし話し合いに応じてくれる場合には、裁判所が間に入って話し合いを進めてくれ、お互い納得すれば「和解」という形で裁判が終了します。

❀ 裁判所を装った架空請求業者

近時、裁判所を装った悪徳業者が、架空請求を行うという詐欺事件が頻発しています。従来は、①裁判所の名義を使い、ハガキ1枚を送りつけ、直接、金銭の支払いを要求するものが多かったのですが、最近では、②実際に裁判を起こしてお金の請求をするというケースも増えているようです。

①の場合、裁判所がハガキ1枚でそのような手紙を送ってくることはなく放置しても問題はありませんが、②の場合、実際に裁判が起こされているため、無視してしまうと、たとえ架空請求であっても、「（架空請求）業者にお金を支払え」という内容の判決が出てしまいます。このようなリスクを回避するためにも、裁判所の名義で書類が届いた場合は、無視せずに内容をよく確認しましょう。

Q 7-3
内容証明郵便が届いたらどうすればいい？

今日、自宅に「通知書」という題名で手紙が届きました。内容証明郵便というもののようですが、どうすればよいでしょうか。

A

❀ 内容証明郵便とは

内容証明郵便とは、いつ、どのような内容の文書を、誰から誰に差し出したのかということを郵便局が証明してくれるという制度です。なぜこのような制度があるのかというと、法律においては、「いつ相手に自分の意思を表明したのか」ということがとても重要であり、その意思を表明した日を証明するために内容証明郵便制度が用いられるのです。

内容証明郵便の例

```
                通 知 書
                          令和○年○月○日
〒○○-○○○○
東京都○○区○○町○丁目○番○号
○○ ○○  様

              東京都○○区○○町○丁目○番○号
                   通知人  ○○ ○○

  前略　通知人は、○○の件(以下「本件」といいます。)について、以下のとおりご連絡致します。

  ○○が、貴殿に対し、令和○年○月○日に貸し付けた金○○円の支払期限である令和○年○月○日は経過しました。

  上記金銭について下記預金口座に速やかにお支払い頂くようお願い致します。
  本書面は以上となります。宜しくお願い申し上げます。
                            草々
                記

  ○○銀行  ○○支店  普通預金
  口座番号  ○○○○○○○○○○
  口座名義  ○○○○
                          以上
```

なお、現在では、インターネットを通じて送れる「電子内容証明」(e内容証明)もあります。

❀ 内容証明郵便が届いたらするべきこと

内容証明郵便が届いたら、まずは書かれている内容をよく読み、内容が正しいものかどうかを確認しましょう。

そのうえで、書いていることが正しく、あなたも争う気がないという場合は、どうするべきでしょうか。内容証明郵便に書かれている内容にもよりますが、通常は差出人が求めていることに応じるか、もしくは放置するという選択肢があると思います。

まず、差出人の要望に応じる場合はどのようにするべきでしょうか。たとえば、内容証明郵便には「貸したお金を返して欲しい」と書かれており、あなたも「お金を返そう」と考えたと想定します。この場合、もちろん、そのままお金を返してもよいのですが、全額をすぐには準備できない場合もあると思います。そのようなケースでは、相手に連絡をとり交渉をするという選択肢もあります。内容証明郵便が届いている時点では、まだ民事裁判を起こされているわけではないので、あくまで相手に直接連絡をとって交渉することになります。連絡のとり方は、口頭でも可能ですが、こちらも文書を作成してやりとりするのもよいでしょう(記録に残るという意味では、文書で回答することがお勧めです)。

一方で、放置するという選択肢はどうでしょうか。内容証明郵便を送った段階では、あくまで差出人の意思があなたに伝わったというだけですから、放置すること自体であなたが何らかの法律的な不利益を受けるわけではありません。しかしながら、放置された差出人としては、内容証明郵便を送ったのに無視をされたということですから、その後は民事裁判を起こすかどうかを考えることになり、争いが激化する可能性は高くなるといえるでしょう。そういった意味で、放置するという選択肢はお勧めできません。できる限り、差出人に連絡をとり、協議を行ったほうがよいでしょう。

では、書かれている内容が間違っているという場合はどうでしょうか。この場合も、基本的には相手に口頭または文書で連絡をとり、こちらの言い分を表明することになります。また、放置することが得策でないことは上記と同様です。

差出人が弁護士である場合

内容証明郵便が、必ずしも本人から送られるとは限りません。本人が弁護士に依頼し、弁護士の名前で内容証明郵便が送られることもあります。この場合、あなたがするべきことに基本的な違いはないですが、仮に交渉をするということであれば、内容証明郵便を送った弁護士に連絡するようにしましょう。連絡先は、内容証明郵便に必ず記載があります。

弁護士への相談

差出人が弁護士である場合、直接、弁護士に連絡して交渉することは勇気がいるかもしれません。また、差出人が本人であったとしても、具体的にどのように話し合いをすればいいのか不安な場合もあると思います。そのようなときには、弁護士に依頼して交渉することも可能です。いずれにしても、内容証明郵便が届いた場合、きちんと内容を確認してどうするのかをよく考えることが大切です。

なお、差出人が弁護士ではなく、司法書士など別の専門家の肩書である場合には、特に注意が必要です。日本の法律では、原則、代理となって交渉できるのは弁護士だけであるとされており、代理する権限のない者と交渉してもやりとりが無意味になるおそれがあるからです。さらには、差出人は、実際は専門家ではなく本人が相談した親族等の第三者であったというケースもあります。そのため、このような場合は、誰とやりとりするべきなのかも踏まえて慎重に判断し、対応についてなるべく弁護士に相談することをお勧めします。

● 内容証明郵便が届いた場合は、裁判とは異なり、相手との任意の交渉をすることになる

● 弁護士から内容証明郵便が届いた場合は、弁護士とのやりとりをすることになる

● こちらも弁護士（もしくは司法書士などの専門家）に依頼しても問題はない

トラブルに巻き込まれたら裁判でしか解決できない？

「品物を購入したのに不良品だった」「交通事故に巻き込まれた」「隣人とトラブルになった」等、日常生活を送るなかで、トラブルの当事者になる場面は多そうなので不安です。トラブルに巻き込まれたとき、どのような解決方法がありますか。

A

トラブルの解決手段は多種多様

民事裁判以外にもトラブルを解決する手段はたくさんあります。それぞれの手段には、当事者同士の話し合いを仲介する人の有無やその立場、費用、解決内容に法的拘束力（合意した約束事を強制的に守らせることができる効力）があるか否か等の違いがあるため、目的に合った手段を選択することが大切です。

当事者同士の話し合いによる解決

費用のかからない簡易な手段といえます。しかし、当事者間での合意内容には法的拘束力はありませんし、感情的になり合意に至らない可能性もあります。そのため、トラブルを解決するためには工夫が必要です。

ADR（裁判外紛争解決手続）による解決

専門的な知識を持つ第三者に話し合いを仲介してもらい、当事者間の合意による解決を促す方法です。第三者に話し合いを主導してもらうことで、当事者同士での話し合いが困難な場合でもスムーズに話し合いを進めることができます。手続を利用するにはADR主催事業者ごとに定める手数料がかかりますが、多数の事業者の中からトラブルの内容に応じた選択をすることで、より適切な解決を図ることができます。他方で、合意内容には法的拘束力はないので注意が必要です。

民事調停による解決

裁判所（調停委員）が仲介して当事者間の合意による解決を促す方法です。第三者に話し合いを仲介してもらう点ではADRと同じですが、合意内容に法的拘束力が生じる点でADRと異なります。

民事裁判よりも低額な手数料で利用することができ、解決までに要する期間も比較的短くて済みます。他方で、当事者同士の合意に至らない場合、民事調停手続は不成立で終了となるため、終局的にトラブルを解決できない可能性があります。

民事裁判による解決

民事裁判は、当事者間の合意による解決を促すのではなく、裁判所に対して、自分の請求を認めてくれるよう積極的に求める手続です。そのため、自分の請求が法的に認められるものであることを証明する必要があります。

裁判手続の中で、合意による解決（和解）を勧められる場合もありますが、合意できなくても最終的に裁判所が判断（判決）を示すことで、トラブルは終局的に解決されます。和解および判決には法的拘束力が生じるので、そこで決まった約束事が任意に果たされない場合には強制的に果たさせることが可能です。

	話し合い	ADR	民事調停	民事裁判
第三者の介入	×	○ （ADR主催事業者）	○ （調停委員）	○ （裁判官）
最終判断権者	当事者	当事者	当事者	裁判所
解決内容への 法的拘束力	×	×	○ （調停が成立した 場合のみ）	○ （解決内容を問わず 法的拘束力あり）
費用	不要	必要 （利用手数料）	必要 （裁判より低額）	必要

Q 7-5

弁護士に相談したほうがいい？

弁護士という職業があることは知っていますが、どういう場合に弁護士に相談するべきなのかがよくわかりません。教えてください。

A

❀ 弁護士の役割

　弁護士のあり方を取り決める法律に「弁護士法」があります。そして、同法１条には「弁護士は、基本的人権を擁護し、社会正義を実現することを使命とする。」と規定されてます。

　「基本的人権を擁護する」というと非常に難しく聞こえますが、基本的人権とは、まさに現実世界で困っている我々国民一人ひとりの根本的な権利であり、この権利を守り、実現すること、それぞれの権利が守られることで社会正義を実現することが、弁護士の役割であり仕事なのです。

❀ 他の士業との違い

　弁護士と同様、士業と呼ばれる職業はほかにもあります。たとえば、税理士、公認会計士、司法書士、行政書士などが挙げられます。

　これら他の士業と弁護士の大きな違いは、①法律上の紛争について当事者の代理人になれるという点、②資格の取得、喪失、懲戒等について国ではなく弁護士自身が取り仕切っているという点にあります（後者は弁護士自治と呼ばれます）。

　まず、①法律上の紛争について当事者の代理人になれるという点ですが、これはまさに、あなたが法律的な紛争に巻き込まれた際に、弁護士に依頼すれば代わりに解決に導いてくれるということです。

　たとえば、誰かから裁判を起こされた、もしくは誰かに対して裁判を起こしたいという場合は、弁護士に依頼すれば、本人の代わりに弁護士が法廷に立って闘うことができます。また、裁判以外

でも、さまざまな法律的な紛争において、当事者の代わりに相手方と交渉等を行うことができます。

　このような仕事は、原則として弁護士のみができるのです。ただし、司法書士については、訴額140万円以下の場合に、簡易裁判所において例外的に代理人になる場合があります。なお、訴額とは、訴訟で争っている内容の経済的価格を指します。たとえば、100万円の貸金の支払いを求める場合は、訴額100万円ということになります。

　次に、②弁護士自治とは、弁護士が国家からは独立しており自由に仕事ができることを指します。弁護士自治の最大のメリットは国家等の行政を相手にして闘うこともできるということにあります。

　たとえば、ある紛争が国家や行政との間で起こる場合、弁護士が国家の下で仕事をしているとすれば、萎縮してしまい十分に闘うことができませんが、弁護士自治により国家から独立して仕事をすることで、そのような萎縮はなく依頼者である国民のために闘うことができるのです。

❀ 弁護士に相談すべきケース

　どういう場合に弁護士に相談するべきかというのは、まさに法的な紛争で困ったケースです。たとえば、お金を貸したが返ってこない、交通事故に遭ってケガをした、知人などにだまされてお金を失った、祖父が亡くなって親戚同士で揉めているというような場合です。

　しかしながら、困ったことが起きた場合に、それが法的な紛争なのかがわからないことも多いかと思います。したがって、「困ったことがあれば弁護士に相談する」というのを選択肢の一つにしておくのがよいでしょう。

● **弁護士の役割**
- 基本的人権（国民の権利）を守る
- 社会正義を実現する

Q 7-6

どうやって弁護士に相談するの？

いざ弁護士に相談しようと思っても、知り合いに弁護士はおらず、どのようにして相談すればよいのかわかりません。教えてください。

A

❖ 弁護士への相談方法

　身近に知り合いの弁護士がいない場合でも弁護士に相談する方法はあります。

　一般的には、①法テラスを利用する、②各都道府県の弁護士会に相談する、③地域の法律事務所をインターネットで検索して相談するなどの方法が考えられます。

❖ 法テラスの利用

　「法テラス」とは、国民が弁護士への相談依頼といった司法サービスを利用しやすくするために設立された団体です。

　法テラスはさまざまなサービスを提供していますが、弁護士に相談したい場合、法テラスに電話をかければ相談可能な機関（弁護士会等）の情報を提供してくれますし、法テラス自身も法的トラブルに関するサポートダイヤルを設けています。

　また、法テラスでは、上記サービスのみならず、金銭的に余裕がない人を対象に無料の法律相談や弁護士費用の立て替え制度も提供しています（一定の収入条件があります）。

　弁護士費用の立て替え制度は、弁護士に支払う費用を法テラスが弁護士に立て替え払いをし、その後、相談者が法テラスに対して毎月定められた金額（1か月に支払う額は1万円、7,000円、5,000円のいずれかになります）を支払うことになります。

　詳細については、インターネットで「日本司法支援センター　法テラス」と検索すれば知ることが可能です。

❖ 弁護士会への相談

　各都道府県には1つ以上の弁護士会という組織が設置されています。たとえば、東京では東京弁護士会、第一東京弁護士会、第二東京弁護士会の3会が存在しています。それぞれの弁護士会は独自に法律相談の窓口を提供しているほか、相談内容に沿った弁護士の紹介を行っています（東京の3弁護士会が設置した法律相談センターもあります）。弁護士会についても、お住まいの都道府県の弁護士会をインターネットで検索すれば連絡先や所在地が簡単に調べられます（たとえば、「千葉　弁護士会」と検索すれば千葉県弁護士会のWebサイトにアクセスできます）。

❖ インターネットでの検索

　近年はインターネットで地域の弁護士を探すという方法も一般的になりつつあります。たとえば、あなたがお住まいの地域と弁護士を検索ワードにすると（たとえば、「新宿　弁護士」など）、近隣の法律事務所のWebサイトが出てきます。

❖ 弁護士費用

　弁護士の費用は、それぞれの事務所によって異なっており、相談時に事前に確認しておく必要があります。弁護士報酬は、かつては日本弁護士連合会が作成した基準がありましたが、現在は自由化されており、それ以外の基準を用いる場合もあります。大切なのは、実際に依頼する前に費用を明確に確認しておくということです。

❖ その他の方法

　なお、これらの方法以外に、市町村などの自治体において定期的に無料相談を実施している場合もあります。各地域の役所のWebサイトを確認するか、電話等で問い合わせてみてください。

※本書巻末資料「相談窓口一覧」も併せてご参照ください。

第 **8** 章

刑事事件に関する
法律知識

Q 8-1

犯罪ってどういうこと？

犯罪というのは、誰が、どうやって決めたものなのでしょうか。また、新しい犯罪が定められる場合、どのようなプロセスを経て実際に逮捕などがされるようになるのでしょうか。

A

❖ 犯罪とは

世間で一般的に犯罪と呼ばれているものは、正確にいうと、「刑罰法規に定められた構成要件に該当し、違法かつ有責な行為」と説明することができます。これをもう少し簡略化すると、法律や政令、条例等で定められた犯罪行為の要件に該当し、違法性阻却事由（正当防衛や緊急避難など）や責任能力が否定される事情が存在しないもの、となります。

❖ 罪刑法定主義

ここで重要なのは、「法律や政令、条例等で定められた構成要件に該当する」ということです。罰金や懲役といった刑罰は、国家権力が国民の財産を強制的に回収したり、国民の自由を奪う強力な手段です。そのため、国民の行動の自由を確保するためにも、どのような行為が刑罰によって処罰され、どのような行為が処罰されないかは、民主的に定められた法律によって事前に告知されていなければならない、とされています。これを「罪刑法定主義」と呼び、公正な刑事裁判手続を確保するための重要な原則の一つとされています。

❖ 政令や条例での刑罰

「罪刑法定主義」と説明しましたが、世の中では国会で制定した法律以外にも、刑事罰が科されているものがあります。その一つが内閣が定める政令（政令とは、内閣が憲法および法律の規定を実施するために制定するもの）ですが、政令で罰則を設ける場合には、法律の具体的な委任が必要とされているため、法律に基づかずに内閣が勝手に罰則を設ける（犯罪を定める）ことはできないルールになっています。

次に、いわゆる迷惑防止条例（東京都の場合、正式名称は「公衆に著しく迷惑をかける暴力的不良行為の防止に関する条例」）でも、刑事罰が設けられています。この条例も、厳密には、国会が定める法律ではありません。しかし、全国から選挙で選出された国会議員で構成される国会で定められる法律と同じく、条例も、都道府県等地方自治体単位で選出される議員で構成される議会で制定されるものであるため、地方自治法という法律による委任も踏まえて、条例で刑事罰を設けることができるとされています。

❖ 刑罰法規の制定や改正と施行

罪刑法定主義では、犯罪を法律で定めるということ以外に、「どのような行為が犯罪になるかは事前に告知されていなければならない」ということも要請されています。そのため、国会などで従来の法律が改正されたり、新しい犯罪が定められた場合には、国民に対する告知のプロセスを経て、実際に犯罪として逮捕されるようになります。

具体的には、議会で承認されたことによって新法（または改正法）が「成立」し、官報でその内容が知らされることで「公布」され、その法律で定められた施行日が到来することによって、施行日以降に行われた行為が処罰の対象となり、逮捕や起訴が実際に行われるようになります。

Q 8-2

刑罰はどうやって決まるの？

犯罪行為をして逮捕された人は、その後どうなりますか。刑罰はどのように決まりますか。

A

❖ 逮捕されると…

　逮捕された人は「被疑者」と呼ばれ、警察官による取調べを受けます。警察官は、逮捕から48時間以内に、検察庁に事件を送ります。検察官は、事件が送られてから24時間以内に、被疑者に簡単な取調べをして、被疑者の拘束を続けるよう裁判官に請求（「勾留請求」といいます）するかどうかを決めます。勾留請求をされた裁判官は、被疑者の言い分を聞いたうえで、引き続き身体を拘束するかどうかを決めます。裁判官が勾留を認めなければ、被疑者は釈放されます。勾留の期間は原則として10日間ですが、さらに10日以内の延長が認められることもあります。被疑者は、勾留期間中、警察官や検察官から取調べを受けます。

　検察官は、裁判官が認めた勾留期間が終わるまでに、被疑者を勾留したまま裁判にかける（「起訴」といいます）かどうかを決めます。裁判にはかけないことになる（「不起訴」といいます）か、一旦被疑者を釈放したうえで起訴・不起訴を決める場合（在宅事件）、被疑者は釈放されます。

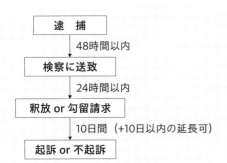

❖ 起訴されると…

　起訴された時点から、「被疑者」ではなく「被告人」と呼ばれるようになります。起訴された被告人は、裁判所で裁判を受けることになります。ただし、犯した罪が比較的軽く、100万円以下の罰金刑が相当であるときは、被疑者の同意を得て、書面だけで裁判が行われることがあります（「略式命令」といいます）。この場合は、被疑者が勾留されていれば、略式命令と同時に釈放されます。

　勾留中に起訴された被告人は、裁判の間、仮に釈放される場合があります（「保釈」といいます）。被告人を保釈するかどうかは、裁判所が決めます。被告人が逃亡したり、証拠を隠滅するおそれがないと裁判所が認めたとき、逃亡したりせず裁判に出ることを約束して、お金（「保釈保証金」といいます）を裁判所に預ければ、社会に戻ることが許可されます。

❖ 裁判の流れ

　裁判では、犯罪の事実について証明する責任を検察官が負い、すべてが証拠（証拠書類、証拠物、証人尋問）によって判断されることになります。そのため、検察官と、被告人を弁護する弁護人が、裁判所に対してそれぞれ裁判で使いたい証拠を調べるように請求します。

　裁判所は、検察官や弁護人の意見を聞いたうえで、裁判で使う証拠を決定します。証拠が決定すると、検察官と弁護人はそれぞれ、証拠に基づいて被告人が犯した罪が立証されているかどうかや、被告人に科される刑罰について意見を述べます。

　裁判所は、証拠や検察官と弁護人の意見を踏まえて、被告人が有罪かどうか、有罪の場合はどのような刑罰（懲役・禁錮・罰金など）を科すのかについて決めます。裁判所が被告人に判決を言い渡すと、裁判は終了します。執行猶予の付かない実刑判決がなされた場合、控訴せずに判決が確定すれば、被告人はすぐに刑務所で服役することになります。

Q 8-3

警察官、検察官、裁判官ってどう違うの？

犯罪事件が起こった場合、警察官、検察官、裁判官はどのような仕事をしますか。

A

❖ 警察官の役割

警察官と検察官は犯罪事件について捜査を行うという点では共通しますが、その役割は異なります。

警察官は、犯罪が発生した場合、一般的には一番初めに捜査を行い、被疑者（犯人）を逮捕したり、証拠を収集したり、被疑者や参考人の取調べ等を行います。警察は、被疑者を逮捕したときには、逮捕の時から48時間以内に被疑者を事件記録とともに検察官に送致しなければなりません（**Q8-2**参照）。

❖ 検察官の役割

検察官は、被疑者を裁判にかける（起訴する）かどうかを判断できる権限を唯一認められた職業です。

検察官は、被疑者を起訴するかどうか判断するために、警察から送致された事件について、自ら被疑者や参考人の取調べを行ったり、証拠が不十分な点について、警察を指揮して補充捜査を行わせます。

警察官と検察官はそれぞれ独立していますが、捜査が被疑者を起訴するかどうかについて適正に判断するための手段であることから、検察官には警察官の捜査に対する指示や指揮をする権限が認められています。ただし、警察官とは異なり、検察官には実力を行使して犯罪を予防する権限はないため、武器の携帯や使用、職務質問などを行うことはできません。

検察官は、自らも捜査を行い、収集された証拠の内容を十分に検討したうえで、最終的に被疑者

を起訴するかしないかの処分を決定します。被疑者を起訴することになれば、検察官が当事者として裁判に立ち会い、犯罪事実などについて証明して、裁判所に適正な裁判を求めます。

❖ 裁判官の役割

まず、警察などが、犯罪事件について逮捕や差押えなどの強制捜査をする場合には、被疑者などの基本的人権を守る観点から、原則として逮捕状や捜索差押令状などの令状が必要になります。裁判官はこの令状を発付するかしないかについて判断を行います。

また、検察官が勾留請求をした場合、検察官が提出した記録を検討した後、被疑者と面接して被疑者の言い分を聞き、勾留を認めるか判断することも裁判官の仕事です。

刑事裁判になると、裁判官は、被告人が罪を犯したのかどうかや、被告人に対してどのような刑罰を与えればいいのかも判断します。これらの判断は、令状を発布するかどうかや、勾留を認めるかどうかについて判断した裁判官とは別の裁判官が行います。裁判を担当する裁判官が、裁判が始まる前に証拠などに接することで思い込みが生じてしまうことを防止することなどがその理由です。そのため、検察官は、起訴するとき、被告人を特定するための名前や生年月日などの事項と、起訴の対象となっている犯罪事実を記載した、「起訴状」という書面だけを裁判所に提出します。

● **警察官**
犯罪事件の捜査

● **検察官**
犯罪事件の捜査、起訴、裁判への立会い

● **裁判官**
強制捜査の令状発布、被疑者の身体拘束、刑罰などについての判断

Q 8-4

逮捕されると有罪なの❓

逮捕された人は必ず罰を受けますか。

A

❁ 逮捕とは

犯罪行為をしたと疑われる人（「被疑者」といいます）が逃亡することや、犯罪の証拠を隠滅することを防止しつつ捜査を遂行するための手段として、被疑者の身体を拘束することを「逮捕」といいます。被疑者を逮捕することは、法律上認められています。

逮捕は、人が自由に移動・行動する権利という重要な権利を制約するものであることから、慎重に行う必要があります。被疑者が逃亡したり証拠を隠滅するおそれがないにもかかわらず、被疑者を取り調べるためだけに逮捕することや、被疑者が再び犯罪行為をすることを防止するために被疑者を逮捕することはできません。

❁ 逮捕の種類

逮捕には、次の3種類があります。

❶ 通常逮捕（令状が必要、私人はできない）
❷ 現行犯逮捕（令状不要、私人もできる）
❸ 緊急逮捕（事後的に令状が必要、私人はできない）

逮捕は原則として令状（逮捕状）がなければ行うことができません。令状は、犯罪を捜査する捜査機関（警察官や検察官）とは独立した裁判官が、被疑者を逮捕する理由と必要性があるか否かを審査して発布します。

「通常逮捕」とは、原則どおり、裁判官から事前に発付を受けた逮捕状に基づいて捜査機関が被疑者を逮捕することをいいます。

「現行犯逮捕」とは、たとえば、万引きを目撃した警備員がその場で被疑者を逮捕することをいいます。現行犯逮捕は、例外的に令状の発布を受けずに、捜査機関以外の私人（公的な地位・立場にない一般人）でも被疑者を逮捕することができます。これは、現行犯逮捕の場合には犯罪行為と犯人が明らかであって、正当な理由がなく逮捕されるおそれが小さいことなどによります。なお、私人が現行犯逮捕をした場合、ただちに被疑者を地方検察庁や検察官、警察官などに引き渡さなければなりません。

「緊急逮捕」とは、現行犯でなくとも、その者が犯罪を行ったという疑いが強く、逮捕状を取っている余裕がない緊急の必要性がある場合に行われる逮捕です。現行犯逮捕と異なり、私人が行うことはできません。また、逮捕後に令状の発布を受ける必要があります。

❁ 無罪の推定

被疑者・被告人は、裁判で有罪判決が出されるまでは、無罪であるという推定のもとで取り扱わなければいけないとされています。この考え方を「無罪の推定」といいます。検察官は被疑者の犯罪行為を証明できないと考えた場合は嫌疑不十分で不起訴とし、証明はできる場合でも起訴の必要がなければ起訴猶予で不起訴にします。

また、この考え方から、裁判官は、犯罪行為があり、その犯人は被告人であると証明されたときにだけ有罪判決を出すことができ、裁判で犯罪行為があったと証明されないとき、または、裁判で犯罪行為があったと証明されても、犯人は他の誰かもしれないという程度にしか証明されていないときには、無罪判決を出さなければいけません。

このように、逮捕起訴されても裁判で無罪判決が出る場合があり、それ以前に不起訴・起訴猶予になる場合もあるため、逮捕された人が必ず有罪判決を受けるというわけではありません。

なお、逮捕後の流れについては**Q8-7**を参照してください。

Q 8-5

少年法と刑法って何が違うの？

少年が犯罪行為をしたらどうなりますか。

A

◈ 少年法と刑法の目的

少年法は、少年（20歳未満の者。なお、この定義は犯罪行為に関するものです）が行った過去の犯罪や非行に対する非難として少年を処罰するのではなく、その少年が将来二度と犯罪や非行を行わないように、その少年を改善教育することが目的の法律です。

刑法は、どのような行為が犯罪であるか、犯罪に対してどのような刑罰が科されるかを規定した法律です。刑罰を規定することで、将来行われる犯罪を抑止し、犯罪行為に対する非難として制裁を下すためにあります。

◈ 少年法と刑法の対象

少年法が対象とする非行少年は、次の3種類です。

❶ 犯罪少年（14歳以上、犯罪行為をした）
❷ 触法少年（14歳未満、犯罪行為をした）
❸ 虞犯少年（虞犯事由があり将来罪を犯すおそれがある）

「犯罪少年」とは、14歳以上で犯罪行為をした少年のことをいいます。

「触法少年」とは、14歳未満で犯罪行為をした少年のことをいいます。なお、刑法では、14歳以上の者を対象とし、14歳未満の者は事物の是非・善悪を弁別（分別）でき、かつそれに従って行動する能力（「責任能力」といいます）がないとされているため、14歳未満の者の行為が犯罪にあたるものであったとしても刑罰を科されることはありません。

「虞犯少年」とは、正当な理由がなく家庭に寄り付かないことや、犯罪性のある人と交際することなどの事由（「虞犯事由」といいます）があり、かつ、性格や環境に照らして将来罪を犯すおそれのある少年のことをいいます。

このように、少年法では、刑法上は罪を問われない者も対象となっています。

なお、民法改正で成年年齢（成人年齢）が18歳に引き下げられたことに対応して、少年法では、18歳、19歳を「特定少年」とし、引き続き少年法を適用することになりましたが（令和4年4月施行の改正少年法、**Q8-6**参照）、特定少年に虞犯少年を理由とする保護処分は行わないものとされ、逆送致時にも原則として20歳以上と同様の扱いを受けるなど、明確な差異が設けられています。

◈ 非行少年の処遇の仕方

少年が起こした事件は、すべて家庭裁判所に送られます。家庭裁判所は、まず少年を少年鑑別所に収容（「観護措置」といいます）するか否かを判断します。観護措置がとられている間は、少年の精神状態、健康状態、生育歴、生活状況、犯行の経緯、反省の状況などが調査されます。少年の保護者等も家庭裁判所に呼び出されて調査を受けます。調査の結果、家庭裁判所が審判を開始するのが相当と認めたときは、審判が開かれます。ここにいう「審判」とは、20歳以上の者の事件でいう裁判のことです。裁判は検察官が立会い公開で行われますが、審判は公開されず、原則として検察官は出席しません。審判が開始されなければ、事件はそこで終わります。なお、犯罪少年については、事件が家庭裁判所から検察官に送られて起訴され、刑事裁判を受けることもあります。

審判では、少年に対し、保護処分、試験観察、不処分のいずれかの処分が下されます。

「保護処分」には、保護観察、児童自立支援施設または児童養護施設送致、少年院送致等があります。

「試験観察」は、処分を留保して、さらに少年を観察し、改めて審判を行う中間処分です。少年の改善教育の効果を上げる機能があります。

「不処分」は、少年を保護処分に付さないというものです。

Q 8-6

19歳も実名報道されるの？

殺人事件などの重大犯罪では、成人の犯人の氏名が報道されているのをよく見かけます。また、少年法では実名報道はされないとも聞きました。では、成年年齢が18歳に引き下げられましたが、18歳から実名報道されることになるのでしょうか。

A

❖ 実名報道の現状

　成人の場合、殺人や強盗といった法定刑の重い犯罪や、給付金詐欺など社会的に注目を集めている事件、さらには、社会的地位の高い人物が犯した犯罪などでは、逮捕・起訴などのタイミングで被疑者・被告人の実名がマスメディアによって報道されています。

　そして、SNS等が広く普及している現在では、上記のような報道が行われると、ネット上では、その被疑者・被告人の出身地や実家、学校、家族親戚の有無に至るまでさまざまな情報が拡散されてしまいます。その影響は被疑者・被告人だけでなく家族・親戚にも及ぶため、実名報道による影響は非常に大きなものとなっています。

❖ 少年法と実名報道

　少年法は、少年は、成人と比べて判断能力が乏しく、まだ更生の可能性も大きいことから、少年の起こした刑事事件について、成人とは異なる対応・措置を定めています。その一環として、上記のような実名報道のリスクから少年を保護し、少年の更生を図るため、少年法が適用される20歳未満の者については、基本的に実名報道は行わないこととされてきました。

❖ 成年年齢の引下げと少年法

　令和4年4月1日より民法上の成年年齢（成人年齢）が20歳から18歳に引き下げられ、これに合わせて少年法も改正されましたが、少年法上はいまだ20歳に満たない者が「少年」とされています。ただし、上記民法改正の趣旨も考慮されており、新たに19歳、18歳の少年を「特定少年」として、17歳以下の少年と取扱いに差を設けました。

　この特定少年については、少年法の規定も一部適用されますが、家庭裁判所から検察官に逆送致されて正式に起訴されれば、成年と同じ扱いを受けることになり、結果としてマスメディアも実名報道ができることになっています。

- ●**17歳以下**
  - → 少年法で実名報道されない

- ●**18歳〜19歳**
  - → 少年法上「特定少年」となり、家裁から逆送致されて起訴されれば実名報道されてしまう

　なお、特定少年の新設とともに、特定少年については、原則、逆送致対象事件も拡大されることになっています。具体的には、16歳以上の少年の時に犯した故意の犯罪行為により被害者を死亡させた罪の事件に加えて、18歳以上の少年の時に犯した死刑、無期または短期（法定刑の下限）1年以上の懲役・禁錮（令和4年6月13日に成立した刑法改正により、刑務作業のある懲役刑と刑務作業のない禁錮刑は、今後、拘禁刑で統一されることになっています）にあたる事件が逆送致の対象となります。そして、逆送致後の刑事裁判でも、特定少年は、17歳以下の少年とは異なり、20歳以上の者と同様の刑罰が科されます。

❖ 実名報道を回避できるか

　特定少年については、逆送致されて起訴された場合、実名報道される可能性はかなり高いといえます。最終的に実名報道するかどうかは各メディアの判断になってしまいますが、こういった場合も、やはり弁護士に依頼して、報道機関に上申書を出してもらうなど、早い段階からきちんと弁護活動をしてもらうことが必要です。

逮捕された後はどうなる?

友人が窃盗の疑いで逮捕されてしまいました。逮捕されてしまうと、身体拘束はどのくらいの期間続くのでしょうか。逮捕されたら、刑務所に行かなければいけないのでしょうか。

A

◈ 逮捕後の流れ

警察官に逮捕された被疑者(罪を犯した疑いをかけられている者)の多くは、逮捕→検察官送致(送検)→(被疑者)勾留→起訴→(被告人)勾留→裁判→判決という手続を経て処分を受けることになります。もっとも、逮捕されたからといって判決が出るまで身体拘束が必ず続くというわけではありません。各段階の手続において、身体拘束を解放する制度も設けられており、併せて説明します。

◈ 逮捕から検察官送致までの手続

警察に逮捕されると、被疑者は警察署で身体を拘束され、取調べなどに応じることになります。警察官は、逮捕から48時間以内に事件の内容を検察官に報告しなければならず、これを検察官送致(送検)といいます。送検には、身体を拘束される場合とされない場合があり、後者を一般的に書類送検と呼びます。書類送検された場合には、身体は解放され、在宅で捜査を受けることになります。

◈ 検察官送致から起訴までの手続

検察官は、取調べなどを行って、被疑者の勾留を裁判所に請求するかについて24時間以内に判断します。「勾留」とは、逮捕の次に行われる身体拘束のことで、被疑者が逃げたり証拠を隠滅するおそれがある場合になされるものです。

勾留は、原則として、10日〜20日間にわたって

行われます(20日を超えることはできません)。ただし、弁護人などが勾留を取り消すよう裁判所に請求することで早く身体拘束を解放することができる場合もあります。

検察官は、勾留期間に取調べや捜査を行い、被疑者を起訴するかどうか決定します。ちなみに、令和2年の起訴猶予率は63.9%(法務省「令和3年版 犯罪白書」)となっています。証拠が不十分であったり、本人の反省や被害者との示談などが認められる場合には、起訴猶予となるケースが多くあります。

◈ 起訴後の手続

起訴された場合には、被疑者は「被告人」と呼ばれることになります。検察官は、被告人に対して再び勾留請求することができます。被疑者段階での勾留と異なり、被告人勾留には期限がありません。これに対して、弁護人は裁判所に保釈請求を行うことができます。裁判所が保釈請求を認めれば、被告人は身体拘束から解放される可能性があります。

そして、被告人が有罪であるかどうかを裁判所が決定します。裁判所の判決には、有罪判決と無罪判決がありますが、日本の無罪判決の割合は極めて低くなっています(令和2年の無罪判決は0.034%〔法務省「令和3年版 犯罪白書」〕です)。

Q 8-8

弁護人って何をするの？

弁護人ってどんなことをしているのですか。どうして犯罪者の弁護をするのですか。悪い人の味方をするのは世の中のためになるのですか。

A

❁ 弁護人とは

　弁護人とは、被疑者（罪を犯したと疑われている人のうち起訴されていない人）や被告人（罪を犯したと疑われて起訴された人）が捜査や裁判を受ける際に助言や支援を行い、その人権を守る人のことをいいます。弁護人は、「特別弁護人」と呼ばれる例外を除き、弁護士資格を持つ者が選ばれます。

❁ 弁護人の仕事（起訴前）

　弁護人が起訴前の被疑者のために行う活動としては、主に、①取調べを受ける被疑者への助言、②身体拘束からの解放、③不起訴処分の獲得があります。

① 取調べを受ける被疑者への助言

　取調べを受ける被疑者にも権利があります。たとえば、どのような質問にも答える必要はなく、答えなくても不利益な扱いをされないという黙秘権や、供述調書への署名指印を拒否する権利です。弁護人は、被疑者にどのような権利があるかを適切に説明するとともに、何をどのように取調官に話すべきかなど適切な助言をします。逮捕後、家族や友人との自由な面会が許されていない中でも、弁護人との面会（接見）は憲法上保障されています。身体拘束を受けて精神的に過酷な状況にある被疑者にとって弁護人との面会は重要な意味を持ちます。

　また、警察官が自白を強要するなど違法な取調べが行われた際には、それらに抗議したり、取調べに立ち会うなどすることもあります。

② 身体拘束からの解放

　弁護人は、被疑者を釈放するよう検察官に働きかけたり、勾留を認めないよう裁判所へ申立てをしたりして、被疑者がなるべく早く身体拘束から解放されるよう活動します。

③ 不起訴処分の獲得

　被疑者を起訴するか否か決定するのは検察官ですが、弁護人は、検察官と話し合い意見を述べるなど、起訴されるべきではない事案が起訴されてしまうことのないように活動します。

❁ 弁護人の仕事（起訴後）

　弁護人は、被疑者が起訴されてしまった際には、書面や証拠の提出、証人尋問などを行って、適切な判決（無罪あるいは不当に重くない量刑の判決）が出るよう活動します。判決が不当である場合には、控訴・上告・再審請求などを行い、できる限り適正な判決が得られるよう努力します。

❁ どうして犯罪者・悪い人の味方をするの？

　捜査や裁判を受ける人や、犯人であるかのような報道がされた人でも、本当にその人が「犯罪者」であるとは限りません。

　弁護人の最も重要な役割は、「冤罪の防止」です。多くの人が被告人が犯人だと思っていても、実際には被告人は事件と無関係であったという事例が過去に多く存在しています。

　このような可能性がある限り、被告人の主張をしっかり吟味し、検察官の立証に漏れはないかを検討することが必要なのです。そのために弁護人はいます。

　また、弁護人には、被害者への謝罪や被害弁償を調整したり、罪を犯した人が更生するのを手伝うという仕事もあります。決して悪い人の味方をしているわけではないのです。

Q 8-9
国選弁護人と私選弁護人って何が違うの？

国選弁護人という制度があると聞きました。国選弁護人と私選弁護人は何が違うのですか。また、国選弁護人は誰でも利用することができるのですか。

A

❖ 国選弁護制度とは

国選弁護制度とは、被疑者（刑事事件で勾留された人）および被告人（起訴された人）が、貧困等の理由で自ら弁護人を選任できない場合に、本人の請求または法律の規定により、国が費用を負担して、裁判所、裁判長または裁判官が弁護人を選任する制度です。

ただし、後から資力（弁護士費用を負担できるお金）があることがわかったなど、場合によっては、裁判所から費用を負担するように命じられることがあります。

❖ 国選弁護人と私選弁護人の違い

国選弁護人は、国の定めた国選弁護制度に基づいて選任される弁護人をいいます。これに対して、私選弁護人とは、被疑者および被告人やその家族が依頼して選任した弁護人をいいます。国選弁護人は、経済状況により弁護士費用を負担することが難しい被疑者および被告人が国の費用負担で依頼できます。私選弁護人は、費用を自分で払わなければなりませんが、自分が依頼したい弁護士に依頼することができます。私選弁護人は自由に解任できるのに対し、国選弁護人は一定の条件を満たさなければ解任できないことも違いといえるかもしれません。

もっとも、私選弁護人でも国選弁護人でも弁護人としての使命や役割に異なるところはありません。両者とも、被疑者および被告人のために誠実に刑事弁護を行っています。

❖ 国選弁護人制度は誰でも利用できるの？

国選弁護人制度は、誰でも利用できるわけではありません。利用者が勾留されており、かつ資力（財産）が定められた基準に満たないときのみ利用可能です。

国選弁護制度は、平成18年10月以降、その対象が拡大しており、現在では「被疑者が勾留されている全事件」が対象とされています。「勾留」とは、逮捕後に被疑者を最大20日間拘束する処分のことをいいます。

勾留事件の被疑者であっても、全員が国選弁護制度を利用できるわけではありません。国選弁護制度は、先述したように貧困等の理由で弁護人を選任できない被疑者および被告人を救済するための制度であり、資力要件があるためです。具体的には、現金・預金や小切手等の合計額が50万円以上ある場合には国選弁護制度を利用することができないこととなっています。

なお、逮捕されてから勾留されるまでの間の被疑者は、現行法上、被疑者国選弁護制度の対象とはされていませんが、弁護士会が運営する当番弁護士制度を利用することが可能です。また、一定の要件を満たす場合には、刑事被疑者弁護援助事業の利用も可能です。刑事被疑者弁護援助事業とは、依頼者に代わって日本弁護士連合会（日弁連）が弁護士費用を支払う制度です。

❖ 国選弁護人を利用するには？

勾留された後、私選弁護人を依頼する費用がないなど一定の条件を満たす被疑者は、被疑者国選弁護制度を利用することができます。

国選弁護制度を利用したい場合は、警察官、検察官または裁判官に「被疑者国選弁護制度を利用したい」と伝えて、国選弁護人の選任請求書と資力申告書に必要事項を記入することで、国選弁護人名簿に記載のある弁護士に連絡が入り、弁護人が面会に来ることとなっています。法テラスや弁護士会など、さまざまな支えがあって現制度は成り立っています。

Q 8-10

職務質問には協力しなきゃいけない？

深夜2時頃、急用のため友人の家に向かって歩いていたら、急に警察官から職務質問をされました。何も悪いことはしていないですし、急いでいるのですが、職務質問には協力しないといけないのでしょうか。

A

❖ 職務質問とは

「職務質問」とは、警察官が道を歩いている一般の人を呼び止めて質問をすることです。よく「職質」と略されます。これは、「警察官職務執行法」という法律で認められています。

もっとも、誰にでも職務質問をしていいというわけではなく、次のような者に対してのみ行うことができるとされています。

- 何らかの犯罪を犯したと合理的に判断できる者
- 何らかの犯罪を犯そうとしていると疑うに足りる相当な理由のある者
- すでに行われた犯罪について知っていると思われる者
- 犯罪が行われようとしていることについて知っていると認められる者

これらはまとめて「不審事由」といわれています。不審事由がない限りは、法律上、職務質問はできません。

凶器や薬物を所持している不審者はどうしても行動に表れたり、警察官に声を掛けられたときに特異な反応をしたりする場合が多く、不審事由が明らかに認められます。このように、職務質問には犯罪の発生防止効果があることも否定できず、警察側も消極的になるわけにもいかないのです。

❖ 断ってもいいの？

職務質問は、あくまで任意捜査として認められているものです。そのため、理論上は断ることができます。断ったからといって、何か不利益を被ることはないのです。

しかし、実際には警察官は「任意ですよね？」と言っても簡単には引き下がってくれません。警察官側もそんなことは百も承知で職務質問をしているのです。そこでもし警察官を押しのけてしまおうものなら、公務執行妨害での現行犯逮捕を許す事情を与えてしまいます。また、先ほど「職務質問には不審事由が必要」と述べましたが、断り方によっては「より不審事由が高まった」として、さらに強く職務質問をさせてしまいかねません。

このように、職務質問は断ることができますが、実際は断るのに相当労力が必要になります。

❖ 望ましい対応は？

まずは「なぜ職務質問をされているのか」を尋ねてみましょう。警察官としては不審事由があったから職務質問をしているはずですから、それを聞くのです。もし不審事由もないのに職務質問をしてくるような警察官であれば、録音をしておくことをお勧めします。

不審事由がなかったら職務質問をする正当な理由はないということになりますから、それを解消するように質問に答えていくとよいでしょう。

●警察官職務執行法

Q 8-11

ひき逃げってどれくらい重罪なの？

自動車を運転していて交通事故を起こした後、怖くなって現場から逃げてしまいました。ひき逃げが重罪であることはニュースで取り上げられていますが、実際にはどれくらい重い罪になるのでしょうか。

A

❀ 事故を起こしたときは

道路交通法では、交通事故があったときは、①ただちに車両等の運転を停止して負傷者を救護し、②道路における危険を防止するなど必要な措置を講じなければならないと定められています。

この義務は、運転者自らが果たさなければならず、たとえ目撃者が救急車を呼んだとしても、救急隊の到着を待ち、救急隊員が被害者を看護してくれるまでは、自ら救護にあたらなければなりません。

これとは別に、交通事故があったときには警察に報告しなければならないという交通事故の報告義務もあるので、運転をする際には常に念頭に置いておく必要があります。

❀ ひき逃げの罰則

いわゆる「ひき逃げ」をしてしまった場合、運転者に過失があり、相手が負傷していた場合には、自動車運転処罰法上の過失運転致傷罪に加えて、道路交通法上の救護義務違反にも問われることになります。この場合、重いほうの刑罰が1.5倍になるため、相手方がケガで済んだ場合でも、「15年以下の懲役」（令和4年6月13日に成立した刑法改正により、刑務作業のある懲役刑と刑務作業のない禁錮刑は、今後、拘禁刑で統一されることになっています）という極めて重い刑罰が適用されます。

❀ ひき逃げと免許

交通事故で相手にケガをさせ、救護義務を果たさず逃げてしまった場合、すでに説明した過失運転致傷罪と道路交通法上の救護義務違反に加えて、民事上の損害賠償責任も負います。

さらに、運転免許については、事故の発生自体で違反点数が加算されますが（交通事故と運転免許については**Q8-12**で詳しく解説しています）、ひき逃げの場合は「特定違反行為」として35点が付加されます。この35点が加算されると、仮にこの事故以前に違反点数がない場合でも、免許取消処分は確実な状況になり、さらに、3〜10年の欠格期間（運転免許をとることができない期間）がつくことになります。

❀ ひき逃げと示談交渉

ひき逃げをした場合は、その後の刑事事件や民事事件でも圧倒的に不利になります。それは、救護義務を果たした場合に比較して、被害者（場合によっては遺族）や検察官、裁判官の印象が極めて悪くなるからです。

刑事事件や民事事件の関係では、被害者（遺族）との間で被害弁償に関する合意（いわゆる「示談」）を成立させることが重要ですが、ひき逃げという事情だけで、合意の成立はかなり困難になってしまいます。交通事故を起こした直後は、気が動転していて「すぐ逃げればバレない」と考えてしまいがちですが、そこで逃走するのは茨の道へまっしぐらです。必ず車を止めて被害者の状況を確認し、警察や救急車を呼んでください。

Q 8-12

交通事故を起こすと、運転免許はどうなる？

仕事で車を運転中に、不注意で交通事故を起こし、相手方に入院１か月のケガをさせてしまいました。保険会社を通じて早急に示談できたため、民事事件や刑事事件にはなりませんでしたが、運転免許に何か影響はあるのでしょうか。

A

交通事故と免許

交通事故を起こしたときの民事責任や刑事責任についてはテレビなどでもよく取り上げられていますが、意外と見落としがちで後から重大な不利益が生じる可能性があるのが「運転免許」です。交通事故を起こしてしまった場合、物損だけであれば免許に影響はありませんが、人身事故である場合は違反点数が付加されることになります。

まず、人身事故を起こしたことで、一律に違反点数２点が「安全運転義務違反」の基礎点数としてつきます。

また、被害者のケガの程度と不注意の程度（運転者だけに不注意があるか、被害者にも不注意があるか）によって、付加点数が加算されます。たとえば、被害者が入院１か月のケガをしていて、事故の発生に関して被害者側に不注意がない場合、付加点数は９点となります。

なお、仮に「ひき逃げ」（救護義務違反）に該当した場合は、特定違反行為として35点が付加され、それだけで免許の取消しになってしまいます。

免許停止・免許取消し

この基礎点数と付加点数に、事故日から３年以内の違反点数（たとえば、①スピード違反・21km／時超過なら２点、一時停止違反なら２点）を合算し、運転免許の前歴の有無によって最終的な処分が決まります。

ちなみに、免許停止とは、運転免許証の効力が

停止することを意味し、その停止期間中に運転をすると無免許運転になりますが、停止期間を過ぎれば運転免許証の効力が復活し、運転することができます。

これに対し、免許取消しでは、運転免許証そのものが没収されてしまい、かつ、最低１年から最大10年の範囲内で欠格期間が定められます。この欠格期間内は運転免許の再取得も認められないため、免許取消しになった場合には、最低でも１年以上、免許を取得して運転することができなくなります。

設例（基礎点数２点、付加点数９点、３年以内の違反点数４点の合計15点）では、免許取消しで欠格期間１年となります。

実際の手続の流れ

具体的には、事故後、一定期間を経た後に、公安委員会から「意見の聴取通知書」が届き、指定の運転免許試験場で意見の聴取が行われます。

その場で、今回予定されている取消処分について意見（違反行為等に何か事実に反することがあるかどうか）を述べ、その後、実際の処分を受けることになりますが、弁護士等代理人を同席させることも可能です。

なお、免許取消しは行政処分に該当するため、不服がある場合には、公安委員会に対する審査請求か、都道府県を被告とする（免許取消処分の）取消訴訟を提起することで争うことができます。

大麻を使うのは犯罪？

大麻を使用しても身体に害はないと聞きました。海外でも大麻は合法だと聞いたことがあります。インターネットで検索しても、大麻の使用を処罰する規定はないと書いてありますし、大麻を使用しても問題ないということでしょうか。

A

❀ 大麻は合法？

大麻はれっきとした違法薬物であり、その意味では覚せい剤や麻薬と変わりありません。しかし、大麻の使用を処罰する規定がないというのは、現時点（令和5年4月時点）では事実なのです。

大麻取締法は、大麻の輸出入・所持・栽培などを禁じていますが、一般人が使用することを禁じた規定はありません（大麻研究者や農家の目的外使用を禁じる規定はあります）。その意味では、大麻の使用は犯罪ではないというのは間違いではありません。

しかし、上述のとおり、大麻の所持は処罰の対象となります。大麻の使用をしている場合には、通常大麻を所持しているといえますので、捜査機関は大麻の「所持」を理由に大麻の使用者を検挙しているのです。

❀ 大麻使用を禁じる法律がないのはなぜ？

では、そもそも大麻使用を禁じる法律がないのはなぜなのでしょうか。そこには日本特有の理由があります。日本では、古来より神事に使う大麻草を栽培する農家の人々がいました。法律を制定する際に、農作業をしていて大麻成分を吸い込んだ農家も処罰の対象となってしまうのではないかという議論が出たため、大麻の使用の処罰が見送られたのです。

なお、近年、大麻の使用にも罰則を定めるよう法律を改正しようという動きがあります。

厚生労働省の専門委員会である大麻規制検討小委員会も、「大麻取締法の大麻の単純所持罪は、大麻の使用を禁止・規制するために設定されているにもかかわらず、大麻に使用罪が存在しないことのみをもって大麻を使用してもよいというメッセージと受け止められかねない誤った認識を助長し、大麻使用へのハードルを下げている状況がある」とし、「若年層を中心に大麻事犯が増加している状況の下、薬物の生涯経験率が低い我が国の特徴を維持・改善していく上でも、大麻の使用禁止を法律上明確にする必要がある」と指摘しています。法改正がいつになるかは、国会の判断にもよりますが、「大麻使用罪」が立法されるのもそう遠くないと考えられます。

❀ 大麻は安全？

大麻は医療用にも用いられており、身体に害はないという噂から大麻に手を出してしまう人がいるようです。しかし、大麻は、脳などの中枢神経系に影響を及ぼし、依存症になるおそれがある危険な薬物です。

また、大麻を合法とする国もありますが、合法化したほうが管理しやすく、暴力団の資金源をなくせる等の理由から合法化しているのであって、大麻が安全だと考えているわけではありません。「大麻が安全」だというのはまったく根拠のない嘘です。

❀ 大麻所持の罰則

大麻所持は犯罪であり、発覚すれば逮捕・起訴される可能性があります。罰則としては、5年以下の懲役（営利目的であれば7年以下の懲役。なお、令和4年6月13日に成立した刑法改正により、刑務作業のある懲役刑と刑務作業のない禁錮刑は、今後、拘禁刑で統一されることになっています）が定められており、決して軽くありません。なお、自身が大麻を所持しなくても、大麻の所持等に関与すると、共犯者として処罰の対象になる可能性もあります。自分の身を守るためにも、絶対に大麻とは関わらないようにしましょう。

Q 8-14

覚せい剤を使ってしまったらどうなる？

覚せい剤を使用したとして逮捕された有名人の身柄が解放されたというニュースを見ました。覚せい剤を使用しても、それほど重い罪にはならないのでしょうか。

A

覚せい剤とは

そもそも、覚せい剤とは何なのでしょうか。覚せい剤取締法によれば、フエニルアミノプロパン、フエニルメチルアミノプロパンおよびそれと同種の覚醒作用を持つもの等を覚せい剤と呼びます。これらの化学物質が持つ脳を興奮させる作用が、不眠や疲労抑制、強い依存性を引き起こすことから、覚せい剤の使用・所持・譲渡等が厳しく禁止されています。

覚せい剤規制の歴史

日本で覚せい剤が社会問題化したのは、終戦から間もない昭和20年代のことでした。戦時中、政府は、兵士や工員の士気を高揚させるために大量の覚せい剤を利用しました。これらが終戦の混乱に伴って、暴力団等の反社会的勢力の手に渡り、市場に流通するようになったのです。昭和20年代に流通した覚せい剤は「ヒロポン」と呼ばれるもので、著名な作家や芸能人も利用を隠さないほど社会に流通してしまっていたといいます。

もっとも、このような覚せい剤の流通を許してしまった理由の一つに法整備の不足がありました。当時、日本には覚せい剤取締法が制定されていなかったため、取締りは薬事法によって行われていたのですが、薬事法は、薬品の製造業者や販売業者を規制の対象とするものであり、末端利用者の所持や使用は規制の対象とならないなど多くの不備があったのです。そこで、昭和26年に覚せい剤取締法が制定され、覚せい剤の輸入、製造、譲渡、譲受、所持、使用など一連の行為が原則として禁止され、全面的な取締りが行われることとなったのです。これによって、覚せい剤使用者が大量検挙され、覚せい剤の乱用は沈静化しました。もっとも、その後も覚せい剤がなくなったわけではありません。警察と覚せい剤使用者が"いたちごっこ"を続けているというのが現状です。

覚せい剤使用が発覚した場合

覚せい剤の使用者は覚せい剤取締法違反で逮捕され、起訴されることになります。覚せい剤使用者が覚せい剤を使用していないと嘘をついても、尿検査や家宅捜索、聞き取り調査などによって嘘は必ずバレてしまいます。

覚せい剤を所持・使用した者には「10年以下の懲役」が定められており、それが営利目的だった場合には、「1年以上の有期懲役（または情状により1年以上の有期懲役および500万円以下の罰金）」が科されることになっています（令和4年6月13日に成立した刑法改正により、刑務作業のある懲役刑と刑務作業のない禁錮刑は、今後、拘禁刑で統一されることになっています）。本人の反省や犯行に至った状況によっては、執行猶予（刑の執行を一定期間猶予して、社会生活に戻ること）が認められることもありますが、再犯率が高い薬物事犯はむしろ裁判官から厳しい判決を受ける可能性が高いと思ったほうがよいでしょう。

再犯防止について

薬物の使用は決して許される行為ではありませんが、彼らは同時に薬物依存の問題を抱える犠牲者でもあります。彼らが受刑してから立ち直って社会復帰できる環境が整備されているかどうかはとても重要な問題です。今後、覚せい剤の規制強化と並行して薬物依存症患者の治療や社会復帰を支援する取組みについても関心を持たなければなりません。

Q 8-15
オレオレ詐欺に関わってしまったら？

学生時代の友人から楽して稼げる副業があると紹介され、軽い気持ちで参加したところ、実際はいわゆる「オレオレ詐欺」の受け子役でした。スーツを着てお金を受け取りに行くというような仕事の説明を受けた時に、「詐欺かもしれない」と考えましたが、その時点ではもう断れる雰囲気ではありませんでした。どのような刑罰になるのでしょうか。

A

❀ オレオレ詐欺とは

判断能力の低下した高齢者などを狙い、子どもや孫などを装って、「会社で大きな損を出してしまった」「交通事故を起こしてしまった」「痴漢をしてしまった」などと種々の理由で数百万円の金銭をだまし取るのが、いわゆる「オレオレ詐欺」です。このほかにも、警察や金融機関、役所の職員と偽って金員を詐取するパターンもあります（還付金詐欺）。一時期に比べて発生件数は減ってきていますが、現在でも相当数発生しています。

❀ オレオレ詐欺の役割

オレオレ詐欺や還付金詐欺には、被害者に電話をかけてだます「掛け子」、被害者宅にお金や通帳等を受け取りに行く「受け子」、詐欺グループの受取り用口座から被害金を引き出す「出し子」といった役割があります。このうち「掛け子」は、詐欺グループの拠点からマニュアルに従って電話をかけるため、グループ内で比較的地位が高い者が担当する場合が多い一方、「受け子」、「出し子」はアルバイトのような形で募集されるケースが少なくありません。

というのも、この種の詐欺は、被害者がお金を渡すと返答した後に警察に通報し、お金や通帳等を受け取りに来たところを逮捕するというパターンが多く、「受け子」や「出し子」が逮捕される可能性が非常に高くなります。詐欺グループとしても、中枢メンバーがそのようなリスクを犯すことはできないため、「楽して稼げるバイトがある」などといって逮捕されても構わないような「受け子」「出し子」を探しているのです。

❀ 受け子の刑事責任

「受け子」として逮捕されると、詐欺罪として刑事事件になります。この詐欺罪には罰金刑はなく、10年以下の懲役（令和4年6月13日に成立した刑法改正により、刑務作業のある懲役刑と刑務作業のない禁錮刑は、今後、拘禁刑で統一されることになっています）が法定刑になっています。そのため、逮捕された後も、勾留ののちに起訴され、前科がなくても実刑になる可能性があります。

「受け子」として、被害者の自宅に行ったところで現行犯逮捕されれば、金銭的な被害は発生しない（お金は被害者に戻る）ので、初犯であれば実刑にならない可能性も残ります。

一方、数回繰り返してしまうと、被害金額はそれだけ多額になりますが、そのほとんどは詐欺グループが回収していくため、「受け子」の手元には数万円のアルバイト料が残るだけです。こうなってしまうと、逮捕後に、被害弁償を行うにしても被害全額を補填することはできない場合が多く、刑事責任でもそれだけ不利になります。

「オレオレ詐欺だと気づかなかった」という弁明も考えられますが、オレオレ詐欺や還付金詐欺が世間でこれだけ認知されている現在では、仕事内容を説明された時点でその可能性を認識できたはずだという検察側の主張を排斥することも難しくなってきています。

怪しいバイトや副業の勧誘には、決して手を出さないでください。

Q 8-16
痴漢に遭ったら どうすればいい？

満員電車で痴漢の被害に遭ってしまいました。その時は怖くて何もできなかったのですが、やはり通勤・通学で毎日同じ電車に乗るので不安です。今からでも何かできることはありませんか。また、当時しておいたほうがよかったことはありますか。

A

❀ 痴漢は犯罪？

日本で犯罪について定めている法律は主に「刑法」ですが、刑法には「痴漢罪」なるものはありません。では、痴漢は犯罪ではないのでしょうか。

もちろん、そんなことはありません。各都道府県の条例（通称「迷惑防止条例」）によって痴漢行為は禁止されており、違反した場合の罰則も定められています。なお、ここでいう「痴漢（迷惑防止条例違反）」とは、衣服の上から触られている場合を指し、肌を直接触られるような場合は「強制わいせつ」という刑法で定められた犯罪（改正刑法施行後は「不同意わいせつ罪」）になります。

❀ 痴漢に遭ったら

よく耳にするのは、「誰かに触られている！」と気がついたら、まずは触っている手を見つけて掴み上げ、「この人痴漢です」と大きな声で助けを求めるという対応です。しかし、実際に実践できる人は多くありません。怖くて動けない、声すら出せない、ということも多いのではないでしょうか。その場合、後になって犯人を探そうと思っても難しい場合があります。痴漢はその場にたまたま居合わせた、見ず知らずの人からされることが多いからです。

そうはいっても、やはり通勤・通学で毎日使う電車であれば、犯人にまた遭遇するかもしれず、怖いですよね。その場合、後からでも警察に被害

を申告しておきましょう。電車を降りてすぐであれば、駅員さんでも大丈夫です。もしかしたら、ほかにも同様の被害に遭っている人がいるかもしれず、他の情報とつなぎ合わせることで、何かわかることもあるかもしれません。

ひとりで抱え込まずに、誰かに相談してみることが第一歩です。

❀ その場でできたこと

後から犯人を見つけるのが難しいことを考えると、その場でまずやりたいことは「犯人の特定」です。触っている手はどれか、しっかりと確認しましょう。今は痴漢撃退シールなども売っていますが、誤って違う人の手に貼ってしまわないように要注意です。

犯人がわかったら、電車を降りて駅員さんに引き渡します。自分で対応するのが怖かったら、勇気を出して周りの人に助けを求めてください。

❀ 犯人特定後の流れ

犯人を無事に特定できたら、後は刑事事件として対応していくのみです。被害者としては、警察からの事情聴取や、犯人（被疑者）の弁護人からの示談の申入れに対応することになります。その過程で犯人に自分の名前が知られてしまう可能性もあるので、それを避けたいのであれば弁護士を立てることも可能です。

仮に、被疑者が痴漢（強制わいせつ）をしたことを認めない（否認する）場合は、法廷で被害者として証言を求められる可能性もあります。この場合、かなり長い期間（頻繁ではないですが）、対応をする必要が生じてくるため、弁護士等専門家に助言を求めるとよいでしょう。

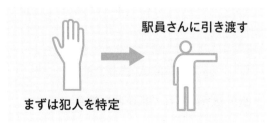

まずは犯人を特定　→　駅員さんに引き渡す

Q 8-17

痴漢に間違われたら どうすればいい？

満員電車に乗っていたら、前に立っていた人から痴漢に間違えられてしまいました。自分は本当にやっていません。どうすればよいでしょうか。

A

❀ 逃げるが勝ち？

よくインターネットなどには、「痴漢に間違えられたら逃げろ」と書いてあることがありますが、これは正しいのでしょうか。実は、この対応はあまり正しいとはいえません。

一度痴漢と間違えられたら、冤罪を晴らすのが難しいのは確かです。しかし、逃げてしまっては余計に怪しいと思わせてしまいます。後に監視カメラや乗降駅の情報などから身元が判明し、捕まってしまった場合に、「痴漢をしたから逃げたのだろう。していないのならその場で弁明しているはずだ」と捉えられてしまうのです。また、「この人は逃走する人だ」と考えられて、逮捕された場合に勾留（身体拘束）されてしまうおそれが高くなります。

❀ 望ましい対応は？

痴漢に間違えられるのは、朝の満員電車の場合も多いと思います。その場でやっていないと説明してもすぐに納得してもらえず、そのまま警察署に連れていかれることも多いでしょう。そんなことをしていたら会社や学校に間に合わない、という人も多いと思います。その場合には、自分はやっていない、ということを主張したうえで、名前や連絡先などを伝え、弁護士に相談したいので改めて連絡するようにと告げてその場から立ち去りましょう。あくまで冷静な立ち振る舞いが大切です。

❀ 駅事務所に連れて行かれた場合

どうしても立ち去れなかった場合には、その場で自分の身の潔白を主張し続けるしかありません。刑事事件では、主張の一貫性が重視されます。やっていないのであれば、最初から「やっていない」と主張し、一貫してその主張を続けてください。そして、すぐに弁護士を呼びましょう。

弁護士の名前や連絡先を知っていれば（名刺を持っていれば）、警察官に対し、その弁護士に連絡して欲しいと伝えてください。警察官が、弁護士宛てに「○○さんが接見を希望しています」と連絡してくれます。特定の弁護士がいない場合は、各地の弁護士会が当番弁護士制度を設けていますので、警察官を通じて当番弁護士の派遣を要請することができます。

反対に、「痴漢をした」と認めるような言動は絶対にしてはいけません。「認めればすぐに解放されるから」「会社・学校にもバレないから」などと言われることがあるかもしれませんが、これが後に致命傷になります。一度認めてしまうと、それを覆すのは大変なのです。「やっていないのだから後で説明すればわかってくれるはず」という考えは、残念ながら通用しません。警察署などで調書を作成されそうになった場合には、痴漢を認めるような内容が入っていないか、しっかりと確認することが必要です。調書に署名・押印をしてしまうと、刑事裁判となった場合に証拠として提出されてしまいますので注意が必要です。

そもそも痴漢に間違えられないように、両手でつり革を掴んでおくなどの自衛をしておくことも大切です。

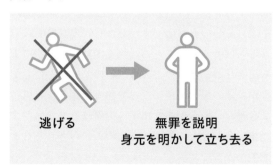

逃げる → 無罪を説明 身元を明かして立ち去る

Q 8-18

共犯者って何？

友人が傷害の教唆犯で逮捕されたと聞きました。ニュースで「共犯者」という言葉は耳にしますが、「教唆犯」はあまり聞いたことがありません。共犯者にはどのような種類があるのでしょうか。

A

🍀 単独犯

犯罪への関与にも、主体的なものと主体的でないものとがあります。たとえばAさんが人を殴ってケガをさせた場合、仮にAさんが単独であれば殴ったAさん本人は犯行を行った張本人である以上、傷害罪の単独犯が成立します。

🍀 正犯と共犯

これに対し、Aさんの起こした傷害事件について、人が来ないか見張りをしていたBさんや、Aさんが被害者を殴るようたきつけたCさんがいたとします。この場合、Aさんは犯罪行為そのものを行っているため傷害罪の「正犯」とされ、BさんやCさんは被害者を直接殴ってはいないので傷害罪の正犯にはなりませんが、犯罪に関与しているので、犯罪行為そのものを行っていなくても「共犯」として刑事罰に問われる場合があります。

🍀 幇助と教唆の違い

共犯のうち「教唆」とは、まだ犯罪の実行を決意していない者に対して犯行を決意させるようそそのかし、結果、その犯行を決意させた場合に成立します。上記の例では、Cさんが傷害罪の教唆犯とされる可能性があります。教唆犯は、犯行を決意させた部分が重視され、刑罰も正犯と同様になると定められています。

これに対し、「幇助」とは、すでに犯行を決意している者がその犯行を実行しやすく手助けすることをいいます。上記の例では、Bさんが傷害罪

の幇助犯とされる可能性があります。幇助の場合は、単に犯行を決意している者の手助けをしたということで、刑罰は正犯より減刑されます。この意味で、幇助犯は従犯とも呼ばれています。

🍀 共同正犯

教唆や幇助のように複数人が1つの犯罪行為に関与する場合でも、「共同正犯」が成立すると認定される場合もあります。共同正犯というのは、犯罪の実行行為を行っていない者であっても、犯罪の実行行為者と同等の評価（刑罰）を受ける場合をいいます。

たとえば、オレオレ詐欺のグループの元締めなど、元締め自身は一切個々の具体的な犯罪行為には関与していなくても、利益の帰属、各実行行為者との関係性などから実質的に犯罪行為の主体と評価できる場合には、教唆犯や幇助犯ではなく、共同正犯と判断されることもあります。

- **教　唆**
  →犯罪を実行するようそそのかし、実際に犯行を決意させた場合

- **幇　助**
  →すでに犯行を決意している者の（物理的または心理的）手助けをした場合

- **共同正犯**
  →利益の帰属や実行行為者との関係性等から、実行行為者でなくても正犯と評価される場合

🍀 共犯特有のトラブル

共犯事件では、罪の押しつけや共犯者同士の口裏合わせなど、単独犯では想定されない複雑なトラブルが発生するため、より慎重な対応が必要です。

Q 8-19

人にケガをさせてしまった。示談金ってどのくらい？

先日、勢い余って人にケガをさせてしまいました。相手の方に申し訳ないのと、事件を長引かせたくない気持ちもあり、示談金を払いたいと思っています。いくら払えばいいのでしょうか。

A

❀ 示談とは

よく「示談」と耳にしますが、示談とは、「被害者が被害弁償を受け取る代わりに加害者を許す（これ以上の刑事処分を認めない）」という合意をすることをいいます。基本的には刑事事件で使われる用語ですが、交通事故のような民事事件でも例外的に使われることがあります。これに対し、示談と類似する用語として「和解」というものもありますが、「和解」というのは基本的に民事事件で使われる用語です。

つまり、示談とは本人同士の合意なのです。どのような条件で合意するかは、本人同士が決めることで、「これが正解！」というものはありません。

❀ 示談金の額はどうやって決まるの？

「示談金」とは、刑事事件の場合、示談を成立させるために加害者から被害者に支払うお金です。示談金の中には、事件によって被った精神的苦痛に対しての慰謝料と、実費として被った実損に対しての損害賠償とが含まれます。

示談の条件は本人次第ですので、示談金についても、お互いにいくらなら許せるか、いくらなら支払えるのか、をもとに交渉をしていくことになります。

そうなると、示談金の金額はいくらでも上がっていってしまいそうですが、実際にはそういうわけでもありません。どのようないきさつでケガをさせてしまったのか、ケガの程度はどのくらいかによっておおよその相場が決まっています。軽度

のケガであれば、30万円～50万円、中程度や重度のケガであれば、50万円～100万円を超える場合もあり得ます。相場よりも高い金額を言われたら、減額してもらえないか、交渉をしていくことになります。

そうはいってもケガをさせてしまった立場でなかなか自分で交渉はしづらいと思いますので、弁護士に相談してみましょう。たとえば、加害者本人が交渉にあたる場合、相手方も本人であれば冷静に協議することは難しく、相手方が弁護士や保険会社であれば知識面で対等に交渉するのは難しくなってしまいます。

❀ なぜ示談するの？

加害者の立場からすると、示談は被害者との間で事件が解決したことを意味するので、起訴される可能性が低くなります。傷害罪のように、被害者の告訴が必要ではない犯罪（非親告罪）においても、示談に基づく被害届の取下げや宥恕文言（相手を許す旨の文言）は、検察官の事件処理に大きく影響します。

被害者としては、「もらえるものはもらって、早期に解決できる」というメリットがあります。もし示談をしないとなると、加害者は刑事事件（設例の場合は傷害罪）で起訴されることになりますが、終わるまでに長い時間を要しますし、加害者に有罪の判決が下ったとしても、被害者がお金をもらえるわけではありません。仮に罰金刑になったとしても、罰金は被害者がもらえるものではないのです。

そのあたりの事情を考慮しながら、双方が納得できる金額に決まっていくのが通常です。

Q 8-20

裁判員裁判って何をするの？

裁判所から「選任手続期日のお知らせ」という裁判員裁判に関する書類が届きました。そもそも裁判員裁判では何をするのでしょうか。この選任手続期日のあと、どのような流れで進んでいくのでしょうか。

A

❖ 裁判員裁判とは

　国民（衆議院議員の選挙人名簿に登録されている人。令和5年分から18歳以上が裁判員候補者名簿に記載されています）の中からくじ引きで無作為に選ばれた6人の裁判員（2名の補充裁判員も選ばれます）が、3名の裁判官とともに、被告人が有罪かどうか、有罪の場合、どのような刑にするのかを決める制度です。

❖ 裁判員の仕事

　裁判員は、主に、次の3つの職務を行います。
① 法廷での審理に立ち合う
　裁判員は、法廷で行われる審理に立ち会い、検察官や弁護人が提出する証拠（書類や凶器、証人の証言など）をもとに、被告人が起訴状に書かれた犯罪行為を行ったかどうかを判断していきます。
② 評議で意見を述べる
　評議（非公開の場で行われます）では、法廷での審理を踏まえて、被告人が有罪かどうか、有罪の場合にどのような刑にするのかを議論し、結論を出します。裁判員は、審理を聞いていて感じた意見や疑問を自由に述べることができます。そして、裁判官や他の裁判員の意見も聞きながら、結論を考えていきます。
③ 判決の宣告に立ち合う
　評議の結果に基づいて、裁判官が判決書を作り、法廷で被告人にその判決を言い渡します。判決の宣告により、裁判員の職務は終了となります。

❖ 裁判員の対象事件とは？

　裁判員裁判は、国民の関心が高い一定の重大な犯罪に関する、第一審の刑事事件を対象として行われます。具体的な罪名（犯罪の種類）は、以下のとおりです。

> 殺人、強盗致死傷、傷害致死、危険運転致死、現住建造物等放火、身の代金目的誘拐、保護責任者遺棄致死、一部の重大な薬物事犯
> 　　　　　　　　　　　　　　　　　など

❖ 法廷での座り方

　法廷では、次のような配置で座ります。

❖ 選任手続の流れ

　「選任手続期日のお知らせ」に記載された日時に、裁判所では、選任手続が行われます。裁判長が、裁判員候補者に対し、裁判員になれない事情や辞退申立てに関する事情を尋ね、そういった人を除いた裁判員候補者の中からくじで6名の裁判員と、補充裁判員（審理の途中で裁判員の人数に不足が生じた場合に裁判員に選ばれる者、審理等には裁判員と同様に立ち合います）が選ばれます。

　なお、裁判員の辞退事由は、高齢であることや学業、体調面等、裁判員法やその他政令によって定められています。このような事情に該当する場合は、「選任手続期日のお知らせ」に同封されている質問票を事前に裁判所に返送することで、場合によっては選任手続期日に行く必要もなくなります。

Q 8-21

裁判員はどうやって選ばれる？

裁判員候補者名簿に登録されたという書類（名簿記載通知）が届きました。どのようにして裁判員に選ばれるのでしょうか。

A

❖ 名簿記載通知と調査票

裁判員を選ぶために、まずは、地方裁判所ごとの市区町村の選挙管理委員会が、衆議院議員の選挙権を有する者の中から、くじで選んで翌年の裁判員候補者名簿を作成します。そして、候補者名簿に載った人に名簿記載通知と調査票が送付されます。なお、この時点では、まだ具体的な事件の裁判員を選ぶことは想定されていません。

調査票では、年齢や職業（自衛官や警察職員、学生）、妊娠出産や病気・介護などの辞退事由がある場合には、それを記載して回答することができます。この時点で辞退が認められれば、以後裁判員に選ばれないことも考えられます。

❖ 選任手続期日のお知らせと質問票

個別の裁判員裁判については、裁判所が裁判員候補者名簿の中から、くじで裁判員候補者を選びます。この時点で候補者に選ばれた人に対して、選任期日のお知らせ（呼出状）が送付されます。この「選任期日のお知らせ」には質問票が同封されており、調査票で回答する辞退事由以外で、裁判の具体的な日程を踏まえた辞退希望の有無を確認することになっています。

なお、この質問票に辞退を希望する旨を記載して返送し、裁判所が辞退を認めた場合には、選任期日に裁判所に行く必要はありません。

❖ 選任手続期日

個別の事件の裁判員候補者から、辞退を希望しなかった人や質問票の回答内容のみでは辞退が認められなかった人は、この選任手続期日の当日裁判所へ行きます。

この選任手続期日では、裁判所に集まった候補者らに対し、事件概要の説明が行われます。そのうえで候補者らは当日用質問票に回答を記載し、それを確認した裁判長らが候補者らに対し、不公平な裁判をするおそれの有無、辞退希望の有無やその理由などを質問し、選任手続期日上でも辞退を認めるかどうかを判断します。なお、この手続は非公開で行われますが、個別の事件を担当する検察官や弁護人が同席する場合もあります。

❖ 裁判員の選任

選任手続期日上で最終的に辞退希望者の辞退を認めるかを判断し、辞退を認められた候補者と検察官や弁護人がその権限で不選任した候補者とを除いた残りの候補者から、6名の裁判員と2名の補充裁判員が選任されます。その後、選ばれた裁判員と補充裁判員は宣誓を行い、実際の裁判員裁判が始まります。

● ポイント

・名簿記載通知と調査票
　→具体的な事件を前提とせず、辞退を希望することができる
・選任手続期日のお知らせと質問票
　→具体的な審理のスケジュールを踏まえて辞退を希望することができる
・選任手続期日と当日用質問票
　→具体的な事件内容と審理スケジュールを踏まえて辞退を希望することができる

Q 8-22
控訴、上告、再審ってどう違うの？

控訴、上告、再審とは何ですか。上訴との違いは何ですか。

A

❖ 審級制度とは

日本では、正しい裁判を実現するために、当事者が望めば不服を申し立てて3回まで審理を受けることができるという制度（「三審制」といいます）がとられています。1回目の審理を「第一審」、2回目の審理を「第二審」、3回目の審理を「第三審」といいます。

個々の裁判所は、それぞれ独立して判断を行っていて、裁判所が他の裁判所の判断に拘束されることはありません。しかし、当事者が第一審の判決について不服を申し立てた場合、第二審の裁判所は第一審の裁判所が判決した内容について審理することができ、その事件についてのみ、第二審の裁判所の判断が第一審の裁判所の判断より優先されます。このような制度を「審級制度」といいます。

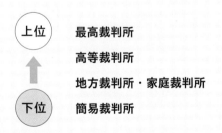

❖ 控訴と上告の違い

第一審の裁判所の判決に不服がある当事者は、上位の裁判所に審理を求めること（「控訴」といいます）ができ、第二審の裁判所の判決にも不服のある当事者は、さらに上位の裁判所に審理を求めること（「上告」といいます）ができます。「控訴」

と「上告」を合わせて、「上訴」といいます。

控訴は、第一審の判決に不服がある当事者は、常に求めることができます。第二審では、第一審裁判所の判決についての当事者の不服の限度で、事実と法律の適用について再び審理を行います。

これに対し、最高裁判所に対する上告は、第二審の判決に憲法解釈の誤りがある、判例に反する判断がある、訴訟手続に重大な違反がある、といった理由がなければ、審理を受けることができません。

第三審では、原則として第二審で認定された事実を前提にして、法律問題に関してのみ審理を行います。

刑事事件については簡易裁判所、地方裁判所、高等裁判所、最高裁判所が審理を行うことができ、図のように審級が進むことになります。

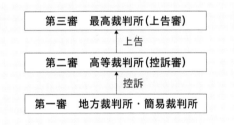

❖ 再審と上訴の違い

上訴はいつでもできるわけではなく、申し立てられる期間が決まっています。この期間内に上訴しなければ判決は確定し、さらに審理を受けることはできないことになります。

しかし、第一審や第二審の判決が確定したり、第三審の判決が下された場合でも、異議を申し立てれば、もう一度審理を行う（「再審」といいます）よう求めることができます。再審は、常に求めることができるものではなく、求めるために理由とできる事項は法律に定められています。たとえば、証拠が偽造であったことが判決で証明されたことや、被告人を無罪とするべき明らかな証拠が新たに発見されたことなどが必要です。

第二東京弁護士会の法律相談センター

四谷法律相談センター
TEL.　03-5312-2818
https://niben.jp/legaladvice/
soudan/center/yotsuya.html

デパート法律相談
・池袋西武
TEL.　03-5949-3188
・池袋東武
TEL.　03-5951-5426
https://niben.jp/legaladvice/
soudan/center/ikebukuro.html

東京三弁護士会法律相談センター
（東京弁護士会・第一東京弁護士会・第二東京弁護士会）

新宿総合法律相談センター
TEL.　03-6205-9531
https://www.horitsu-sodan.jp/
center/shinjukusougou.html

霞が関法律相談センター
TEL.　03-3581-1511
https://www.horitsu-sodan.jp/
center/kasumigaseki.html

蒲田法律相談センター
TEL.　03-5714-0081
https://www.horitsu-sodan.jp/
center/kamata.html

八王子法律相談センター
TEL.　042-645-4540
https://www.horitsu-sodan.jp/
center/hachiouji.html

立川法律相談センター
TEL.　042-548-7790
https://www.horitsu-sodan.jp/
center/tachikawa.html

町田法律相談センター
TEL.　042-732-3904
https://www.horitsu-sodan.jp/
center/machida.html

各種相談窓口（東京）

日弁連交通事故相談センター
（日本弁護士連合会）
TEL.　0120-078325
https://n-tacc.or.jp/

女性の権利相談
（第二東京弁護士会）
TEL.　03-5312-2818
https://niben.jp/legaladvice/
soudan/kojin/jyosei.html

インターネットトラブル法律相談
（第二東京弁護士会）
https://niben.jp/legaladvice/
soudan/kojin/internet.html

札幌弁護士会
TEL. 011-281-2428
https://satsuben.or.jp/

民事介入暴力被害者救済センター
（第二東京弁護士会）
TEL. 03-3581-2250
https://niben.jp/legaladvice/
soudan/kojin/minji.html

函館弁護士会
TEL. 0138-41-0232
https://hakoben.or.jp/

犯罪被害者支援センター
（第二東京弁護士会）
TEL. 03-3581-6666
https://niben.jp/legaladvice/
soudan/keiji/hanzaihigaisha.
html

釧路弁護士会
TEL. 0154-41-0214
https://www.946jp.com/ben54/

◆東　北

青森県弁護士会
TEL. 017-777-7285
http://www.ao-ben.jp/index.html

当番弁護士制度
（第二東京弁護士会　刑事弁護センター）
TEL. 03-3580-0082
https://niben.jp/legaladvice/
soudan/keiji/toban.html

秋田弁護士会
TEL. 018-896-5599
https://akiben.jp/

日本各地の弁護士会

岩手弁護士会
TEL. 019-623-5005
http://www.iwateba.jp/consult

◆北海道

旭川弁護士会
TEL. 0166-51-9527
http://kyokuben.or.jp/index.html

山形県弁護士会
TEL. 023-622-2234
https://www.yamaben.or.jp/
index.html

仙台弁護士会
TEL.　022-223-1001
https://senben.org/

千葉県弁護士会
TEL.　043-227-8431
https://www.chiba-ben.or.jp/

福島県弁護士会
TEL.　024-534-2334
https://www.f-bengoshikai.com/

茨城県弁護士会
TEL.　029-221-3501
http://www.ibaben.or.jp/

◆関　東

東京弁護士会
TEL.　03-3581-2201
https://www.toben.or.jp/

栃木県弁護士会
TEL.　028-689-9000
https://www.tochiben.com/

第一東京弁護士会
TEL.　03-5428-5587
https://www.ichiben.or.jp/ben
goshi/

群馬弁護士会
TEL.　027-233-4804
http://www.gunben.or.jp/

第二東京弁護士会
TEL.　03-3581-2255
https://niben.jp/

静岡県弁護士会
TEL.　054-252-0008（静岡支部）
TEL.　053-455-3009（浜松支部）
TEL.　055-931-1848（沼津支部）
https://www.s-bengoshikai.
com/

神奈川県弁護士会
TEL.　045-201-1881
https://www.kanaben.or.jp/

山梨県弁護士会
TEL.　055-235-7202
https://yama-ben.jp/

埼玉弁護士会
TEL.　048-863-5255
http://www.saiben.or.jp/

長野県弁護士会
TEL.　026-232-2104
https://nagaben.jp/

新潟県弁護士会
TEL. 025-222-5533
https://niigata-bengo.or.jp/

◆中　部

愛知県弁護士会
TEL. 052-203-1651
https://www.aiben.jp/

岐阜県弁護士会
TEL. 058-265-0020
https://www.gifuben.org/

三重弁護士会
TEL. 059-228-2232
https://mieben.info/

福井弁護士会
TEL. 0776-23-5255
http://fukuben.or.jp/

富山県弁護士会
TEL. 076-421-4811
https://tomiben.jp/

金沢弁護士会
TEL. 076-221-0242
https://kanazawa-bengo.com/

◆近　畿

大阪弁護士会
TEL. 0570-783-748
https://www.osakaben.or.jp/

京都弁護士会
TEL. 075-231-2378
https://www.kyotoben.or.jp/

兵庫県弁護士会
TEL. 078-341-7061
https://www.hyogoben.or.jp/

奈良弁護士会
TEL. 0742-22-2035
https://www.naben.or.jp/

滋賀弁護士会
TEL. 077-522-3238
https://shigaben.or.jp/

和歌山弁護士会
TEL. 073-422-4580
https://www.wakaben.or.jp/

◆中　国

広島弁護士会
TEL. 082-228-0230
https://www.hiroben.or.jp/

岡山弁護士会
TEL.　086-223-4401
https://www.okaben.or.jp/

高知弁護士会
TEL.　088-872-0324
https://www.kochiben.or.jp/

山口県弁護士会
TEL.　0570-064-490
https://www.yamaguchikenben.
or.jp/

◆九　州

福岡県弁護士会
TEL.　0570-783-552
https://www.fben.jp/

島根県弁護士会
TEL.　0852-21-3225
https://www.shimaben.com/

佐賀県弁護士会
TEL.　0952-24-3411（佐賀・鳥栖・武雄地区）
TEL.　0955-73-2985（唐津地区）
https://www.sagaben.or.jp/

鳥取県弁護士会
TEL.　0857-22-3912（鳥取）
TEL.　0858-24-0515（倉吉）
TEL.　0859-23-5710（米子）
https://toriben.jp/access_new/

長崎県弁護士会
TEL.　095-824-3903
https://www.nben.or.jp/

◆四　　国

香川県弁護士会
TEL.　087-822-3693
https://kaben.jp/

熊本県弁護士会
TEL.　096-325-0009
https://soudan.kumaben.or.jp/

愛媛弁護士会
TEL.　089-941-6279
https://www.ehime-ben.or.jp/

大分県弁護士会
TEL.　097-536-1458
https://www.oitakenben.or.jp/

徳島弁護士会
TEL.　088-652-5768
https://tokuben.or.jp/

宮崎県弁護士会
TEL.　0985-22-2466
https://www.miyaben.jp/

鹿児島県弁護士会
TEL. 099-226-3765
https://www.kben.jp/

沖縄弁護士会
TEL. 098-865-3737
https://www.okiben.org/

ひまわり相談ネット（日本弁護士連合会）

TEL. 0570-783-110（ひまわりお悩み110番）
https://www.soudan-yoyaku.jp/

日本司法支援センター　法テラス

TEL. 0570-078374
https://www.houterasu.or.jp/
index.html

（令和5年7月現在）

あとがき

　ここ数年、日常生活はコロナ禍で大きな影響を受けてきました。感染を避けるため、人と対面する機会は減った一方、リモートワークが進み、生活や働き方に多様性が生まれました。日常生活そのものが以前とは変化する中、法律面でも大きな変化がありました。120年ぶりの民法大改正です。中でも一般の方に一番大きな影響を与えた改正点の一つは、本書作成の契機ともなった成年年齢の引下げではないでしょうか。これまで未成年として保護されてきた18・19歳の若者が急に成人として扱われるのですから、法律トラブルが増えることは想像に難くありません。実際、実務の現場でも相談が増えているようです。

　そこでこのたび、第二東京弁護士会の会派の一つである五月会の若手弁護士が中心となり、本書を出版することになりました。五月会では、平成23年に本書と同じく若手弁護士の編集・執筆による『困ったときのくらしの法律知識Q＆A』を、平成27年にはその改訂版を出版して好評を博しましたが、本書は、その企画コンセプトを踏襲しつつ、時代のニーズに合致した新しい書籍として企画されたものです。中心となった編集委員はもとより、多数の若い新進気鋭の執筆陣が、日々の弁護士活動の中で培った経験を踏まえ、民法改正により成年となった18・19歳をはじめとする若い方々が日常生活で直面し得る典型的な法律問題に対して、役に立ちかつわかりやすいをモットーに執筆・編集しました。その努力に敬意を表するとともに、出版の機会を与えてくれた清文社に対し感謝の意を表します。

　本書の内容は、成年となって間もない18歳以上の方々が日常生活で巻き込まれそうな法律問題を取り上げ、Q＆A形式でわかりやすく解説を試みたものです。憲法、取引法、家族法、刑事法など全体で8分野・166項目と多岐にわたっており、日常生活全体をフォローしています。フレッシュな法律知識を有する若手弁護士が執筆を行い、経験豊かな先輩弁護士が内容について校閲を行ったという意味で、本書は多くの五月会会員による合作といえます。

　第二東京弁護士会には、6,000名を超える弁護士が所属しています。そして、五月会はその中で約400名の会員が属する比較的大規模な伝統のある会派として、今年創立58年を迎えました。創設の志は、中庸の精神、互助と親睦です。もちろん、法的問題解決の専門家である弁護士としての技能の向上を図り、最新の法改正や法的紛争処理の手法の研究、政策提言等も活発に行い、時代とともに弁護士が市民の生活にどのように貢献できるのかを絶えず探究してきました。

　本書を通じて、法律があらゆる日常生活の基本ルールとなっており、弁護士も法律を解釈、適用しながら、さまざまな日常生活の場面で活動していることをご認識いただくとともに、そのような弁護士の存在、法律の存在を身近に感じていただければ幸いです。

令和5年7月

第二東京弁護士会 五月会 代表幹事

弁護士　千葉　理

弁護士　中村　悦朗

秋山 真歩子（あきやま・まほこ）

弁護士／2022年弁護士登録／永総合法律事務所【役職等】NIBEN 若手フォーラム幹事（第二東京弁護士会）

新井 優樹（あらい・ゆうき）

弁護士／2017年弁護士登録／新井総合法律事務所【役職等】民事介入暴力対策委員会委員、労働問題検討委員会幹事（以上、第二東京弁護士会）

新垣 覚（あらかき・さとる）　※編集委員（第6章）

弁護士／2017年弁護士登録／共永総合法律事務所【役職等】研修センター副委員長、弁護士業務センター委員（中小企業支援部会）、第二東京弁護士会常議員（以上、第二東京弁護士会）、専修大学法科大学院・在学生支援プログラム講師

石河 広輔（いしかわ・こうすけ）

弁護士／2019年弁護士登録／アイシア法律事務所【役職等】非弁護士取締委員会委員、弁護士業務センター委員（中小企業支援部会）、NIBEN 若手フォーラム委員（以上、第二東京弁護士会）【主著等】「認知症と遺言能力―無効とされない遺言書作成のポイント―」（税経通信2021年10月号〜2022年6月号、共著、税務経理協会）

岩下 真子（いわした・まこ）

弁護士／2022年弁護士登録／共永総合法律事務所【役職等】NIBEN 若手フォーラム委員、国際委員会委員（以上、第二東京弁護士会）

碓井 洋祐（うすい・ようすけ）

弁護士／2022年弁護士登録／飯野・八代法律事務所【役職等】弁護士業務センター幹事、高齢者・障がい者総合支援センター運営委員会幹事、スポーツ法政策研究会会員（以上、第二東京弁護士会）

遠藤 純平（えんどう・じゅんぺい）

弁護士／2020年弁護士登録／弁護士法人 THP【役職等】高齢者・障がい者総合支援センター運営委員会幹事、刑事弁護委員会幹事（以上、第二東京弁護士会）

大下 泰高（おおした・やすたか）

弁護士・司法書士／2014年弁護士登録／大下法律事務所【役職等】労働問題検討委員会委員、綱紀委員会委員（以上、第二東京弁護士会）【主著等】『株式会社の登記と実務』（共著、民事法研究会、2007年）

大西 龍（おおにし・りゅう）　※編集委員（第5章）

弁護士／2020年弁護士登録／アディーレ法律事務所【役職等】子どもの権利に関する委員会委員、法教育の普及・推進に関する委員会委員（以上、第二東京弁護士会）、練馬区スクールロイヤー、東京都子供の権利擁護調査員、葛飾区教育委員会いじめ問題対策委員会調査部会専門調査員、専修大学法科大学院・在学生支援プログラム講師

大野 和之（おおの・かずゆき）

弁護士／2019年弁護士登録／銀河総合法律事務所

狩野 幸穂（かりの・ゆきほ）

弁護士／2020年弁護士登録／弁護士法人 Authense 法律事務所

川原 慎太郎（かわはら・しんたろう）
弁護士／2022年弁護士登録／西浦・西中山法律事務所パートナー

神田 秀斗（かんだ・ひでと）
弁護士／2015年弁護士登録／小林・弓削田法律事務所【主著等】『知的財産権紛争における訴訟手続に代わる紛争解決手段―適切な選択を目指して―』（共著、一般社団法人日本知的財産協会、2022年）、『AI・ロボットの法律実務 Q&A』（共著、勁草書房、2019年）、『民法改正対応　契約書式の実務〔上・下〕』（共著、創耕舎、2019年）

木下 皓司（きのした・こうじ）
弁護士／2022年弁護士登録／弁護士法人 Authense 法律事務所

葛和 百合絵（くずわ・ゆりえ）
弁護士・弁理士／2016年弁護士登録／葛和法律事務所・弁理士法人葛和国際特許事務所【役職等】弁護士知財ネット会員、日本組織内弁護士協会（JILA）準会員【主著等】『広告表示の法的規制と実務対応 Q&A』（共著、中央経済社、2019年）

河野 元彦（こうの・もとひこ）　※編集委員（第1章）
弁護士／2018年弁護士登録／笠井総合法律事務所【役職等】第二東京弁護士会常議員、日本弁護士連合会代議員【主著等】『民法改正対応　契約書式の実務〔上・下〕』（共著、創耕舎、2019年）

阪口 采香（さかぐち・あやか）
弁護士・食生活アドバイザー／2018年弁護士登録／an 法律事務所【役職等】NIBEN 若手フォーラム副委員長（第二東京弁護士会）

佐藤 滉祐（さとう・こうすけ）
弁護士／2020年弁護士登録／紀尾井坂テーミス綜合法律事務所

高橋 和弘（たかはし・かずひろ）　※編集委員（第8章）
弁護士／2014年弁護士登録／アップル法律事務所【役職等】第二東京弁護士会常議員、 NIBEN 若手フォーラム委員長（令和5年度）、新規登録弁護士研修副担任・サポート役（以上、第二東京弁護士会）、日本弁護士連合会代議員、文部科学省再就職等問題調査班調査班員（有識者）、文部科学省再就職コンプライアンスチームアドバイザリーメンバー、文部科学省幹部職員の事案等に関する調査・検証チームにおける作業チーム構成員、文部科学省コンプライアンスチーム支援メンバー【主著等】『改訂増補　困ったときのくらしの法律知識 Q&A』（共著、清文社、2015年）、『民法改正対応　契約書式の実務〔上・下〕』（共著、創耕舎、2019年）、『第三者委員会実務マニュアル』（共著、創耕舎、2022年）

田口 皓一（たぐち・こういち）
弁護士／2017年弁護士登録／ティーアンドティー法律事務所【役職等】一橋大学法科大学院学修アドバイザー【主著等】『民法改正対応　契約書式の実務〔上・下〕』（共著、創耕舎、2019年）、『医療・介護をめぐる労務相談』（共著、新日本法規、2019年）

田中 智隆（たなか・ともたか）
弁護士／2017年弁護士登録／曙綜合法律事務所【役職等】第二東京弁護士会常議員（令和4年度）、国立療養所栗生楽泉園人権擁護委員会外部委員【主著等】『民法改正対応　契約書式の実務〔上・下〕』（共著、創耕舎、2019年）

堤　真吾 （つつみ・しんご）

弁護士／2015年弁護士登録／東京ジャスティス法律事務所【役職等】住宅紛争審査会運営委員会委員（第二東京弁護士会）【主著等】『民法改正対応　契約書式の実務〔上・下〕』（共著、創耕舎、2019年）

冨田　茉莉 （とみた・まり）

弁護士／2017年弁護士登録／城山タワー法律事務所

西口　阿里沙 （にしぐち・ありさ）

弁護士／2022年弁護士登録／みずほ信託銀行株式会社　株式戦略コンサルティング部

野村　信之 （のむら・のぶゆき）

弁護士／2018年弁護士登録／弁護士法人AK法律事務所【役職等】国際委員会幹事、知的財産法研究会会員、倒産法研究会会員（以上、第二東京弁護士会）、弁護士知財ネット会員、全国倒産処理弁護士ネットワーク会員

箸本　明雄 （はしもと・あきお）

弁護士／2022年弁護士登録／津の守坂法律事務所【役職等】弁護士業務センター幹事、法曹養成・法科大学院委員会幹事（以上、第二東京弁護士会）

福島　邦真 （ふくしま・くにまさ）

弁護士／2020年弁護士登録／森・濱田松本法律事務所【役職等】刑事弁護委員会委員（第二東京弁護士会）【主著等】『コンプライアンスのための金融取引ルールブック2022年版』（共著、銀行研修社、2022年）

星野　有紀 （ほしの・あき）

弁護士・行政書士／2022年弁護士登録／Authense法律事務所

本田　陽子 （ほんだ・あきこ）　※編集委員（第4章・第7章）

弁護士・愛玩動物飼養管理士1級／2017年弁護士登録／津の守坂法律事務所【役職等】互助会運営委員会副委員長、NIBEN若手フォーラム副委員長、倫理委員会委員（以上、第二東京弁護士会）、日本弁護士連合会代議員【主著等】『民法改正対応　契約書式の実務〔上・下〕』（共著、創耕舎、2019年）

松井　華恵 （まつい・はなえ）

弁護士／2022年弁護士登録／Authense法律事務所

松本　寿親 （まつもと・としもと）　※編集委員（第3章）

弁護士／2013年弁護士登録／齋藤総合法律事務所【主著等】『民法改正対応　契約書式の実務〔上・下〕』（共著、創耕舎、2019）

水谷　友輔 （みずたに・ゆうすけ）

弁護士／2022年弁護士登録／Authense法律事務所

山口　めぐみ （やまぐち・めぐみ）　※編集委員（第2章）

弁護士／2015年弁護士登録／梶山法律事務所【役職等】NIBEN若手フォーラム副委員長、新規登録弁護士研修副担任（以上、第二東京弁護士会）【主著等】『民法改正対応　契約書式の実務〔上・下〕』（共著、創耕舎、2019）

山口 雄也（やまぐち・ゆうや）

弁護士／2018年弁護士登録／齋藤総合法律事務所【役職等】子どもの権利に関する委員会幹事（第二東京弁護士会）

五月会（さつきかい）

昭和40(1965)年、第二東京弁護士会の会員約50名により発足。令和7(2025)年に創立60年を迎える。現在の会員数は約400名。創立の志は中庸の精神に基づく互助と親睦。主な活動として、弁護士のスキルを高めるための研鑽や、重要問題についての政策の提言などを行っている。

※五月会若手サポート研究会は、第二東京弁護士会の会員により構成されていますが、第二東京弁護士会の機関ではなく、第二東京弁護士会は、本書の出版・内容につき何ら関与しておらず、本書に関し何らの責任を負うものではありません。

大人になったあなたをまもる 18歳からの法律知識

2023年8月15日　初版発行
2023年9月29日　第2刷発行

編著者　　第二東京弁護士会 五月会 若手サポート研究会 ©

発行者　　小泉 定裕

発行所　　株式会社 清文社

東京都文京区小石川1丁目3-25（小石川大国ビル）
〒112-0002　電話 03(4332)1375　FAX 03(4332)1376
大阪市北区天神橋2丁目北2-6（大和南森町ビル）
〒530-0041　電話 06(6135)4050　FAX 06(6135)4059
URL https://www.skattsei.co.jp/

印刷：亜細亜印刷㈱

■著作権法により無断複写複製は禁止されています。落丁本・乱丁本はお取り替えします。
■本書の内容に関するお問い合わせは編集部までFAX(03-4332-1378)又はメール(edit-e@skattsei.co.jp)でお願いします。
■本書の追録情報等は，当社ホームページ（https://www.skattsei.co.jp/）をご覧ください。

ISBN978-4-433-75003-9